メディア・コンテンツ・スタディーズ

分析・考察・創造のための方法論

岡本 健
田島 悠来 編

ナカニシヤ出版

Chapter

メディア・コンテンツの分析・拡張・創造

情報社会の進展とコンテンツ研究・教育の必要性

岡本　健

1　メディア・コンテンツと情報社会の進展

　2005 年から 2015 年にかけて「コンテンツの時代」になるという予測が示されていた。デビット・C・モシェラによる書籍『覇者の未来』に記されたものだ。この本が発売されたのは 1997 年のことだった。それから 20 年以上が経過し，2015 年もすでに過去のものとなって，今は 2020 年である。

　2020 年現在，「コンテンツ」は多方面からの注目を集めている。その領域は，文化として多種多様な場面で楽しまれていることはもちろん，技術，経済，教育，社会，政治，研究など幅広い。本書は，さまざまな形でコンテンツに関わる 19 名の書き手の論考により，コンテンツを分析し，拡張し，創造するための視座や方法を示したものだ。

　コンテンツについての法律上の定義は，2004 年に施行された「コンテンツの創造，保護及び活用の促進に関する法律」の第一章第二条でなされている。

　　第二条　この法律において「コンテンツ」とは，映画，音楽，演劇，文芸，写真，漫画，アニメーション，コンピュータゲームその他の文字，図形，色彩，音声，動作若しくは映像若しくはこれらを組み合わせたもの又はこれらに係る情報を電子計算機を介して提供するためのプログラム（電子計算機に対する指令であって，一の結果を得ることができるように組み合わせたものをいう。）であって，人間の創造的活動により生み出されるもののうち，教養又は娯楽の範囲に属するものをいう。

　法律の条文らしく，一文がとても長いが，第二条は前半がコンテンツの網羅的な例示で，「人間の創造的活動により」以降がコンテンツの性質を述べたものになっている。

　研究者もさまざまな定義を試みている。筆者は以前，複数の研究者による定義をあげて，その共通点を次の二点にまとめた（岡本, 2016）。一点目は，コンテンツはなんらかの形で編集された情報であること，そして，二点目は，コンテンツそれ自体を体験することで体験者は楽しさを得る可能性があること，である。

　コンテンツが楽しさを生じさせるかどうかは，コンテンツそのものの性質によるが，それだけでは定まらない。体験者がどのように感じるか，という主観的な評価も重要な要素となる。ある編集された情報がコンテンツであるか否かについては，絶対的に「コンテンツ」と「そうでないもの」を区分するのではなく，コンテンツ体験者の評価によって変動するものとしておこう。

　そもそも，コンテンツという言葉はなぜ生み出される必要があったのだろうか。その背景には，情報社会の進展がある。日本におけるインターネットの人口普及率の推移をみてみよう（図 0-1）。1997 年には 9.2%で 1 割に満たなかった普及率は 5 年後の 2002 年には 57.8%となり，2005 年には 70.8%と 7 割を超えた。その後も増加を続け，2010 年代は普及率が 8 割前後で推移している。

　インターネットへの接続端末についての変化もみておこう。インターネットの接続端末はほとんどがパーソナルコンピュータだった。グラフのなかで，急激に人口普及率が上がっている年がある。1999 年から 2000 年にかけてだ。この原因は携

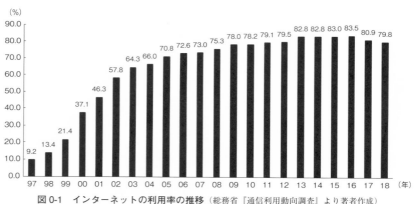

図 0-1　インターネットの利用率の推移（総務省『通信利用動向調査』より著者作成）

帯電話（フィーチャーフォン）からのインターネットへの接続が可能になったことであると考えられる。1999年にNTT docomoがiモードという携帯電話からネットに接続できるサービスを開始したのである。

その後，スマートフォンが登場する。日本においては，2007年にアップル社から発売されたiPhoneが人びとにスマートフォンの存在を知らせた。スマートフォンは，もはや電話というにはあまりにもさまざまな機能が搭載可能な機械となり，「携帯マルチメディア」になっている。

携帯電話がインターネットに接続されたことで，ネット利用率が上がったが，その後，スマートフォンが登場し，インターネットへのモバイル接続端末としての役割を強くしていく。ここで，『データで読み解くスマホ・ケータイ利用トレンド2018–2019』に掲載されているデータをみてみよう（図0-2）。

これによると，2010年には携帯電話の所有率が96.0%でスマートフォンは3.6%であったが，その後，スマートフォンの割合は増加し，2015年には携帯電話が48.5%，スマートフォンが49.6%と逆転する。その後もスマートフォンの所有率は増加を続け，2018年はスマートフォンが72.6%，携帯電話が24.8%となり，スマートフォンを持っている人の方がかなり多くなっている。

また，ノートPCやスマートフォン，タブレット端末などのモバイル型情報通信機器を人びとが個人として持つようになるとともに（パーソナル化），SNSなどのアーキテクチャによってネットワーク化され，それぞれが情報の受発信をおこなうようになった。スマートフォンやタブレット型端末の普及によって，コンテンツはさ

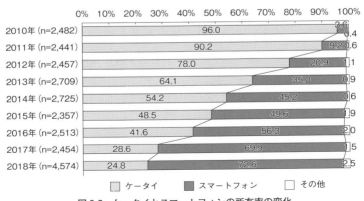

図0-2　ケータイとスマートフォンの所有率の変化
（『データで読み解くスマホ・ケータイ利用トレンド2018–2019』p.29 より）

らに多くの人びとに普及している。

　現在の社会は，デジタル化，パーソナル化，モバイル化，ネットワーク化が進んだ社会なのである。鉄道に乗って乗客の様子を見ていると，小さな子どもからお年寄りまで，性別も関係なく，多くの人びとがスマートフォンや，ネットワークと接続された携帯ゲーム機に目を落とす光景が見られる。ふと目に入る画面には，映画やドラマ，アニメ，ネット動画，ゲーム，電子コミック，電子書籍などのさまざまなコンテンツが映し出されている。

　このように整備されたメディア環境にあっては，同じ情報がメディア間を行き来するようになる。つまり，デジタル化された情報はメディアと一対一の関係で紐づいているのではなく，メディアとコンテンツは分離可能なものになったのである。

　ここで，「メディア」についても考えておきたい。メディアという言葉からイメージできるのはどのようなものだろうか。まずは，「マスコミ四媒体」と呼ばれる新聞，雑誌，ラジオ，テレビをあげることができる。さらに，テレビ受像機やスマートフォン，パーソナルコンピュータなどの「情報通信機器」，あるいは，USB メモリや CD-ROM などの「記録媒体」なども含まれる。「メディア」にもさまざまな定義があるが，本書では，ここまであげたものをすべて含み込んだうえで「情報を伝えるなかだちとなるもの」と広く定義しておこうと思う。

　「コンテンツ」は，「メディア」を通して伝えられる情報内容である。いまや，さまざまなメディアを通じて，人びとの身の回りに遍在しており，また，多くの人びとがメディアを通じて，コンテンツを発信する側に回っている。

2　メディア・コンテンツに対する多様なまなざし

　2020 年 3 月現在，メディア・コンテンツには，多様なまなざしが注がれている。

　まずは，産業的視点からのまなざしである。コンテンツ産業の市場規模の推移をみてみよう（図 0-3）。『デジタルコンテンツ白書 2019』では，コンテンツ産業の市場の範囲は「動画・静止画・音声・文字・プログラムなどによって構成され，あらゆる流通メディアで提供される“情報の中身”を指す。具体的には映画・アニメーション・音楽・ゲーム・書籍などがそれにあたる」とされている。

　コンテンツ産業の市場規模は，2011 年には 11 兆 7375 億円であったが，それ以降増加を続けている。『覇者の未来』では，「コンテンツの時代」は 2005 年から 2015年と書かれていたが，実際は，それより後の 2016 年にもコンテンツ産業の市場規模

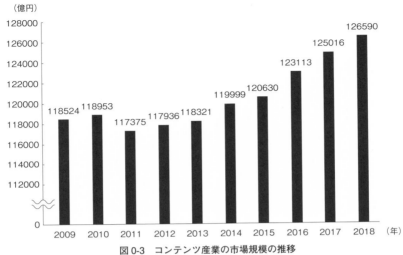

図 0-3　コンテンツ産業の市場規模の推移
（『デジタルコンテンツ白書 2019』p.33 図表 2-1-9 より筆者作成）

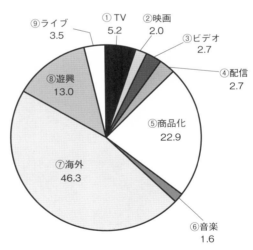

図 0-4　アニメ産業市場ジャンル別シェア
（『アニメ産業レポート 2019』p.7 ［図表 1-4］アニメ産業市場ジャンル別シェアより筆者作成）

は拡大を続けており，今もコンテンツの時代のただなかにいるといえそうだ。

　コンテンツのなかでも，アニメに絞って，その中身をより詳細にみておこう。図

0-4をみると，アニメ産業市場において，アニメコンテンツがどのようなメディアでより多く体験されているのかがわかる。

　①TVは「テレビ局のアニメ関連売上（番組制作費，媒体料，販売費）の合算」で，全体の5.2%を占める。②映画は「劇場アニメの興行収入の合算」で全体の2.0%，③ビデオは「アニメビデオグラムのエンドユーザー売上の合算」で2.7%，④配信は，「映像配信サイトのアニメ配信売上の合算」で2.7%を占めている。

　これらの①〜④が，国内における「コンテンツそのもの」による売上と考えてよい。これらを合計すると全体の12.6%である。作品そのものによる売上は市場全体の1割強程度であることがわかる。

　続いて⑤商品化は，「アニメ関連商品（デジタルを除く）のエンドユーザー売上の合算」で22.9%を占める。⑥音楽は，「アニメ関連音楽CD・音楽配信（2008年以降加算）のエンドユーザー売上の合算」で1.6%，⑦海外は，「海外におけるアニメ関連消費（放送・上映・ビデオ・配信・商品など）の合算」で46.3%を占めている。⑧遊興は，「アニメ作品を使用したパチンコ・パチスロ台の出荷高の推計値合算」で13.0%を占め，⑨ライブはライブエンタテイメント全般を指し「アニメ関連のライブ，イベント，2.5次元ミュージカル，ライブビューイング，ミュージアム・展示会，カフェなどの売上合算」で3.5%となっている。

　⑤商品化，⑦海外，⑧遊興を合わせると8割以上を占めることになる。特に⑦海外は46.3%と割合が大きい。また，全体のなかの割合としては3.5%にすぎないが，⑨ライブは急速に市場規模を拡大してきている。この統計でライブエンタテイメントが調査項目に入ったのは2013年からであり，当初248億円だったのが，2015年には484億円，2017年には629億円，2018年には774億円と年々増加している。『デジタルコンテンツ白書2019』によると，音楽業界でも，音楽CDなどのパッケージの売上は減少している一方で，ライブやフェスといったライブエンタテイメントに人気が集まっていることが報告されている。情報社会となった今，現実世界のアナログな人，モノ，場所にも注目が集まっているのである（岡本・松井，2018；サックス，2018）。

　日本を海外にアピールする際にも各種のコンテンツが用いられている。2020年には東京オリンピックの開催が予定されていた[1]。2016年のリオデジャネイロオ

1）新型コロナウイルスの世界的な流行（パンデミック）が発生した結果，オリンピック開催は2020年5月現在，2021年の開催を予定するものとして延期されている。

リンピックの閉会式において，次回開催国として日本が紹介される一幕があり，日本や東京，各種スポーツのイメージ動画のなかに，『キャプテン翼』『パックマン』『ドラえもん』『ハローキティ』などのコンテンツのキャラクターたちが登場した。さらに，その映像と連動する形で，ゲーム『スーパーマリオ』シリーズに登場するキャラクターである「マリオ」のコスプレをした安倍晋三首相本人が土管から登場する演出がなされたのだ。国際的に注目を浴びる場で，コンテンツのキャラクターが中心的に扱われた一例である。

　2018年3月6日に閣議決定された「文化芸術推進基本計画」のなかには，コンテンツツーリズム[2]を振興していく旨の記載がある。「アニメやマンガの舞台となった場所を観光客等が訪れるメディア芸術ツアーにつながるようなコンテンツの創作支援の促進を図るなど，観光振興や地方創生に貢献する取組を推進する」[3]という記述がそうだ。コンテンツを動機とした旅行や観光による地域振興の推進が政策文書に明記されている。

　なお，文中に登場する「メディア芸術」とは，文化庁が主に使用する言葉であり，本書でいう「コンテンツ」に含まれるものを指している。2020年2月16日には，文化庁の「メディア芸術連携促進事業」の成果として，メディア芸術（マンガ，アニメ，ゲーム，メディアアート）に関する研究動向を整理した「研究の手引き」が完成し，国立新美術館でおこなわれたシンポジウムで配布された。この冊子は，ウェブサイト「メディア芸術カレントコンテンツ」からPDF形式でダウンロードすることができる[4]。

　メディア・コンテンツは，期待のまなざしを向けられる一方，批判の対象にもなっている（岡本, 2020）。たとえば，ゲームについて現在起こっている現象を列挙してみたい。一つは「eスポーツ」である。一般社団法人日本eスポーツ連合（JeSU）によると，「「eスポーツ（esports）」とは，「エレクトロニック・スポーツ」の略で，広義には，電子機器を用いて行う娯楽，競技，スポーツ全般を指す言葉であり，コン

2）コンテンツツーリズムについては，岡本（2018a, 2018b, 2019）を参照。

3）「文化芸術推進基本計画──文化芸術の「多様な価値」を活かして，未来をつくる（第1期）（平成30年3月6日閣議決定）」32頁からの引用〈https://www.bunka.go.jp/seisaku/bunka_gyosei/hoshin/pdf/r1389480_01.pdf（最終閲覧日：2020年3月21日）〉。

4）「2019年度メディア芸術連携促進事業 研究マッピング「研究の手引き」メディア芸術カレントコンテンツ」〈https://mediag.bunka.go.jp/article/article-16068/（最終閲覧日：2020年3月21日）〉

ピューターゲーム，ビデオゲームを使った対戦をスポーツ競技として捉える際の名称」であるとされている。日本では 2018 年に前述した連合の発足や新語・流行語大賞のベストテン入り，そして，大きな大会が開かれるなどの出来事が集中し，「eスポーツ元年」といわれている。

その一方で，ゲームプレイを制限する条例を制定しようとする動きもある。香川県では，「香川県ネット・ゲーム依存症対策条例」が 2020 年 3 月 18 日に県議会で可決された。この背景には，2019 年 5 月 25 日に世界保健機関（WHO）が，「ゲーム障害（Gaming disorder）」を国際疾病として認定したことがあげられる。また，こうした動きを受けて 2020 年 2 月 6 日には，厚生労働省が「ゲーム依存症対策関係者連絡会議」を開いた。この会議には，内閣府や消費者庁，文部科学省，経済産業省といった国の機関や，日本医師会，日本精神科病院協会などの医療関係の団体，そして，日本オンラインゲーム協会，日本eスポーツ連合といった業界団体が参加した。

以上，みてきたように，各種コンテンツは社会のなかで一定の存在感があり，また，影響力もある。そして，大きな期待のまなざしを向けられると同時に，その悪影響を心配する声があがっている。こうした問題を目の前にしたときに，自分の「好き」「嫌い」や根拠薄弱なイメージに基づいて，互いに相手の価値観を攻撃しあう態度はまったく建設的ではない。メディア・コンテンツについて詳しく学び，解像度の高いディスカッションができる力を身につけてもらいたい。本書がその端緒になれば幸いだ。

本書は 3 部構成となっており，それぞれ「メディア・コンテンツを理解する」「メディア・コンテンツを拡げる」「メディア・コンテンツを創る」である。

3　メディア・コンテンツを理解する

まずは，メディア・コンテンツ分析の手法や成果をまとめた Part 1「メディア・コンテンツを理解する」だ。Part 1 は七つの章から成っている。

第 1 章では，『名探偵コナン』と『黒執事』という現在も人気のコンテンツを取り上げ，そのなかにヴィクトリア朝文学がどのように息づいているのかを明らかにする。続く，第 2 章では，テレビ番組のなかの「笑い」に注目して，コントで描かれる男性同性愛表象を詳細に読み解いていく。さらに，第 3 章では，『となりのトトロ』や『魔女の宅急便』『千と千尋の神隠し』などの宮崎駿監督のアニメ映画作品を取り上げ，そこで語られる物語の「構造」を分析する手法が紹介される。これらは，

さまざまなメディアで描かれたコンテンツの内容を学術的に分析した成果で，作品を研究する視角を学ぶことができる。

　Part 1 の後半は，個々の作品の内容にとどまらないコンテンツの特徴や機能について論じた四つの章で構成されている。第4章では，『ウルトラマン』や『ゴジラ』などの「特撮」ジャンルについて，『週刊少年マガジン』の記事を分析することにより，受容者の欲望の構造を浮かび上がらせる。そして，第5章は『ソードアート・オンライン』や『ダンジョンに出会いを求めるのは間違っているだろうか』などの人気コンテンツを輩出するジャンル「ライトノベル」についての考察である。「ライトノベル」という「複合的な文化現象」が「読書」にどのような変化をもたらしたかを明らかにしている。続く第6章では，ボーカロイド「初音ミク」が研究対象となる。「初音ミク」が人びとにとってどのような存在なのかが考察されるのだが，これは現在とても人気がある「バーチャル YouTuber」について考える際にも有効なアプローチだろう。さらに，第7章では，YouTube にアップされた幼児向け動画を分析することで，人間がコンテンツを楽しむ「満足の主体」となるプロセスに迫る。

　Part 1 の論考は，どれも他のさまざまなメディア・コンテンツの分析に応用可能な知見だ。是非，皆さん自身の興味のあるメディア・コンテンツをより理解するためのヒントにしていただきたい。

4　メディア・コンテンツを拡げる

　次に，メディア・コンテンツの範囲をより拡張していくのが Part 2「メディア・コンテンツを拡げる」である。Part 2 は六つの章で構成されている。より幅広く，多角的な視点からメディア・コンテンツをとらえていく。

　前半の三つの章は，それぞれコンテンツと政策，歴史，場所の関係について深めたものだ。第8章では，国の「政策」として進められている「クールジャパン」について，政策の動向を整理し，そのメディア表象について検討している。これによって，「クールジャパン」がどのように拡がり，そして，そこにはどのような構造が隠されているのかが明らかになる。第9章では，コンテンツを「歴史」の視点から分析することについて，多角的な考察がなされる。「森羅万象に歴史がある」ことの意味がよくわかる。第10章では，秋葉原という「都市」における複雑な文化のあり方やその変化に焦点があてられ，詳細に分析がなされていく。

　近年，『テニスの王子様』や『刀剣乱舞』といった作品の 2.5 次元ミュージカル

がたいへんな人気を得ている。第11章では，そうした「2.5次元的空間」において，オーディエンス／ファンが何を体験しているのかを，『ワンピース』を事例として明らかにしている。メディアの単数形であるメディウムの訳語のなかに「霊媒師」があるが，第12章では，この霊媒というメディウムが近代的メディアにコンテンツとして描かれることで，人びとから注がれるまなざしが，いかに変化していくかをひも解いている。第13章では，NHKの連続テレビ小説『おしん』や『あまちゃん』が，台湾ではどのように受容されているのかが明らかになる。Part 2後半は，大きく，コンテンツとその体験者の関わりのメカニズムについて扱った章の集合であると考えることができる。単なる「消費者」では終わらない，コンテンツを体験するという営みの複雑さを学ぶことができる。

5　メディア・コンテンツを創る

　最後に，Part 3ではコンテンツの「創造」について扱う。研究というと分析，考察のイメージが強いが，すでに指摘したように，多くの人びとがスマートフォンを持ち，情報の編集，発信をおこなうことができるようになった。いまや，メディア・コンテンツを受容・理解するリテラシーだけでなく，表現・発信するリテラシーも求められている。Part 3は五つの章で構成されており，どれも皆さんがメディア・コンテンツを創る際のよき指針となってくれるだろう。

　第14章では，ウェブ百科事典「Wikipedia」の項目を執筆する実践について，その社会的意義も含めて論じている。コンテンツの創造を体験することは，ネット時代のメディアリテラシーはもちろん，より広く社会に対する想像力を身につける契機になりえることがよくわかる。続く，第15章は動画作品の制作についてである。「ゲキメーション」と呼ばれる表現技法を用いて『燃える仏像人間』『バイオレンス・ボイジャー』などの作品を生み出してきた映像作家が，その創作の動機や工夫などについて詳述している。そこからは，一つの作品が完成するまでの途方もないプロセスが想像できるとともに，その成果は確かに社会に作用していることが読み取れる。

　第16章はピクニックのデザインについてである。メディア・コンテンツというと，ついデジタルなものを思い浮かべがちだが，それだけには限らない。意味や価値を付与する「コンテンツ化」は，さまざまなことに応用可能な概念だ。第17章では，東日本大震災の被災地において防災カードゲーム「クロスロード：大洗編」を

図 0-5　《Electric Lolita 超伝導のマリア》

さまざまなアクターとともに作り上げる様子がつづられる。ゲームというメディアを共同で創り上げることによって何が起こるのか，ご覧いただきたい。

　そして，最後の第 18 章では，「アート」や「漫画」といった既存の領域を超えた，自身の作品を位置づける「フォーマット」そのものを構築する試みが示される。実は本章の筆者である JohnHathway 氏の作品を，皆さんはもう目にしている。本書カバーの表面には《Electric Lolita 超伝導のマリア》，裏面には《THE MOTHER OF INTERNET インターネットの歴史》[5] があしらわれている。

　カバーを外して，《Electric Lolita 超伝導のマリア》をよく見てほしい。まず感じるのは，イラストに書き込まれた情報量の多さだろう。そして，「都市」が描かれていることもわかるだろう。しかし，どうもただの都市ではない。ここは反重力装置が普及した社会における都市なのだ。縦横に軒を連ねた店舗の看板には「氷」「冷却」「冷凍」などの文字が並んでいる。窓枠にも氷が張っており，寒そうだ。

　さて，《Electric Lolita 超伝導のマリア》という 1 枚絵には，さらに細かい設定が

5）この作品は Yahoo! JAPAN の誕生 21 周年を記念して作られた。「過去から現在へと続いてきたインターネット上の出来事を巨大な歴史都市としてビジュアル化」したものになっている。以下の URL からアクセス可能なウェブサイト「The Mother of Internet インターネットの歴史」で楽しむことができる。〈https://internethistory.yahoo.co.jp/2017/（最終閲覧日：2020 年 3 月 21 日）〉

用意されている。その一部を紹介したい（図 0-6）。これを見るとわかるように，単に１枚のイラストがそれ単体で描かれているわけではなく，背後に緻密な世界観や

Electric Lolita -超伝導のマリア- (Electrin Lolita ~superconductive Maria~)(2011)

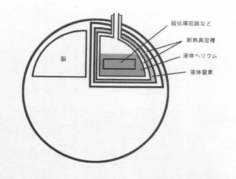

現代の技術において、事故や病気などでの脳の損傷は超伝導立体回路や量子コンピューターによって人工的に修理される。しかし、高温の超伝導回路や量子コンピューターは立体回路形成が困難なのと高温超伝導体の需要の急増に伴いとても高価で、保険が適用されるのは昔ながらの低温の超伝導回路のみである。高温の超伝導回路が液体窒素の冷却のみで可能なのに対して、低温の脳修復用の超伝導回路は液体窒素温度より低温が必要なため液体ヘリウムを使用しなければならない。その場合は２重の断熱真空層と液体窒素槽を備えたクライオスタットが必要で同時に脳部分にクライオスタットも埋め込まねばならない。質の高い真空の維持にはこまめなメンテナンスが必要で非常に不便となる。

しかしながら、低温の超伝導の回路は熱によるノイズが極めて少なく芸術的な表現において優秀な特性を示す。特に音楽の分野で通常の人間以上の繊細で高SN比の表現がダイレクトに行えるため、歌い手としての能力はずば抜けていることがある。成功した例は少ないが、ヘリウム槽をあえてポンピングすることでさらにノイズを低減させて表現する例も報告されている。

断熱真空低温棟

超伝導や量子コンピューターの機器（サーバーなど）の設置や超伝導回路などで手術を受けた人間が住むために作られたビル。内部は真空層によって多重に断熱され壁には常に寒剤が循環し、常に氷点下（温度は用途や部屋によって異なる）に保たれている。ガラスには結露が生じないような高度な断熱技術が使われており入る電磁波のエネルギーも最小限に留めている、各部屋には水道ではなく寒剤の蛇口まである。気化したヘリウムは内部で循環するように作られている。

断熱真空低温街

断熱真空低温棟が集まった街は各地に点在する。低温棟を長屋のようにしたり、大流量のトランスファーチューブによって建物間を接続することで寒剤の安定的で効率のよい運用が可能となった。周辺には低温を売りにした店舗が集まり、併設のヘリウムスタンドでは液体ヘリウムも周辺より安い価格で手に入れることができる。

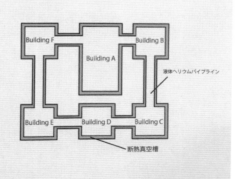

図 0-6 《Electric Lolita 超伝導のマリア》の設定 （JohnHathway, 2013）

設定が準備されているのだ。詳しくは第 18 章をご覧いただきたいが，中央右寄り
に大きく描かれた少女がつけているヘッドフォンは，こうしたさまざまな設定を背
景にもった「モノ」として実際に制作されている。

　コンテンツは，さまざまなリサーチやトライアル＆エラーの上に成立している。
そこには，地道な（しかし楽しい）作業の積み重ねがある。こうして形づくられたメ
ディア・コンテンツは人を惹きつけ，人を幸せにし，豊かな社会を創る力ももちう
る。Part 3 の各論考からは，そのことが実感できるだろう。

　さらに，巻末には，より広く，より深く，コンテンツを研究していくための文献
リストを付けた。各章に関連のあるものを 3 点ずつ紹介している。各章の本文や参
考・引用文献にも面白い研究成果がたくさん示されている。芋づる式に，どんどん
書籍や論文，コンテンツ作品を知り，「研究」という名の沼にどっぷり浸かってもら
いたい。本書が，読者の皆さんのメディア・コンテンツ・スタディーズを前に進め
るお役に立てるようであれば，こんなに嬉しいことはない。

●引用・参考文献

岡本　健 (2016).「メディアの発達と新たなメディア・コンテンツ論──現実・情報・
　　虚構空間を横断した分析の必要性」岡本　健・遠藤英樹［編］『メディア・コンテン
　　ツ論』ナカニシヤ出版，pp.3-20.

岡本　健 (2018a).『アニメ聖地巡礼の観光社会学──コンテンツツーリズムのメディ
　　ア・コミュニケーション分析』法律文化社

岡本　健 (2018b).『巡礼ビジネス──ポップカルチャーが観光資産になる時代』
　　KADOKAWA

岡本　健［編］(2019).『コンテンツツーリズム研究［増補改訂版］──アニメ・マンガ・
　　ゲームと観光・文化・社会』福村出版

岡本　健 (2020).『大学で学ぶゾンビ学──人はなぜゾンビに惹かれるか』扶桑社

岡本　健・松井広志［編］(2018).『ポスト情報メディア論』ナカニシヤ出版

サックス，D.／加藤万里子［訳］(2018).『アナログの逆襲──「ポストデジタル経済」
　　へ，ビジネスや発想はこう変わる』インターシフト

モシェラ，D. C.／佐々木浩二［監訳］(1997).『覇者の未来』IDG ジャパン

JohnHathway (2013).『ˢcom₁』JH 科学

目　　次

Part 2　メディア・コンテンツを拡げる

Part 3　メディア・コンテンツを創る

Part 1

メディア・コンテンツを理解する

現代日本のメディア・コンテンツに生きるヴィクトリア朝文学

『名探偵コナン』と『黒執事』からひもとく系譜

熊谷めぐみ

1　遍在するヴィクトリア朝

　「ヴィクトリア朝」と聞いて何を思い浮かべるだろうか。そもそもヴィクトリア朝とは何だろうと思うかもしれない。しかし，シャーロック・ホームズ，切り裂きジャック，夜のロンドンといったモチーフを聞けば，それらを取り入れた映画やテレビドラマ，マンガやアニメ，ゲームなどで知っている作品を何かしら思い浮かべるのではないだろうか。そこに，階級，ヴィクトリア女王，貴族，ジェントルマン，レディ，馬車，お屋敷，執事，メイド，紅茶，ドレス，社交界，パブリック・スクール，サーカス，アヘン，スラム街などのイメージを足せば，さらに多くの作品が思い浮かび，現代の日本において，ヴィクトリア朝の表象が意外に身近なものであることに驚くかもしれない。

　ヴィクトリア朝とは，イギリスでヴィクトリア女王が在位していた 1837 年から1901 年までの期間のことである。ヴィクトリア朝時代のイギリスは，18 世紀から始まる産業革命によって急速な発展を遂げ，大英帝国として最盛期を迎えた時代であった。一方，急激な都市化や工業化のなかで社会から取り残され，貧困に喘ぐ人びとも多く存在した。巨大都市ロンドンは，貧困や犯罪，汚染による疫病といった深刻な社会問題を抱えていた。また，経済的繁栄の影には，植民地支配による非道な搾取がおこなわれており，まばゆい光の影に深い闇を抱えた時代でもあった。

　繁栄と栄光，そして闇の部分，そのどちらかに，あるいは両方に惹かれてか，現代，さまざまなジャンルにおいて「ヴィクトリア朝もの」は非常に人気のあるコンテンツといえる。冒頭であげたイメージのいくつかは，必ずしもヴィクトリア朝に

限定されるものではない。それでも,「ヴィクトリア朝的な」ものとして想起されるこれらのイメージは,ヴィクトリア朝の表象として繰り返し用いられている。ネオ・ヴィクトリアニズムと呼ばれるような,独自の解釈でヴィクトリア朝の世界観を生み出す作品は世界的に人気だが,スチームパンクもその一つであり,ファッションや作品を愛好するファンが日本にも多く存在している。

　「ヴィクトリア朝もの」が好まれるのは,日本独自の傾向ではない。しかし,日本のサブカルチャーほど,ヴィクトリア朝の表象を多く含んでいるものは珍しいだろう。こうした日本の「ヴィクトリア朝もの」の作品には海外のファンが多いだけでなく,近年,ヴィクトリア朝の研究者からも注目を集めている[1]。しかし,読者はそのような作品を,ヴィクトリア朝の表象ととくに意識せずに接している場合も多い。そして,見過ごされがちな事実であるが,ヴィクトリア朝表象を取り入れた作品のなかには,ヴィクトリア朝時代の文学作品とのつながりをもつものも少なくない。ともに現代において影響力の強い人気マンガ作品である『名探偵コナン』と『黒執事』を題材に,ヴィクトリア朝の光と闇をそれぞれ映した,ヴィクトリア朝文学の系譜として両作品を読み解いていきたい[2]。

2　平成のホームズ

　コナン・ドイルを知らなくても,江戸川コナンの名前は知っている。そうした人も少なくないだろう。青山剛昌によるマンガ『名探偵コナン』は,1994年から『週刊少年サンデー』で連載されており,2017年8月には連載1,000話を超え,コミックスの全世界累計発行部数が2億冊を突破した。劇場アニメ作品は,2013年から毎年,『名探偵コナン』の興行収入の記録を更新している。さらに,2018年4月公開の劇場版第22作『名探偵コナン ゼロの執行人』は,人気キャラクター安室透をメインに据え,興行収入91億を超える大ヒットを記録した。

　マスコミに平成のシャーロック・ホームズと呼ばれ,ホームズに憧れる高校生探偵の工藤新一は,とある取引現場を目撃したことで,黒ずくめの男たちに謎の薬を

1）日本の少女マンガとヴィクトリア朝については,川端・村上（2015）に詳しい。ジョーンズ（Jones, 2017）はもとなおこのマンガを題材に,日本の少女マンガにおけるヴィクトリア朝の女家庭教師の表象を分析している。
2）本章では,『名探偵コナン』は2018年3月現在刊行されている単行本94巻まで,同じく『黒執事』は単行本26巻までの内容を取り扱う。

飲まされてしまう。薬の影響で小学 1 年生の体になってしまった新一は，江戸川コナンと名乗って正体を隠し，元の体に戻るために「黒の組織」を追い，探偵の毛利小五郎を父親にもつ幼馴染の毛利蘭の家に居候しながら，卓越した推理力でさまざまな事件を解決していく。

　『名探偵コナン』は，「子供の頃から探偵が大好き」(青山, 1994–2018：第 1 巻) だという作者の知識と趣向が存分に生かされている。さまざまな探偵や作家たちへのオマージュにあふれ，作者自身が考える事件やトリックと，新一をはじめとして事件を鮮やかに解決する魅力的な登場人物を通じて，読者に謎解きの楽しさを教えてくれる。『名探偵コナン』を読んで初めて推理もののおもしろさや，ホームズの名を知ったという年少の読者も多いだろう。単行本には毎回「青山剛昌の名探偵図鑑」として，作者のイラストと紹介文つきで一人ずつ探偵 (またはそれに類する人物の) 紹介がおこなわれる。アガサ・クリスティをもじった阿笠博士や，ジュール・メグレをもじった目暮警部など，古今東西さまざまな探偵・ミステリー小説の人物や作家名，地名などが登場人物に用いられるが，そのなかでも，作中でもっとも言及され，重要な役割を果たすモチーフが，シャーロック・ホームズである。

　ホームズは，スコットランドのエディンバラ出身の作家コナン・ドイルが生み出した名探偵である。作品は 1887 年から 1927 年にかけて発表されているが，主に 19世紀末ヴィクトリア朝を象徴する存在として，現在に至るまでさまざまな作品に用いられてきたキャラクターである。ヴィクトリア朝ものの現代作品を考えたときに，『名探偵コナン』の名があがらないのは，ヴィクトリア朝時代のロンドンでなく，現代日本が舞台であり，ひと目で「ヴィクトリア朝風」とわかる設定などが用いられていないからだろう。一方で，「ホームズもの」としても扱われにくいのは，わかりやすくホームズやワトソンを模したキャラクターがいないことがあげられる。ここからは，いっけん断絶しているかにみえる『名探偵コナン』とヴィクトリア朝文学とのつながりについて考えてみたい。

3　ヴィクトリア朝と推理小説

　ヴィクトリア朝では，さまざまな犯罪小説や探偵小説が出版されたが，その背景には殺人などの犯罪事件に対する大衆の強い関心があった。風刺雑誌『パンチ (*Punch*)』には，イギリス推理小説の元祖とも目されるウィルキー・コリンズの『白衣の女』に夢中になる人や (図 1-1)，ジャーナリズムや小説などのさまざまなメディ

アに犯罪ものがあふれていること
を嘆く風刺画がみられる（図 1-2）。

　R. D. オールティックは,「ヴィ
クトリア朝の社会の全般的な趨勢
の中で, この飽くことを知らぬ殺
人への熱中は, 生彩を放つ無視で
きない意味を持つ要素であった」
（オールティック, 1988：15）と指摘
している。見世物化された公開処
刑を大衆が娯楽として見物に行く
時代であり, また 19 世紀を通して,
殺人事件現場を見学に行くツーリ
ズムも流行した[3)]。ヴィクトリア
朝になると, 事件を克明に伝える
新聞などのジャーナリズムの発達
により, さらに犯罪が娯楽として
広く消費される時代となった。

　1870 年の初等教育法などによ
り, 国民の識字率が向上したこと
もあり, 読者層の急速な拡大を
みせたのもヴィクトリア朝におい
てであった。もはや小説はエリー
トのためだけのものではなく, こ
れまで本を読まなかった労働者階
級の人びとのあいだにも新しい需
要が生まれつつあった。出版社が
乱立し, 飽和状態になっていた出
版業界では, 新しい読者に向け

図 1-1　《でたあ！》（『パンチ』1861 年 4 月 6 日号）

下宿のおかみ：（流行小説を読みふけっている下宿人に向か
って）「寝室へ行かれないのですか？　その『白衣の女』
を読むのに, あとどのくらい時間がかかりそうですか？」
注）ウィルキー・コリンズ作の『白衣の女』（1860 年）は今
　日でいうスリラーかミステリーの元祖で, 大ベストセラ
　ーとなる。読み出したら止められないので, グラッドス
　トーン首相があるパーティの約束をすっぽかしたとい
　う。(小池, 1995 (3)：402)

図 1-2　《青少年堕落の元凶》
（『パンチ』1889 年 1 月 26 日号）

ディック・ターピンとジャック・シェパードは 18 世紀の大
悪党で, 青少年堕落の元凶と非難されたが, その幽霊がいま
の犯罪もので氾濫している新聞・雑誌・大衆小説類を見たら
何と言うだろう。(小池, 1995 (5)：406)

3）殺人現場ツアーは現在でも切り裂きジャックの犯行現場をまわるウォーキング・ツアー
　などの形で存在しており, 日本人旅行者にも人気である。同時代の事件現場を見に行く
　のははばかられても, 19 世紀の殺人現場を見るのに良心の咎めを感じない人は多いの
　かもしれない。

た企画が練られた。ホームズ作品が多く掲載された『ストランド・マガジン（*The Strand Magazine*)』もそのような新しい読者層を対象にした大衆雑誌であり，短編読み切り形式で，論理的な思考と推理力によって事件を解決していくホームズの姿は，多くの読者を熱狂させた。ホームズ作品は推理小説における魅力的な探偵像（とその助手像）を確立し，読者層の拡大や出版形式の変化といった社会的背景の後押しもあって，大衆に広く受け入れられた。知的好奇心を刺激し，娯楽性も高いホームズ作品のような推理小説こそ，教育水準が上がり，新たに読者層に加わった人びとが求めていた読み物であった。

　人びとは恐ろしい殺人事件や不可解な謎に熱狂するとともに，謎を解き明かす名探偵の姿に心酔し，推理の楽しさに夢中になった。暖炉のそばという安全な場所で恐ろしい物語を読むことを好んだヴィクトリア朝の人びとにとって，犯罪を白日のもとにさらし，平和をもたらす探偵はまさにヒーローであった。『名探偵コナン』はこうしたヴィクトリア朝で確立された推理小説の楽しみ方を，現代日本においてマンガという媒体で受け継いだ作品といえよう。

4　ホームズ作品との関わり

　『名探偵コナン』でつながりの深いヴィクトリア朝文学作品は，前述のとおりホームズである。しかし，表面的にホームズの名や，イメージが使用されているわけではない。小さくなった新一が蘭に名前を聞かれて，背にしていた本棚の江戸川乱歩全集とコナン・ドイル傑作選から江戸川コナンと名乗っているというだけでもない。作品にはホームズと深く関わるエピソードが複数登場し，推理に迷った新一の背を押すのもホームズの言葉である。また，ヴィクトリア朝を舞台にしていないとはいえ，新一や蘭が住む町の地名にホームズが暮らしていたベイカー・ストリートをもじった米花町が用いられ，ハイド・パークをもじった杯戸町や，テムズ川を思わせる堤無津川など，ホームズ作品ではお馴染みのロンドンの地名が登場する。このように『名探偵コナン』では，現代日本の東京を舞台にしながらも，ヴィクトリア朝ロンドンとパラレルな世界観が繰り広げられる。ベイカー・ストリート・イレギュラーズ[4]を思わせる少年探偵団や米花町に事務所を置く毛利探偵事務所なども，ホームズの世界観とパラレルな設定になっている。現代の読者は，ヴィクトリア朝

4）ホームズが情報収集に雇う浮浪児たち。ホームズに重要な情報をもたらす。

の読者がホームズに感じていたような愛着を，『名探偵コナン』に感じているのではないか。

　ホームズに関する事件は多く書かれるが，ホームズ作品との関わりがより直接的に言及されるものとしては，シャーロキアン[5]の集いでの殺人事件（12-13巻），ホームズの弟子としてホームズ作品になぞらえた事件を解決するロンドン編（71-72巻）などがある。ロンドン編では，ベイカー・ストリートのホームズ博物館などに熱狂するコナンの様子が描かれる。

　そして，2002年に公開された劇場版アニメ『名探偵コナン　ベイカー街の亡霊』（監督：こだま兼嗣，2002年）では，体感シミュレーション機「コクーン」のゲーム世界内につくられた19世紀末ロンドン風の「オールド・タイム・ロンドン」で，ホームズの代わりに切り裂きジャックの正体をつきとめる。本作には，「ホームズ」「切り裂きジャック」「夜のロンドン」という，現代ヴィクトリア朝表象で人気の三要素が同時に登場する。

　この虚構化された殺人鬼を創作の世界に登場させることにより，その謎を解き明かす存在と共存させることが可能になった。その役割を担ったのが探偵である。『ベイカー街の亡霊』においても，切り裂きジャックの犯人像を，ホームズの代理である探偵役のコナンが明らかにする。そこでは犯人には動機があり，また，孤独な過去があったという，たんなる無差別の快楽殺人者ではない犯人像が提示され，探偵であるコナンによって，世界には再び平和と秩序がもたらされる。これは，19世紀に多く読まれた推理小説の構造と同じである。『ベイカー街の亡霊』において，蘭は，新一から聞いた話だとして，シャーロック・ホームズが時代の光だとすれば，ジャック・ザ・リッパーは暗い影だ，と言う。それに対し，ホームズの探偵事務所を目指すコナンが，それなら時代の光に向かって急ごう，と答えるが，ここでは光の側から暗い影を照らし出す存在としての探偵像が明確に打ち出されている。アニメ版の『名探偵コナン』では「迷宮なしの名探偵」という文句が用いられるが，この言葉は人びとが求める理想の探偵像を端的に表したものといえる。

5　秘密を抱えたヤンガー・サン

　雑誌『月刊Gファンタジー』に連載中の枢やなのマンガ『黒執事』（2006-）は，

5）シャーロック・ホームズのファンを呼ぶ総称。

ヴィクトリア朝を舞台に，女王の番犬として英国裏社会の仕事をおこなう少年シエル・ファントムハイヴと，伯爵である彼に，その魂と引き換えに仕える悪魔の執事セバスチャン・ミカエリスが織りなす物語である。その人気は国内のみならず海外でも高く，また 2000 年代以降の日本のヴィクトリア朝表象作品に多大な影響を及ぼしていると考えられる。19 世紀末の英国を舞台にした本作は[6]，ホームズの作者コナン・ドイルや切り裂きジャックなども登場し，お屋敷や執事，メイドといった使用人，ヴィクトリア女王や貴族，紅茶やパブリック・スクール，インド人，サーカス，社交界，ドレスなど，現代におけるヴィクトリア朝表象として人気のモチーフを巧みに物語に取り入れている[7]。

　『黒執事』は内容面で，その物語のはじめから秘密を内包している。読者は主に，シエルの回想においてのみ，彼とセバスチャンが契約を交わすことになった状況を知ることになる。情報は断片的で，何が起きたのか，はっきりと読者に明かされることなく進められる。その手がかりは作中で幾度も提示されるが，シエルの抱えた秘密がようやく明かされるのは，129 話（26 巻）においてである。その秘密とは，彼が双子の弟であり，本物のシエル・ファントムハイヴは，死んだと思われていた兄のほうであるという事実だ。幼少期の回想シーンにおいて，活発な兄と病弱な弟という二人の対比が描かれる。弟の側から描かれるこの回想では，やがては爵位を継ぎ伯爵になる長男の兄に対する，羨望と気おくれが描かれる。

　爵位を継ぐことができない次男以下の貴族，いわゆるヤンガー・サンの苦労は，作中でも，父親ヴィンセントの友人ディーデリヒや，ヴィンセントの妹フランシスによって言及されている（26 巻）。ディーデリヒは，爵位も領地ももらえない次男こそふてぶてしくなければならないと言い，フランシスは，「継承者（スペア）」であるシエルに何かあれば，「次男」が家督を継がなければならないが，病弱な弟のほうには女王の番犬の仕事は荷が重すぎると兄に進言する。また，パブリック・スクールでシエルを陥れようとするモーリス・コールも爵位をもたない次男であり，「爵位持ち（タイトル）」のシエルには「爵位ももらえない次男（ヤンガーサン）の気持ち」などわからないと吐き捨てる（15 巻）。

　長男子相続制のヴィクトリア朝では，上流階級の子息に生まれても，親から爵位

6）作者は第 1 巻収録の「黒執事の階段下」においてパラレルワールドの英国としている。
7）英国のメイドについては，黒執事の時代考証も手がける村上リコによる『図説 英国メイドの日常』（村上，2011），英国執事については同じく村上による『図説 英国執事——貴族をささえる執事の素顔』（村上，2012）に詳しい。後者の帯には，黒執事作者の枢やながイラストと推薦コメントを寄せている。

や土地を受け継ぐことができたのは長子のみであり，このようなヤンガー・サンの苦悩は実在していた。「親から土地を受け継ぐことができずに軍隊に入る，知的職業につく，あるいは商業に携わることを強いられた，上流階級の次男，三男たち」（新井, 2001：5）がいたのであり，ロンドンでおもちゃ屋をやりたいというシエル（弟）の子どもらしい夢も，実際はそのような現実的な事情が関係したものである。

　ヴィクトリア朝の代表的な作家であるチャールズ・ディケンズの『我らが共通の友』（1864–1865 年）では，上流階級の四男に生まれた登場人物が，生まれる前から法廷弁護士になる運命を定められていた苦悩を吐露する場面がある。彼の家では，長男は家督を継ぎ，次男は聖職者になり，三男は海軍に入り，四男である自分は弁護士に，弟は技師の道を進まされたが，これは自分の意志とはまるで関係なく，生まれる前から父親に決められていたことだと自虐的に語る（ディケンズ, 1997：290–291）。

　このように，上流階級のヤンガー・サンたちのなかには，スペアとして，あるいは「次男」のスペアとして，不安定な要素を抱えた者たちがいた。しかし，ヤンガー・サンは，ある種の自由さも併せ持った存在でもあった。冒険小説の主人公には次男や三男などのヤンガー・サンが多くみられ（渡邊, 1996：208），重荷を背負わず冒険できる存在として描かれることも多い。『黒執事』においても，兄を羨みながらも，おもちゃ屋になる夢を語るシエル（弟）の姿は輝いている。影を感じるのは，そんな弟をみる兄の視線のほうである。生まれる前から家督を継ぐことを定められ，常に自分の身に何か起きたときのスペアの存在を意識せざるをえない長男には，当然，ヤンガー・サンたちとは違う苦悩が存在していた。大好きな弟と離れたくない，と泣きじゃくるシエル（兄）は，両親に慰められ，納得したかにみえるが，その心はまだ明らかにされておらず，どこか不穏な空気が漂っている。

6　分身とヴィクトリア朝文学

　双子であるというだけでなく，爵位を継ぐ兄とその「スペア」である弟という意味においても，シエルたち兄弟は強い分身関係にある。分身というテーマ自体は，昔からさまざまな物語の題材として用いられた。19 世紀前半には，E. T. A. ホフマンやアーデルベルト・フォン・シャミッソーなどドイツ・ロマン派の作家たちによって分身をモチーフに傑作が書かれ，翻訳されて英語圏の文学にも大きな影響を与えた。ゴシック小説においても多く用いられる仕掛けであったが，分身は，ヴィク

トリア朝文学においても重要なテーマであった。とくに 19 世紀末ヴィクトリア朝において，R. L. スティーヴンソンの『ジキル博士とハイド氏』（1886 年）や，O. ワイルドの『ドリアン・グレイの肖像』（1890 年）など，「分身」をモチーフに多くの重要作品が生まれた。分身をモチーフにした作品には抑圧や秘密を抱えたものが多く，ヴィクトリア朝文学で分身のテーマが流行した理由として，ヴィクトリア朝が抱えていた二重性を見出すことができる。

　過剰な抑圧のもと，昼間の世界では自分を律して生きるヴィクトリア朝の人びとには，秘密を抱えた夜の世界との二重生活が身近に存在するものだった。秘密を内包したヴィクトリア朝において分身をテーマにした文学作品が多く生まれたのは決して偶然ではなかった。『黒執事』においてシエルが兄になりすましたのも，爵位を継ぐためだけでなく，自分より秀でた兄になりきることで，恐怖の記憶を抑制し，自己を保つ目的があったのだろうか。しかし，分身である兄の登場により，自身が再び影の存在とならざるをえなくなったとき，シエル（弟）の身に何が起こるのか。ヴィクトリア朝文学において重要なモチーフである分身を，現代日本においてヴィクトリア朝を舞台に繰り広げられる『黒執事』が扱ったとき，いったいどのような結末が待っているのだろうか。

　これまで，『名探偵コナン』と『黒執事』を題材に，ヴィクトリア朝文学と現代日本のヴィクトリア朝表象を含む作品とのつながりをみてきた。『黒執事』はもちろん，ヴィクトリア朝表象として見過ごされがちな『名探偵コナン』のなかにもヴィクトリア朝文学の核となる要素が含まれており，両作品とも，たんに表面的にヴィクトリア朝表象を扱ったものではなく，そこにはヴィクトリア朝文学の血が脈々と引き継がれていることがわかる。同時にそれはたんなる系譜ではなく，現代日本において，独自の進化を続ける作品でもある。ヴィクトリア朝の光の側を描いた『名探偵コナン』も闇の側を描いた『黒執事』も，苦境にありながら常に前を見つめ続ける主人公たちのまっすぐな姿が印象的な作品である。今後，未完の両作品がどのような展開をみせるのか，その行方を見守りたい。

●引用・参考文献
青山剛昌（1994–2018）.『名探偵コナン 1–94 巻』小学館
新井潤美（2001）.『階級にとりつかれた人びと——英国ミドル・クラスの生活と意見』
　　中央公論新社

オールティック, R. D. ／村田靖子［訳］(1988).『ヴィクトリア朝の緋色の研究』国書刊行会 (Altick, R. D. (1970). *Victorian studies in scarlet.* New York: Norton.)

川端有子・村上リコ (2015).「少女マンガとネオ・ヴィクトリアニズム——『バジル氏の優雅な生活』から『黒執事』まで」『ヴィクトリア朝文化研究』*13*, 129–141.

小池　滋［編］(1995-1996).『ヴィクトリアン・パンチ——図像資料で読む19世紀世界』（全7巻）柏書房

スティーヴンソン, R. L. ／村上博基［訳］(2009).『ジーキル博士とハイド氏』光文社 (Stevenson, R. L. ／Mighall, R.（ed.）(2003). *The strange case of Dr. Jekyll and Mr. Hyde and other tales of terror.* London: Penguin.)

ディケンズ, C. ／間　二郎［訳］(1997).『我らが共通の友 上』筑摩書房 (Dickens. C. ／Poole, A.（ed.）(1997). *Our mutual friend.* London: Penguin.)

枢　やな (2006-2018).『黒執事 1-26巻』スクウェア・エニックス

村上リコ (2011).『図説 英国メイドの日常』河出書房新社

村上リコ (2012).『図説 英国執事——貴族をささえる執事の素顔』河出書房新社

ワイルド, O. ／仁木めぐみ［訳］(2006).『ドリアン・グレイの肖像』光文社 (Wilde, O. ／Mighall, R.（ed.）(2003). *The picture of Dorian Gray.* London: Penguin.)

渡邊孔二 (1996).「ロビンソン・クルーソーの末裔たち——少年冒険小説の主人公たち」松村昌家・川本静子・長島伸一・村岡健次［編］『女王陛下の時代』研究社出版, pp.201–222.

Jones, A. M. (2017). Picturing "Girls Who Read": Victorian governesses and neo-Victorian shōjo manga. In A. M. Jones, & R. N. Mitchell (eds.), *Drawing on the Victorians: The palimpsest of Victorian and neo-Victorian graphic texts.* Athens: Ohio University Press, pp.300–330.

Chapter

02

笑いをとおしてテレビ番組が描くもの

コント「てるとたいぞう」の男性同性愛表象から考える

石田万実

1 テレビ番組における笑い

　笑いはわれわれの生活に欠かせない文化の一つであり，放送法第 106 条に「放送番組の編集に当たつ^{（ママ）}ては，［…略…］娯楽番組を設け」とあるテレビでも，1953 年の放送開始時から絶えず笑いの要素を含む番組が放送されている[1]。

　一方で，テレビ番組はその内容や表現方法について議論されることがある。たとえば，『8 時だョ！　全員集合』（TBS, 1969-1985 年）は，1978 年に日本 PTA 全国協議会が発表した「TV ワースト 7」で，「言葉づかい野卑，行動下品，悪ふざけ，食物を粗末に扱っている」という理由でワースト 1 となった。さらに，コント[2] で「志村けんによく似た人形を使って首を落とすという場面」があり，抗議の電話が相次いだ。これに対してプロデューサーは親の過剰反応を指摘し，「子どもは，冗談は冗談だとわかってますよ」と語った[3]。近年では『とんねるずのみなさんのおかげでした』（フジテレビ, 1997-2018 年）で再演されたキャラクター「保毛尾田保毛男」に対して LGBT の関連団体などが抗議し，番組公式サイトに謝罪文が掲載された[4]。また，この抗議に対する批判もある[5]。

---

1) これまで放送された主なバラエティ番組は，高田ほか（2003），山中（2005）にまとめられている。
2)「シチュエーションとキャラクターを決め」（織田, 2008：68），「一定の舞台装置，衣装，あるいは照明や効果音を使った短い演劇」（相羽, 2001：17）を指す。
3)『朝日新聞』1981 年 6 月 28 日付朝刊 22 面
4)『産経新聞』2017 年 10 月 17 日付朝刊 26 面

2　笑いがもつ効用とは

　では，何かを笑うことにはどのような意味があるのか。先行研究を確認すると，笑いの社会的効用には，①コミュニケーション，②集団凝集性と排除作用（笑うことで知識，価値観，世界観の共同性を確認し，異質な他者を排除する），③社会化と社会統制（社会のルールからはずれた者を皮肉り，笑い者とすることで反面教師とし，社会のスタンダードを示す），④攻撃性（嘲笑や冷笑など，笑うこと自体が攻撃行動の一部となる），⑤風刺と社会批判がある。⑤において，風刺の対象は一般的なスタンダードにまで及ぶため，多くの人の怒りを買うが，反省を促し，価値尺度や社会そのものを変化させる原動力となる（森下，2003）。②と③に関連してメッドハーストとタック（Medhurst & Tuck, 1982）は，笑いをとおして視聴者に感じさせるコミュニティの幻想は，コミュニティに受け入れられないと思われる行動をからかうことで強化されると指摘した。さらにこれは性とジェンダーの領域において，「主流」から排斥されたり，「主流」と対立したりするような性的な自己表現，とくに同性愛（ホモセクシュアリティ）の滑稽さを演じることに結びつくと述べた。では，同性愛者はテレビ番組，とりわけ娯楽番組のなかでどのように演じられてきたのか。

　一般的に娯楽番組では，ステレオタイプ化したイメージを利用しておもしろさを演出し，説明を省略する手法がとられる（国広，2004）。コメディの場合，嘲笑するジョークの標的の多くは男性同性愛そのものではなく，男性の女性性であり，女性のように小股で歩き，舌足らずに話す男性の姿は，異性愛者の視聴者集団が同性愛者とみなすステレオタイプだった（Medhurst & Tuck, 1982）。ミルズ（Mills, 2001）はこの議論を踏まえたうえで，コメディは男性同性愛者の存在を認める最初の場の一つであるにもかかわらず，そのなよなよした描写への偏りはステレオタイプ化の批評に終わると指摘した。

　笑いの社会的効用のうち，②③④は笑いの対象をその社会における異質なものとして描いているが，⑤は対象が置かれている立場などに関する問題を提起できる。つまり，笑いの対象となる人や事物が必ずしも否定的に描かれているとは限らない。このため，テレビ番組が笑いの対象をどのように描き，何を笑いにしているのかを詳細にみていくことが重要である。以上を念頭に置き，本章では視聴者に笑いを提供するバラエティ番組において，同性愛者がどのように描写され，何が笑いの対象

5）たとえば，ミッツ・マングローブ（2017）などがあげられる。

となっているのかを検討する。

3　テレビ番組の資料収集

　バラエティ番組の主な資料の収集方法には，①放送の録画，② VHS・DVD・Blu-ray などの商品，③動画配信サービス・オンデマンド配信がある。

　①について，過去の番組であっても BS・CS 放送において再放送されている場合がある。ただし，再放送は初回放送時のものをそのまま放送しているとは限らないことに留意する必要がある。②は番組・放送局の公式サイトやレコード会社の商品ページなどで確認できる。③は分析の際には繰り返し視聴するため，配信期間に注意しなければならない。②と③はすべての放送回あるいは放送内容を収録・配信してはいないが，収録・配信されている内容は制作者またはレコード会社やサービス提供社が選んだものであり，番組を代表するものとしてとらえることができる。

4　『笑う犬』の「てるとたいぞう」

　本章では「保毛尾田保毛男」が問題となった『とんねるずのみなさんのおかげでした』と同じ放送局で，かつ，同性愛者の登場人物がコントの放送が一旦終了した数年後に再び演じられた点が共通している『笑う犬』の「てるとたいぞう」というコントのシリーズを分析対象とする。

　『笑う犬』は，フジテレビ系列で『笑う犬の生活』（1998-1999 年，毎週水曜日 23:00），『笑う犬の冒険』（1999-2001 年），『笑う犬の発見』（2001-2002 年），『笑う犬の情熱』（2002-2003 年，以上毎週日曜日 19:58），『笑う犬の太陽』（2003 年，毎週火曜日 20:00）として毎週放送され，終了後には『笑う犬 2008 秋』（2008 年 9 月 30 日 22:30），『笑う犬 2010 寿』（2010 年 1 月 6 日 22:00），『笑う犬 2010 新たなる旅立ち』（2010 年 10 月 5 日 22:00）として特別番組が放送されたテレビ番組である。

　「てるとたいぞう」は『笑う犬の生活』の初回の冒頭で放送されたコントで，男性警察官であるてるのたいぞうへの恋を描く。第一部の最終回でたいぞうが死亡するが，その後もてるの前にたいぞうによく似た男性が現れ，惹かれていく。本章では DVD の本編に収録された「てるとたいぞう」シリーズを分析する [6]。分析対象とす

6）『笑う犬の冒険』でもシリーズは放送されたが，DVD に収録されていない。

表 2-1　分析対象のコント

『笑う犬の生活』					特別番組	
第一部	「張り込み」	第二部	「予告」	第三部	「雪国で」	『笑う犬 2008 秋』	「てるとたいぞうダイジェスト　てるとたいぞう」
	「張り込みⅡ」		「出会い」		「悪夢再び」		
	「張り込みⅢ」		「予告」		「再会」	『笑う犬 2010 新たなる旅立ち』	「てるとたいぞう～嫉妬の秋～」
	「予告」		「汚職」		「旅立ち」		
	「殉職」		「罪と嫉妬」				
			「殉職」				

るコントは表 2-1 のとおりである。

5　登場人物・セリフと態度・笑い声

　登場人物の情報，セリフや動作，笑いが起こる場面を記録する。そのうえで必要な場面を選出し，分析する。

5-1　登場人物の情報

　まず，登場人物についての基本的な情報をまとめた表 2-2 から，「てるとたいぞう」には男性の同性愛者，男性の両性愛者，男女の異性愛者が登場することがわかる。そのうち，じゅんこは女装をして「女ことば」[7] で話す，ステレオタイプの男性同性愛者として描かれている。ポピュラーカルチャーにおいては，即時に認識できる唯一の同性愛の記号であった「不自然」な行動や見た目の違い，なよなよしたさまによって，登場人物が「おもしろい人」として記号化されてきた（Medhurst & Tuck, 1982）。しかし，じゅんこ以外の男性同性愛者は女装をしておらず，話し方も「自然」であるため，男性同性愛者の外見的描写が「なよなよとした」ものに偏っているとはいえない。

　プロデューサーの吉田正樹（I Bank, 1999b : 107-108）は「ホモセクシュアルの世界にも，肉体関係とか，あるかもしれないが，純粋な精神世界での愛っていうのを究極的に突き詰めようと思ったのがこのコント」と述べたうえで，てるの職業について「なぜこのヒトは刑事かと言えば，社会を良くしようという気持ちがあるわけで。悪と戦う気持ちが一応あって，だからこそ反社会的な男同士の愛っていうのが，なかなかできない設定にもなっている」[8] と語った。また，じゅんこについては「お

---

7) クレア・マリィ（2013 : 53）によると，「男が利用する「女ことば」という概念は，［…略…］「オカマのことば」，あるいは「女になろうとしている男のことば」として表象されている」。

表 2-2　「てるとたいぞう」の登場人物 [9]

登場人物	演者	生物学的な性		性指向	職業	衣装・ヘアメイク
てる	内村光良	男性		男性（たいぞう・たいしろう・じゅんこ・たいのしん）	警察官（第三部のみ無職）	スーツ／（第三部のみ）シャツ・ジャケット・ズボン・無精ひげ
たいぞう	原田泰造	男性			警察官	スーツ
たいしろう	原田泰造	男性		男性・女性（てる・ちなつ）	警察官	シャツ・ジャケット・ズボン・パーマ
ちなつ	遠山景織子	女性		男性（たいしろう）	警察官	パンツスーツ・ボブ
じゅんこ	名倉潤	男性		男性（てる）	スナックバー店主	着物（女装）・ベリーショート・明るい茶髪・厚めの化粧
きょおこ・なみこ	遠山景織子	女性		男性（じゅんこ）	水商売？	シャツ・ジャケット・スカート・アップスタイル
ふゆみ	中島知子	女性		男性（ふゆみの夫）	不明	セーター・ズボン・カーラーをつけている
ふゆみの夫	堀内健	男性		女性（ふゆみ）	不明	シャツ・ジャンパー・ハチマキ・ズボン
たいのしん	原田泰造	男性			社長	スーツ・コート・帽子・口ひげ・白髪交じりの髪・しわ
警察官	堀内健	男性			警察官	制服
よしゆき	坪倉由幸	男性		男性（てる・たいぞう）	警察官	スーツ

カマっていうのは別に，笑いのためだけじゃない。［…略…］今度は成就可能なヒトなわけだ。［…略…］精神が女だから」と述べている。つまり，制作者はコントのテーマに合わせて登場人物の設定を決めており，このことが，対象番組における男性同性愛者の外見的描写が必ずしもステレオタイプ的なものに偏っていないことの一因であると考えられる。

5-2　登場人物の同性愛に対する態度

　次に，コントの登場人物が同性愛／同性愛者についてどのような発言や反応をしているのか，該当場面のセリフを引用しながら分析をする。

◉場面 1：第一部「殉職」（11:36）
［てるがたいぞうに告白をする］

8）ここで番組プロデューサーが同性愛を「反社会的」としている点にも注目すべきである。
9）きょおことなみこについて，遠山が演じる女性が「雪国で」ではきょおこ，「再会」ではなみこと呼ばれるが，外見，知人，じゅんこに好意を寄せている点が共通しているため，本章では同一人物とした。

> たいぞう「わかってました」
> ［…略…］
> たいぞう「俺，何て言っていいのかわかんないすけど，すごくうれしいです」

　この場面で，たいぞうが同性からの告白に誠実に対応していることがわかる。

> ●**場面2：第二部「出会い」（15:16）**
> ［たいしろうが，てるのたいぞうへの好意を指摘する］
> てる「おかしいか？　おかしい」
> （スタッフの笑い声）
> てる「おかしい。いいだろ，こんな男がいても。私を笑え」
> たいしろう「実は，俺もデカやってんすよ」

　てるは性指向が同性であることは「おかしい」ことであり，嘲笑の対象になると考えている。しかし，たいしろうはてるを笑わず，その意見に肯定も否定もしない。

> ●**場面3：第二部「殉職」（26:01）**
> ［たいしろうの汚職について，てるとちなつが話し合う］
> てる「あいつはそんなことをするような奴じゃない。俺にはわかる」
> ちなつ「私にだってわかります」
> てる「いや，俺のほうがわかるけどね」
> ［言い争いが続く］
> （スタッフの笑い声）

　二人は恋のライバルとして，たいしろうをどちらがより理解しているのかを主張し合う。異性愛者であるちなつは，てるが同じ男性に好意を寄せていることに否定的ではないことがわかる。

> ●**場面4：第三部「雪国で」（34:19）**
> ［酔っ払ったきょおこが，じゅんこに結婚を申し込む］
> ふゆみ「きょおこちゃん，そら無理だ。だってあんた，ママには男前さんがいるべなー」

> （スタッフの笑い声）
>
> ［ふゆみの夫がうなずく］
>
> ［…略…］
>
> **ふゆみの夫「ひでーなー，好きな男がオカマって」**
>
> ［じゅんこがふゆみの夫の髪をつかむ］
>
> （スタッフの笑い声）
>
> **じゅんこ「（低い声で）オラァ。オカマが悪いように言ってんな，ゴラァ」**

　女装をする同性愛者のじゅんこに男性の恋人がいることを批判する登場人物はいない。一方で，ふゆみの夫は「オカマ」をからかい，じゅんこが怒る。

　以上のように，警察官のてるには自身が同性愛者であることへの葛藤がみられるが，ほとんどの登場人物は同性愛／同性愛者について否定的ではないことがわかった。ただし，男性同性愛者による女装はからかいの対象になっていた。

5-3　笑いの対象となる同性愛

　前項で，登場人物は女装をする男性同性愛者を除き，同性愛／同性愛者を笑いの対象にしていないことがわかった。では，コントとしては同性愛に関するどのような言動を笑いの対象にしているのか。番組のなかで，音声のみの笑い声が入っている場合に，笑う，楽しくなるなど反応が起こりやすいため（友宗ほか，2001），スタッフの笑い声が聞こえる場面を引用して分析する。

> **●場面5：第一部「張り込みⅡ」（5:00）**
>
> ［張り込み捜査中にたいぞうが捜査対象者のもとへ向かい，てるが残される］
>
> **てる「恋してるっ」**
>
> ［てるが両手を横に振りながら駆け出す］
>
> （スタッフの笑い声）

> **●場面6：第三部「雪国で」（34:38）**
>
> ［場面4の直後，ふゆみがじゅんこの手を夫から離す］
>
> **ふゆみ「ママ，ママ，男になってる」**
>
> **じゅんこ「あーらやだ，ごめんなさーい」**
>
> ［じゅんこがほほ笑み，身体をくねらせる］

（スタッフの笑い声）

　場面5は男性同性愛者の「女らしい」走り方，場面6では女装した男性同性愛者
が「男らしい」言動を指摘されたことで「女性性」を演じる様子を笑いにしている。

●場面7：第三部「雪国で」（35:46）
［てるがパチンコの景品のマニキュアを渡すと，じゅんこは喜ぶ］
じゅんこ「離さない」
［じゅんこがてるの腕にもたれかかる］
（スタッフの笑い声）

●場面8：2010 新たなる旅立ち「てるとたいぞう〜嫉妬の秋〜」（13:00）
［たいぞうがよしゆきの肩を抱き，窓の外を見る。よしゆきはたいぞうを見つめた後，
肩に頬をよせる］
（スタッフの笑い声）

　場面7と8はいずれも同性間の身体的な接触が笑いのきっかけになっているこ
とがわかる。

●場面9：2010 新たなる旅立ち「てるとたいぞう〜嫉妬の秋〜」（13:15）
［てるが遅れて捜査現場に現れると，たいぞうがよしゆきの肩を抱いている。てるは
目を丸くして二人を見る］
（スタッフの笑い声）
［たいぞうとよしゆきがてるに気づくが，たいぞうはよしゆきから離れない。てるは
二人を見て唇をかむ］
（スタッフの笑い声）

●場面10：第一部「殉職」（11:12）
てる「俺は，俺は，お前のことが，す，好きだ」
（スタッフの笑い声）
［てるが告白を続け，場面1へつながる］

●場面 11：2008 秋「てるとたいぞう」(5:30)

[張り込み捜査中の雑談で，てるとたいぞうの関係について話す]

よしゆき「てるさんと，四六時中一緒にいる，そのたいぞうさんのことが，うらやましくて，憎たらしくて」

(スタッフの笑い声)

よしゆき「てるさん，僕も，できれば，僕もてるさんとずっと」

てる「よせ」

(スタッフの笑い声)

　場面 9 は嫉妬，場面 10 と場面 11 は告白によって同性愛者の恋愛感情が表現されたときに笑い声が入っている。また，前節の場面 4 ではじゅんこに同性の恋人がいることが明かされたセリフの後に笑い声が聞こえる。さらに，場面 2 では同性愛者である自身を「おかしい」と，てるが葛藤する様子を笑いにしている。

　以上のように同性愛を連想させる場面に笑い声が入っていることから，コントは同性愛／同性愛者を笑いにしていることがわかった。場面 5 と場面 6 はメッドハーストとタック（Medhurst & Tuck, 1982）が指摘したように，男性同性愛者の「女性性」を笑いにしている。しかし，同性間の身体的な接触や感情が表出されたときにも笑い声が入っており，ゆえにコントとしては男性同性愛そのものを笑いにしているといえる。

6　お笑い番組が描く同性愛／同性愛者

　分析の結果，「てるとたいぞう」シリーズは男性同性愛者の「女性性」だけでなく，男性同性愛そのものを笑いにしていることがわかった。したがって，同性愛に関しては笑いの社会的効用の「集団凝集性と排除作用」や「社会化と社会統制」があてはまると考えられる。しかし，コントの登場人物は同性愛を否定していないにもかかわらず，同性愛を連想させる場面に笑い声が入っていることに視聴者が気づいたとき，この笑いは「風刺と社会批判」につながるといえよう。この点については，視聴者に対するアンケート調査やインタビュー調査によって検証する必要がある。

　アメリカのシチュエーションコメディは，後のシーズンよりもファーストシーズンで，より明らかにイデオロギー的な枠組みを示す（Feuer, 2001）。また，イギリス

のシチュエーションコメディ番組『Shelley』は，放送時間帯が午後9時から午後8時に移動したことで，その描写が慣習的に画一化したものに移行したことが示された（Medhurst & Tuck, 1982）。このため『笑う犬の生活』終了後，日曜日の午後8時台に移動して放送された『笑う犬の冒険』の「てるとたいぞう」は，表現が異なる可能性がある。

　最後に，シチュエーションコメディは男性同性愛者をほぼ排他的に扱い，女性同性愛者は不在である（Medhurst & Tuck, 1982）。この指摘は日本のバラエティ番組にもあてはまるのか，今後の検証が期待される。

●引用・参考文献

相羽秋夫（2001）.『漫才入門百科』弘文出版

I Bank［編］（1999a）.『笑う犬の生活——YARANEVA!!』フジテレビ出版

I Bank［編］（1999b）.『笑う犬の生活——YARANEVA 2』フジテレビ出版

織田正吉（2008）.「漫才の歴史」大阪府立上方演芸資料館（ワッハ上方）［編］『上方演芸大全』創元社，pp.14–72.

国広陽子（2004）.「番組にみるジェンダー・ステレオタイプ」萩原　滋・国広陽子［編］『テレビと外国イメージ——メディア・ステレオタイピング研究』勁草書房，pp.82–101.

クレア・マリィ（2013）.『「おねえことば」論』青土社

高田文夫・笑芸人編集部［編］（2003）.『テレビバラエティ大笑辞典』白夜書房

友宗由美子・原由美子・重森万紀（2001）.「日常感覚に寄り添うバラエティー番組——番組内容分析による一考察」『放送研究と調査』*51*(3), 12–41.

ミッツ・マングローブ（2017）.「アイドルを性せ！73——保毛尾田保毛男を狩る，分別できない人たち」『週刊朝日』（2017年10月20日号）, 47.

森下伸也（2003）.『もっと笑うためのユーモア学入門』新曜社

山中伊知郎［監修］（2005）.『テレビお笑いタレント史——お笑いブームはここから始まった』ソフトバンククリエイティブ

「笑う犬の冒険」［編］（2000）.『笑う犬の冒険　全記録1』フジテレビ出版

Feuer, J. (2001). Situation comedy, Part2. In G. Creeber (ed.), *The television genre book*, London: British Film Institute, pp.67–70.

Medhurst, A., & Tuck, L. (1982). The gender game. In J. Cook (ed.), *Television sitcom*, London: British Film Institute, pp.43–55.

Mills, B. (2001). Studying comedy. In G. Creeber (ed.), *The television genre book*, London: British Film Institute, pp.61–62.

●引用・参照映像作品 ─────────────────────

『笑う犬の生活 YARANEVA ①──てるとたいぞう完璧版』(2000)．フジテレビジョン
『笑う犬 2008 秋 ①──番組完全版』(2008)．ポニーキャニオン
『笑う犬 2010 新たなる旅①──番組完全版』(2010)．ポニーキャニオン

Chapter

03

物語構造論からみる宮崎駿監督作品

『ルパン三世 カリオストロの城』『天空の城 ラピュタ』から
『崖の上のポニョ』『風立ちぬ』まで

小池隆太

1 「物語」の理解

　手を取り合った少年と少女が声を揃えて「バルス！」と叫ぶと，二人が手にした不思議な石からすさまじい光が発せられるとともに空中の城の底が抜ける。スタジオジブリのアニメ作品『天空の城ラピュタ』（監督：宮崎駿，1986 年）（以下，『ラピュタ』）のクライマックスの場面である。いま，「クライマックス」という言葉を用いたが，これは，映画や演劇などで最高潮に盛り上がり，緊張や興奮がもっとも高まった状態を意味している。私たちは映画や演劇，あるいは小説やマンガ・アニメなど何らかの筋道だったストーリー，一般的には「物語」と称せられるものを鑑賞するとき，作品中においてさまざまな出来事の連鎖によって構成された「話の流れ」や「盛り上がり」といった状態の遷移を自ずと意識しており，「クライマックス」とはそうしたプロット（物語中に配列された諸事件）のなかでも，緊張や興奮の最高点を示す言葉となっている（プリンス, 1991：27, 144-146）[1]。

　この「クライマックス」のように，メディアやジャンルにかかわらず，私たちは物語作品を話の流れや状態の変化あるいは機能として理解している。それは私たちが物語の登場人物や事件・事象といった諸要素を相互の「関係」とその性質（関係性）に基づいて理解しているからである。本章の目的は，コンテンツ作品を作品中の諸要素の関係性の総体＝「構造」として理解し考察するための方法論，すなわち「物語構造論」について，とくにアニメーションというコンテンツに即した分析の手

1）本章における物語論関連の訳語は，基本的にプリンス（1991）の記述に準拠した。

法を提示することにある。具体的には，宮崎駿監督による劇場アニメーション諸作品を例として取り上げ，物語構造論の見地からはそれらの作品が全体としてどのように分析されうるのかを示したい。

2　「物語論」というアプローチ

　ひとくちに「物語（narrative）」といってもその語の意味は用いる者によって多様である。とくに近年「ナラティヴ」というカタカナ言葉でコンテンツにおける物語的性質を広義に示す傾向がみられるが，本章ではあくまでもストーリーとして「語られたもの」，ならびにその「語りの行為」に局限して「物語」の語を用いる[2]。さまざまな「物語」を科学的な方法で分析するための学問的な枠組みを総称的に「物語論」というが，その系譜をまとめた J. M. アダンによれば，「物語」があるといえるためには，表象／時間／意味という三つの側面からの把握が必要とされる（アダン，2004：15-31）。

> ①少なくとも一つの事件の表象があること
> ②その事件が時間的に秩序付けられて一つの話を形成する二つの命題の形で語られること
> ③継起する諸事件について，全体として組織化された意味論的構造が理解されること

　この三つの側面のどこに着目するかによって，物語論は異なったアプローチをとる。主に表象としての「語り方」，ならびにその時間的構造に着目して物語を分析するのが，G. ジュネットに代表される「ナラトロジー」（語りの科学）の立場であり，ここで扱われる物語の表現や叙述そのものを物語の「表層構造」という。他方，主に全体としての意味論的構造に着目した分析をおこなうのが，V. プロップや A. J. グレマスらに代表される「物語構造論」の立場であり，ここで扱われる物語の内容や叙述されたものを物語の「深層構造」という。本章で扱うのは，後者の物語構造

---

2)「物語」とは，狭義には顕在的な「語り手」によって顕在的な「聞き手」に伝えるという形式によって，現実ないしは虚構の事象を時間的な連鎖として報告・記述したものを指す。「ストーリー」とは，「物語」において物語られた「内容」を示す語である。詳細はプリンス（1991：117-121, 184-185）を参照のこと。

論であるが，アニメーションという表象と深層構造との関連性についても言及する。

　物語の表層構造を扱うナラトロジーは，物語の表現や叙述という「語り」の仕方そのものを扱う理論の枠組みであり，小説における「語り手」の認識上の位置，あるいは物語内での時間の統御，さらには「視点」のあり方などが分析の対象となる。文章表現だけではなく演劇・映画などにも援用される理論体系であるが，「語り」が言葉に依拠する営為である以上，小説を中心として構築されたものであることは否めず[3]，メディアに依存する部分が比較的大きいといえる。

　一方，物語構造論はメディアに依存しないとされる。物語を構成する事件・出来事のつながりとその意味は，表層的な「語り方」とは関係のない深層構造として生成・理解されるからである。たとえば，小説の映画化やマンガのアニメ化（あるいはそれらの逆）のようにメディアが異なっている場合でも，私たちは各々の作品におけるストーリーの流れや登場人物の物語上の機能などの同一性と差異を認識し，比較・対照することが可能である。それは物語を深層構造として意味論的に把握しているからにほかならない。この点において，物語を「物語として」鑑賞するという営為は，その表象の「感覚」や「認知」とは異なる水準に属している。

　ただし，物語の構造（以下，たんに「構造」と記述している場合，物語の「深層構造」を指す）は，プロットとして記述された物語の「あらすじ」と混同されてはならな

---

3) ナラトロジーについてはまずジュネット（1985）やシュタンツェル（1989）を参照すべきであるが，ここで提示されている「語り」の様相について，理論的解説にとどまらず，日本文学や英文学，さらには翻訳文学などの実例を用いて解説したものとしては橋本（2017）が詳しい。マンガへの応用と課題については小山ら（2016）の第8章を参照されたい。
　本章では表層構造の分析に子細にふれることはできないが，ジュネットの提示した「焦点化（focalisation）」や「視点（point of view）」の概念は，「物語が提示される認識上の位置」を考えるうえで映像・図像表現の分析においても重要である。簡単にいえば，どの登場人物の内面を描写するか／しないか，誰の視点に依拠するか／依拠しないかによって物語の見え方が異なるということである。たとえば，『ラピュタ』は，基本的にパズーの視点からパズーの見聞したものを描いているが，一方で，シータや敵役のムスカの視点でしか知りえない事実も物語を構成する主要な要素として描かれている。一方，『魔女の宅急便』のキキや『ハウルの動く城』のソフィー，さらに『風立ちぬ』の堀越二郎は，『ラピュタ』のパズーと比較すると，物語はその視点から構成される部分がより大きく，より強く焦点化されているといえる。映画などにおいて主人公の目線をカメラワークでそのまま再現する「主観ショット」とその用いられ方も物語論的な考察の対象である。

い。たとえば，『崖の上のポニョ』（以下，『ポニョ』）のあらすじは，以下のように記述することができる。

> 魚の女の子・ポニョは，海岸で人間の男の子・宗介に助けられる。ポニョは宗介を好きになるも，いったん父親に海へ連れ戻される。ポニョは再び宗介に会おうと家出するが，その際海中の井戸の命の水を溢れさせてしまい，地上は嵐と津波に見舞われる。人間の姿になったポニョは宗介と再会するが，そのうち魔力が切れて魚の姿に戻る。事態を収めるため，ポニョの母親と宗介の母親は話し合い，宗介のポニョへの気持ちを確かめる。ポニョの母親が世界のほころびを閉じて海は元に戻り，魔力を失ったポニョは人間になって宗介と結ばれる。

　『ポニョ』が，人魚と王子の悲恋を描いたアンデルセンの童話『人魚姫』をモチーフ[4]にしていることは宮崎駿自身の話などからも確認でき，人間と異種族とのあいだの恋愛ものとして同一の構造を有しているようにみえるが，それはあくまでも内容面の「類似」であって構造的な同一性ではない。すなわち，『人魚姫』の場合，人魚姫は自分の声と引き換えに両脚を得ていること，そして声を失うことで自分が王子を救ったという真実を明かすことができないこと，という物語の進行の骨子をなす重要な二つの要素があるが，『ポニョ』にはこの要素は存在しない。『ポニョ』のあらすじから『人魚姫』との類似を読み取ることと，物語の構造の同一性を導くこととは別の営為である。

　『ポニョ』と『人魚姫』をあらすじではなく，構造として簡潔に記述するのであれば，物語を構成する要素としてのモチーフを「半魚人／人魚」「恋愛」「〈人間〉になる」としたうえで，次のようにそれぞれ記述するだけでその基本的な構造を対照させることができる。

> 『ポニョ』：「半魚人」が「恋愛の成就」によって「〈人間〉になる」物語
> 『人魚姫』：「人魚」が　「恋愛の失敗」によって「〈人間〉になれない」物語

---

4) 「モチーフ（motif）」という語も多義的な用語であるが，ここではある芸術作品が制作される動機やきっかけとなった別の作品・主題を指す。物語論においては，本来「モチーフ」とは物語を構成する諸要素の最小単位を示す語である。ダンダス（1980：58）は「民話はモティーフの総和に等しい」としている。

このように，モチーフとその関係性を明示するのが構造の分析（の第一歩）である。『ポニョ』は，『人魚姫』から「脚と声の引き換え」「真実を話せない」という要素を取り去り，ハッピーエンドに転化した物語といえるが，「恋愛」（婚姻）によって異種族が〈人間〉として迎えられる，という部分には両作品が意図せず有している「イデオロギー」を看取できる[5]。

まとめると，たんなるストーリーの概略ではなく，物語を構成している重要な要素としてのモチーフを抽出し，物語がモチーフの連鎖としてどのように構成されているかを分析することによって，物語を構造的に読み解くのが物語構造論である。

3　方法としての「物語構造論」

物語をその深層構造において分析するのが物語構造論であるが，その理論体系は分析対象や研究者によってさまざまである。その理由は，物語を構成するモチーフをどの水準においてどのくらいのスケールと具体性で記述するかが異なっている点や，対象とする物語が時代や文化あるいはジャンルによって異なる形態をとっている点にある。別の言い方をすれば，あらゆる物語を普遍的に記述することを可能にするような理論はそもそも存在しないといってもよい。しかし，ここまで述べてきたように方法論としての枠組みを示すことは十分可能である。ここではまずプロップ（1987）の理論とその発展的継承者であるダンダス（1980）の理論から，方法としての「物語構造論」を提示する。

V. プロップが『昔話の形態学』（プロップ, 1987）において取り上げた対象はロシアの魔法昔話である。プロップは，アフィナーシエフによる昔話集を主な典拠に魔法昔話を分析し，その基本的な構造を登場人物の行為，すなわち「機能」として記述した。プロップは，その規定に際しての基本的なテーゼを四つあげる（プロップ, 1987：31–40）。

5）さらに両方の物語に共通する別のモチーフ「人間の血」に着目すると，『ポニョ』においては物語の序盤，宗介の指の傷の「血」をなめたポニョがそのことで人間の姿になる。一方，『人魚姫』では物語終盤，人魚姫が人魚に戻るためには王子の「血」が必要となる（人魚姫は王子を短剣で刺すことができず泡となる）。構造的な対照関係（物語序盤・魚→人間，物語終盤・人間→人魚）をなしているが，『ポニョ』における宗介の「血」が，たんに生物学的な意味でのDNA情報の伝達を超えた象徴性を有していることもうかがえるだろう。

①昔話の恒常的な不変の要素となっているのは，登場人物たちの機能である。
②魔法昔話に認められる機能の数は，限られている。
③機能の継起順序は，常に同一である。
④あらゆる魔法昔話が，その構造の点では，単一の類型に属する。

　こうしてロシアの魔法昔話からプロップは 31 の機能を抽出する[6]。プロップが
おこなったのは，物語の構成要素として登場人物の行為を「機能」として定義する
ことで，ストーリーを「定型」として客観的かつ一般的に分析・比較対照する手続
きの確立であったといえる。このプロップによる機能分析はロシアの魔法昔話とい
うジャンルに限定されない応用可能性を秘めたものであるように思われるが，一方
で，機能の数が限定されている（テーゼの②）ことや継起順序の同一性（テーゼの③）
など，前提としてロシアの魔法昔話という分析対象に依存するものであり，そのま
ま別のジャンルの物語群に応用することは難しい[7]。

　プロップの理論を契機に，物語を展開への可能性として単線ではなく分岐的にと
らえたブレモン（1975）[8] や，物語の要素を「行為項」として記号的に記述したグレ
マス（1988）[9] など物語を「構造」として把握しようとする試みがいくつもなされた
が，ここではプロップの理論を方法論として発展的に整序した A. ダンダスの議論

---

6) 31 の機能は次のとおりである：①留守（両親の死），②禁止，③違反，④敵対者による
　探り出し，⑤情報漏洩，⑥謀略，⑦幇助，⑧敵対者による加害，⑨主人公への仲介，⑩
　主人公による対抗開始，⑪主人公の出立，⑫試練，⑬反応，⑭呪具（助手）の贈与・獲
　得，⑮主人公の空間移動，⑯闘い，⑰標づけ，⑱勝利（敵対者の敗北），⑲不幸・欠如
　の解消，⑳帰還の開始，㉑追跡，㉒救助，㉓主人公の気付かれざる到着，㉔ニセ主人公
　による不当な要求，㉕主人公への難題，㉖難題の解決，㉗主人公の発見・認知，㉘ニセ
　主人公・敵対者の正体露見，㉙主人公の変身，㉚敵対者の処罰，㉛主人公の結婚・即位
　（以上，プロップ（1987：41-101）より，適宜登場人物を補いつつまとめたもの）。プロッ
　プはこれらの機能が，主人公・敵対者・贈与者・助手・王女（とその父）・派遣者・
　ニセ主人公という登場人物に割り振られ，それぞれの「行動領域」をつくりあげている
　とする。ロシアの魔法昔話に特徴的なものとしては，主人公になり代わって，主人公の
　手柄を横取りしようとするニセ主人公の存在であろう。
7) しかしながら，プロップの理論が現代における物語創作に応用されていることも事実で
　あり，たとえば大塚（2013）では実作者向けにその実践的側面が記述されている。
8) ブレモンは，プロップの方法が目的論的である（物語の全体が結末までわかったうえで
　の単線的分析）と批判し，物語の筋がその継起においては分岐的に開かれていることの
　意義を指摘した（ブレモン, 1975）。

をあげることにする。

　ダンダスは，プロップの研究を踏まえて，民間伝承の研究は，①資料の蒐集，②物語の分類，③分析（理論化）というプロセスを踏まえて，物語の全体としての概念（＝主題）と物語の細部の要素（＝モチーフ）を区別しなければならないと述べる（ダンダス，1980：23）。ダンダスによれば，物語の構造的把握は三つのレベルにおいておこなわれるものであるという（ダンダス，1980：40-41）。

①物語内の構造的単位。物語の細部の要素やその機能。
②構造的単位によって形成される，プロットの流れとしての物語の形態。
③概念的に理解された物語全体の類型。

　ダンダスは，プロップの「機能」は配列順が一定であるため，形態論的見地からはすべて同一のタイプに属することになるのではないかと疑義を呈したうえで，より単純な機能を示す要素の異動可能な連鎖として，「モティーフ素」（以下，モチーフ素）によって物語が構成されているとした（ダンダス，1980：75-95）。ダンダスは，アメリカ先住民の民話を収集・分析し，そこに次のようなモチーフ素を見出している（ダンダス，1980：97-141）。

「欠乏／欠乏の解消」「課題／課題の達成」「禁止／違反」「欺瞞／成功」「結果」「脱出の試み」

　ダンダスは，アメリカ先住民の民話がこれらモチーフ素の４個ないしは６個の連鎖から構成されていることを示し，モチーフ素が実際の民話で具体的な細部として現れたものを「モチーフ」として，同じモチーフ素が異なる細部（＝「異モチーフ」）として記述されていることから民話の分析と形態論を展開した。

　ダンダスの方法は，まず対象の範囲を定めたうえで，次に共通にみられるモチーフ素を抽出し，そしてその連鎖と異同を対照させることによって物語の形態や類型を措定するというものであり，方法論的に別ジャンルへの応用が可能なものとなっ

9）グレマスは，主体／対象，送り手／受け手，援助者／敵対者という対になった六つの行為項によって物語全体を一つの記号的意味を有した構造体ととらえた（グレマス，1988）。具体的な応用については，高田（2010）や小山ら（2016）を参照されたい。

ている。

4　宮崎駿監督作品の物語構造分析

　はじめに分析対象を宮崎駿監督の劇場アニメーション作品に限定する理由を説明する。まず題材として入手しやすく，テレビ放送でも広く視聴されているため，本書の想定読者層に向けて話がしやすいという点がある。それ以外の理由としては，アニメーションは基本的には集団制作によるものであり，その点はここで取り上げるスタジオジブリ作品も例外ではないが[10]，物語構造として作品をとらえるとき，ストーリーや個々のモチーフにおいて，宮崎駿監督作品は個々の物語が全体として一つの貫徹したものとして構成されているように見受けられること[11]，またテレビ放送で毎週放送されるアニメーション作品においては，回ごとに監督や演出が異なっている場合がしばしば見受けられるが，劇場アニメーション作品においてはそのようなケースが生じないことなどがあげられる。

　対象としては1979年の『ルパン三世 カリオストロの城』（以下，『カリオストロ』）から2013年の『風立ちぬ』までの11作品を取り上げることになる。ダンダスの方法に従えば，次に物語を分類することになるが，数が少なすぎることと，『風立ちぬ』以外はほぼファンタジー（現実世界の話ではない・現実では起こりえないことが含まれているの意）に分類されるので，本分析ではあまり意味をもたない。

　ここではアニメーションというジャンル全体からみた特性を示すことにする。宮崎駿監督作品に限らず，アニメーションは「動き」を表現するコンテンツであり，必然的に何らかの「動態」を示すことが求められるが，とくに宮崎駿監督作品においては「飛行」ということが特権的な意味を有しているように思われる。アニメーションという表象のあり方は，物語の構造において必然的に「動態」と「静態」の連鎖を要請する[12]。「静態」としての場面を「動態」によって接続しているともい

---

10)　叶精二が指摘しているように，いわゆる「宮崎アニメ」というものは存在しない。スタジオジブリ作品はメディアによる宣伝広報においては，しばしば宮崎駿や高畑勲といった監督の「作家性」に依存する形で語られることが多いが，実際には作画や美術においては個々のスタッフの意志や創意工夫が反映されており，声優の演技や音楽なども含めて考えると，決して宮崎駿個人の作品ということはできない（叶，2006：4-7）。

11)　宮崎駿による絵コンテを見ながら作品を鑑賞すると，このことがよくわかる。前の注と相反するが，物語の構造については，監督の作家性に依拠するところが大きい

える。その代表的な例が，「移動」や「戦闘」である。

　ここで宮崎駿監督作品における「飛行」を構造的単位としてとらえると，いくつかの特徴が観察される。まず，「飛行」が必ずしも「移動」の表象ではないことがあげられる。たとえば『となりのトトロ』（以下，『トトロ』）におけるサツキとメイの「夢のなか」での飛行や，『紅の豚』でのジーナの庭のうえでの飛行，『風立ちぬ』での試験飛行や避暑地での紙飛行機の飛行などは，「演舞」としての「飛行」といえる。また，「戦闘」という側面からみると，例外も多いが宮崎駿監督作品における「戦闘」は，多くの場合「飛行」として描かれている。『紅の豚』は言うに及ばず，『風の谷のナウシカ』（以下，『ナウシカ』）や『ハウルの動く城』（以下，『ハウル』）での「戦闘」描写も，「飛行」である（『ナウシカ』『もののけ姫』では飛行以外の戦闘場面も多い）。それぞれ，「飛行・移動」「飛行・演舞」「飛行・戦闘」と区別する。

　またアニメーションにおける「動態」のもう一つの例としては「変身」をあげることができる。『ハウル』のソフィーや冒頭から変身したままの『紅の豚』のポルコもそうだが，『ナウシカ』における服の色の変化や『千と千尋の神隠し』（以下，『千と千尋』）の名前の変化も同様である。また場面そのものが「変化」する場合もある。『カリオストロ』の水道橋や『ラピュタ』の崩壊，『もののけ姫』のタタラ場の崩壊，『ハウル』の城の変形や崩壊などがあげられる。こちらは「世界の崩壊（変形）」としておこう。

　さらに物語において重要な役割を果たす小道具の存在もあげられる。『カリオストロ』の指輪，『ラピュタ』の飛行石，『千と千尋』の苦団子などがそれである。プロップ（1987）にならってこれらを「呪具の獲得／使用」としよう。

　ここまであげてきた要素を列挙すると，「移動」「飛行・移動」「飛行・演舞」「飛行・戦闘」「変身」「世界の崩壊（変形）」「呪具の獲得／使用」となる。これらの諸要素によって接合された場面の連鎖として宮崎駿監督作品の諸作品を構造的に記述すると，表3-1のようになる。

　11作品すべてを対照させてみると，宮崎駿監督作品が物語の構造において次のような特徴を有していることがわかる。

12）この「動態」「静態」の観点から，小池（2018）において，アニメーションにおける物語の表象の様態を「シネマ」（運動），「アニマ」（世界構造），「ドラマ」（演劇）と分類した。詳細はそちらを参照されたい。

表 3-1　宮崎駿監督の諸作品の構造

---

① 『ルパン三世 カリオストロの城』（1979 年）

移動（導入）→ 呪具［指輪］の獲得 → 飛行・移動 →［クラリスとの邂逅・地下］→ 飛行・移動［脱出］→ 移動 → 呪具［指輪］の使用 → 世界の崩壊 → 移動（終幕）（※ルパンの変装は物語構造上の機能としては移動の一部なので「変身」ではない）

---

② 『風の谷のナウシカ』（1984 年）

（導入）→ 飛行・戦闘 → 呪具［巨神兵］の獲得 → 飛行・戦闘 →［腐海］→ 飛行・移動 → 飛行・戦闘［ペジテのブリック］→ 飛行・戦闘［王蟲の幼生の救出］→ 変身 1［ナウシカの服の色］→ 呪具［巨神兵］の使用 → 世界の崩壊 → 変身 2［金色の野に降り立つべし］→（終幕）

---

③ 『天空の城ラピュタ』（1986 年）

飛行・戦闘 → 呪具［飛行石］の獲得と使用 →［海賊と軍の追跡］→ 呪具［飛行石］の使用 →［要塞に囚われる］→ 変身［パズー，ドーラー家に合流］→ 呪具［飛行石］の使用 → 飛行・戦闘［シータの救出］→ 飛行・移動［ラピュタへ］→ 飛行・戦闘［人がゴミのようだ］→ 呪具［飛行石］の使用［バルス］→ 世界の崩壊 → 移動（終幕）

---

④ 『となりのトトロ』（1988 年）

移動（導入）→［引っ越し］→ 移動［母の見舞い］→［メイ，トトロに遭遇］→［サツキとメイ，バス停でトトロに遭遇］→ 呪具［木の実］の獲得 → 呪具［木の実］の使用 → 飛行・演舞［夢だけど夢じゃなかった］→ 変身［母の退院延期によりサツキが大泣き］→ 移動［メイ，トウモロコシを持って母の病院を目指す］→ 移動［メイの捜索］→ 飛行・移動［ネコバスでメイ → 病院へ］→（終幕）

---

⑤ 『魔女の宅急便』（1989 年）

（導入）→ 変身 1［黒い服］→ 飛行・移動 →［コリコの町］→［おソノ・トンボとの出会い］→ 飛行・演舞［町の上空へ］→［ウルスラとの出会い］→ 飛行・移動［仕事］→ 変身 2［飛べなくなる］→［自由の冒険号の事故］→ 変身 3［再び飛ぶ］→ 飛行・戦闘［トンボの救出］→（終幕）

---

⑥ 『紅の豚』（1992 年）

（最初から変身している）→ 飛行・戦闘 → 飛行・移動 →［ホテル・アドリアーナ］→ 飛行・戦闘［カーチスに撃墜される］→［ピッコロ社］→ 呪具［フィオ］の獲得 → 飛行・移動 → 飛行・演舞［ジーナの庭］→ 飛行・戦闘［カーチスとのリターンマッチ］→ 呪具の使用＋変身［フィオのキスで人間に？］→（終幕）（※フィオは登場人物であるが，機能的には「呪具」である）

---

⑦ 『もののけ姫』（1997 年）

［タタリ神の襲撃］→ 変身 1［呪いをうける］→ 変身 2［髪を切る］→ 呪具［守り刀］の獲得 → 移動 →［タタラ場］→［サンとの遭遇］→ 移動 →［シシ神］→［サンと山犬の家］→ 移動 →［人間とイノシシとの戦闘，シシ神殺しに向かうエボシ］→ 呪具［シシ神の首］の獲得と使用 → 世界の崩壊 → 変身 3［呪いが薄まる？］→（終幕）

---

⑧ 『千と千尋の神隠し』（2001 年）

移動（導入）→［引っ越し］→ 変身 1［両親が豚に。千尋は千に］→［湯屋での労働］→ 呪具［苦団子］の獲得 → 飛行・戦闘［ハク，銭婆に追撃される］→ 変身 A［坊，ネズミに］→ 呪具［苦団子の半分］の使用［ハクの回復］→［カオナシの横暴］→ 呪具［苦団子の残り］の使用［従業員の救出］→ 移動［銭婆］→ 飛行・移動 → 変身 B［ハク，名前を取り戻す］→［湯婆婆の難題と解決］→ 移動 →（終幕）

---

⑨ 『ハウルの動く城』（2004 年）

（導入）［ソフィー，ハウルに遭遇］→ 変身 1［老婆の姿に］→ 移動 →［ハウルの城］→ 移動 →［マダム・サリマンとの面会］→ 変身 2［ソフィー，一時若返る］→ 飛行・移動 → 世界の変形［城の引っ越しと拡張］→ 飛行・戦闘［ハウル，空襲を迎撃］→ 呪具［ハウルの心臓］の獲得［荒地の魔女による奪取］→ 世界の崩壊［城の崩壊］→［子供時代のハウル］→ 呪具［ハウルの心臓］の使用［ハウルの復活］→ 変身 3［ソフィー，若さを取り戻す？］→（終幕）（※カカシのカブは「呪具」の機能を有しているが，記述が複雑化するので省略した）

---

⑩ 『崖の上のポニョ』（2008 年）

（導入）→ 移動［ポニョ，海岸へ］→［宗介との遭遇］→ 移動 →［保育園］→ 移動［父親による連れ戻し］→［海底］→ 呪具［命の水］の獲得と使用 → 変身 1［ポニョ，人間の姿に］→ 世界の崩壊［嵐と大津波］→ 移動［再び宗介の元へ］→ 変身 2［ポニョ，次第に半魚人・魚に］→ 移動 →［老人ホーム］→ 変身 3［ポニョ，人間に］→（終幕）（※ポニョを行為主体として記述している）

---

⑪ 『風立ちぬ』（2013 年）

飛行・演舞（導入）→ 飛行・演舞［カプローニとの邂逅］→（青年になり）移動［菜穂子との出会い＋関東大震災］→（大学を卒業し）移動 →［三菱に入社，飛行機の設計］→［ドイツのユンカース社視察］→ 飛行・演舞［試乗］→［戦闘機開発チーフ］→ 飛行・演舞［試験飛行・失敗］→［避暑地で休養。菜穂子との再会］→ 飛行・演舞［紙飛行機］→［婚約］→ 移動［二郎，喀血した菜穂子の元へ］→［菜穂子，山の病院］→ 移動［菜穂子，病院を抜け出し二郎の元へ］→［結婚］→ 変身［菜穂子の花嫁姿］→ 移動［菜穂子，去る］→ 飛行・演舞［試験飛行・成功］→ 飛行・演舞［カプローニ，菜穂子との再会］（終幕）

①「呪具の使用」は，多くの場合，「世界の崩壊」と対になっている。

②主人公は，物語の導入部かその直後に「変身」する場合が多く，かつ，その「変身」は物語の進展に応じて最終的な形態へとさらに変化する。

③「飛行・演舞」が，主人公の感情の発露としておこなわれており，物語の機能として重要な位置を占めている。

④『風立ちぬ』のみ，（主人公の加齢を含めた）場面の転換を「移動」の表象によってつなぐ形態をとっており，一連のシークエンスとして出来事を連鎖させている残りの作品とは異なる類型の作品であることが演出面からも裏づけられる。

　ここで「呪具」「世界の崩壊」「変身」「飛行・演舞」という四つのモチーフ素をあげたが，これらはアニメーションの表象として宮崎駿監督作品の印象的な場面を視覚的に想起する際に，自然と浮かび上がってくるものであることがわかるだろう。

　最後に，物語構造論の課題となる点をいくつかあげておく。

　まず問題となるのは，分析の客観性／恣意性である。たとえば，『トトロ』で気丈なサツキが普段は見せないような大泣きをする場面を「変身」としたことには異論があるかもしれない。これは，サツキの表情が大きく変貌するとともに，それを目撃したメイが一人で病院へ向かう動因をなすがゆえに「変身」ととらえたわけだが，このように分析者の解釈によって，物語の構造の記述が異なったものになりうることには注意が必要である。

　また，何を目的として構造を分析するか，という点も重要である。本章の場合は，物語構造論の具体的な例を示すとともに，宮崎駿監督作品に特有の様態の表象（例：「飛行・演舞」）と物語構造との関連性を示すことを目的としていたが，こうした目的がなくても特定のジャンルや作品群の構造を分析・記述することは可能である。たいていの場合，物語構造を抽出することで，コンテンツ間の比較対照をおこなうことを目的にする場合が多いが（例：『ポニョ』と『人魚姫』），明確な目的を定めずに物語の構造分析そのものをゴールとするのは，コンテンツ研究として空疎であるといわざるをえない。物語構造論は，コンテンツのなかに何か新しいものを発見するための一つの手段・方法であって，目的ではないのである。

◉引用・参考文献

アダン, J.-M. ／末松　壽・佐藤正年［訳］（2004）.『物語論――プロップからエーコまで』白水社（Adam, J.-M.（1984）. *Le récit*. Paris: Presses universitaires de France.）

大塚英志（2013）.『ストーリーメーカー――創作のための物語論』星海社

叶　精二（2006）.『宮崎駿全書』フィルムアート社

グレマス, A. J. ／田島　宏・鳥居正文［訳］（1988）.『構造意味論――方法の探究』紀伊國屋書店（Greimas, A.-J.（1966）. *Sémantique structurale: Recherche de méthode*. Paris: Larousse.）

小池隆太（2018）.「物語構造論<ruby>ナラトロジー</ruby>――アニメ作品の物語構造とその特徴について」小山昌宏・須川亜紀子［編］『アニメ研究入門 応用編――アニメを究める 11 のコツ』現代書館

小山昌宏・玉川博章・小池隆太［編］（2016）.『マンガ研究 13 講』水声社

シュタンツェル, F. ／前田彰一（1989）.『物語の構造――「語り」の理論とテクスト分析』岩波書店（Stanzel, F. K.（1979）. *Theorie des Erzählens*. Göttingen: Vandenhoeck und Ruprecht.）

ジュネット, G. ／花輪　光・和泉涼一［訳］（1985）.『物語のディスクール――方法論の試み』水声社（Genette, G.（1972）. Discours du récit, essai de méthode. in *Figures III*. Paris: Seuil.）

高田明典（2010）.『物語構造分析の理論と技法――CM・アニメ・コミック分析を例として』大学教育出版

ダンダス, A. ／池上嘉彦・池谷清美・田沢千鶴子・友田由美子・日景敏夫・前田和子・山田眞史［訳］（1980）.『民話の構造――アメリカ・インディアンの民話の形態論』大修館書店（Dundes, A.（1964）. *The morphology of North American Indian folktales*. Helsinki: Suomalainen Tiedeakatemia.）

土田知則・青柳悦子・伊藤直哉（1996）.『現代文学理論　テクスト・読み・世界』新曜社

橋本陽介（2017）.『物語論――基礎と応用』講談社

プリンス, G. ／遠藤健一［訳］（1991）.『物語論辞典』松柏社（Prince, G.（1987）. *A dictionary of narratology*. Lincoln: University of Nebraska Press.）

ブレモン, C. ／阪上　脩［訳］（1975）.『物語のメッセージ』審美社（Bremond, C.（1964）. Le message narratif. *Communications, 4*, 4–32.）

プロップ, V. ／北岡誠司・福田美智代［訳］（1987）.『昔話の形態学』白馬書房（Propp, V.（1969）. *Morfologiya skazki*. Moskva: Nauka.）

Chapter

04

特撮の二つの「内側」と図解形式

少年マンガ雑誌『週刊少年マガジン』の記事分析

真鍋公希

1 「特撮」とは何か

「特撮」と聞いて，最初に思い浮かべるものは何だろうか。ゴジラのような怪獣映画が思い浮かぶ人，ウルトラマンや戦隊・仮面ライダーのようなヒーローものを想像する人，あるいは『ハワイ・マレー沖海戦』（監督：山本嘉次郎，1942 年）のような戦争映画をあげる人もいるかもしれない。このように，特撮によって指示される作品は多様であり，その外延を一義的に決定することは困難にみえる。だが少なくとも，私たちは何らかの作品群を指すジャンル名として，特撮を認識しているとはいえそうだ。

ところで，そもそも特撮とは特殊撮影技術の略称であり，撮影／合成の技術やそれを担当する制作パートを意味する用語である。したがって，特撮がジャンル名として機能することは，必ずしも自明のことではない。それはアメリカ映画において，特撮の英訳にあたる SFX や VFX が，一般的にはジャンルとして流通していないことからも確認できる。これを踏まえると，特撮がジャンル名でもあること，つまり特撮が技術とジャンルという二重性をもっていること自体が，興味深い現象に思えてくる。そこで，本章ではこの二重性という観点から，特撮について考察したい。

特撮が技術とジャンルの二重性をもつことで，撮影技術と描かれた表象や世界観のあいだに関連性を見出すことが可能になる。実際，怪獣映画をめぐる 1970 年代の言説からは，技術と世界観を結びつけた議論が確認できる。

わが国の怪獣映画の小児化現象の最大の要因は，怪獣創造のほとんどすべてを

“ぬいぐるみ”方式にたよったことにあり，これは欧米の“アニメーション”方式とは決定的に異なる。いいかえれば，わが国の怪獣は，あくまでも中に“人間が入る”スタイルなのであり，そこにすでにイマジネーションの基本的飛躍が見られないのである。(石上, 1973：106–107)

それは，アメリカ映画『キング・コング』等における人形アニメ特撮への大いなる挑戦だった。人間が中に入って動かす〈ぬいぐるみ〉の怪獣ゴジラが，そこではあくまでも精緻なミニチュアワークと融合して至上の重量感をかもし出し，動きの軽い人形アニメとは較べものにならぬほどの破壊力を生み出したのである。これこそ日本特撮独自の〈異世界〉の誕生だった。(コロッサス 1979：287)

　この二つの言説は，日本の怪獣映画に対して正反対の評価を下しているにもかかわらず，ミニチュアや着ぐるみを用いる撮影技法と「イマジネーションの基本的飛躍」や「日本特撮独自の〈異世界〉」という作品世界の問題を結びつけている点で共通している。それに対して，次に示す『ゴジラ』(監督：本多猪四郎，1954 年)の批評では，技術と作品世界の問題は切り離して論じられている。

　たしかにこの特殊技術は，日本映画には珍しくよくやったと賞めたくなる。しかし，残念なのは，この折角の努力が，映画として充分に実を結んでいないことである。つまり，空想恐怖映画としてのつくり方がよくないのである。(双葉, 1954：47)

　こうした言説の変化から，森下 (2016：209–214) は，1970 年代に特撮ジャンルが自立した一つの領域に再編されたと論じている。この指摘は，先ほど述べた二重性の成立といいかえられるだろう。それでは，この二重性はなぜ成立したのだろうか。本章では，二重性の成立を可能にしたメディア的条件について検討していく。
　そのために，怪獣に関する特集や連載記事が数多く掲載されていた 1960 年代後半の少年マンガ雑誌，具体的には『週刊少年マガジン』(講談社，1959 年〜) (以下『マガジン』) を分析する。後述するように，1960 年代後半は第一次怪獣ブームといわれ，多くの怪獣映画や特撮テレビ番組が制作された時期である。こうした状況下で，特撮の技術と作品世界という二つの主題は，少年マンガ雑誌でどのように扱わ

れていたのか。以下では，第2節で1960年代の特撮作品の傾向を概観したのち，第3節で少年マンガ雑誌に掲載された記事を分析する。

2　1960年代の作品の特徴

　分析に先立って，ここでは1960年代の特撮作品の傾向について確認しよう。1960年代の特撮作品の傾向は，大きく次の二点にまとめられる。

　第一に，特撮作品の内容に変化があった。この点について，好井（2007）と森下（2016）はともに，1960年代の初頭を転機として，怪獣映画の政治性や批評性が失効したと論じている。好井（2007）は特撮映画の表象を分析し，『ゴジラ』（1954年）では強いリアリティをもって描かれていた原水爆イメージが，次第に物語の辻褄合わせに用いられるようになったことを明らかにしている。一方，森下（2016）は批評言説の分析をとおして，作品において重視される観点が，現実味のある科学的根拠を示すことから，非日常の表象によって現実を相対化することへ変化したと指摘している。両者の議論は分析手法や論じる主題こそ異なっているが，1960年代に怪獣映画の作品世界が自立化したという認識を共有している。つまり，1960年代には，原水爆への畏怖や科学的根拠といった作品外部の論理の担保なしに，作品が成立するようになったのである。

　第二に，特撮の作品数が大きく増加した。斜陽化が進んでいた当時の映画産業では，興行成績をあげやすく海外輸出も見込める特撮映画が注目され，特撮に定評のあった東宝以外の撮影所でも怪獣映画が製作されるようになった。たとえば，大映（現KADOKAWA）では『大怪獣ガメラ』（監督：湯浅憲明，1965年）や『大魔神』（監督：安田公義，1966年）がシリーズ化している。また，谷川（2016）が指摘するように，輸出向けの映画作品への融資を取り付ける制度の成立によって，松竹では『宇宙大怪獣ギララ』（監督：二本松嘉瑞，1967年）が，日活でも『大巨獣ガッパ』（監督：野口晴康，1968年）が製作されている。さらに，テレビでも，『ウルトラQ』（TBS，1966年）に始まる「ウルトラマン」シリーズのほか，ピー・プロダクションの『マグマ大使』（フジテレビ，1966年）やイギリスで製作された『サンダーバード（*Thunderbirds*）』（1966年）といった作品が盛んに放送されていた。このように，1960年代には，当時の代表的な特撮技師である円谷英二の関与していない作品も数多く上映／放送されていたのである。

　以上のように，1960年代後半の少年マンガ雑誌の背景には，作品外部の論理との

接続なしに作品世界が成立するようになり，なおかつ，そうした作品が増加していたという文脈が存在する。これを踏まえ，『マガジン』の記事分析に進むことにしよう。

3　少年マンガ雑誌記事の特徴

3-1　対象の概観

　京都精華大学国際マンガ研究センター／京都国際マンガミュージアムが所蔵する『マガジン』のうち，1965 年から 1969 年に刊行された 227 冊 [1] を対象に，特撮作品に関連する連載／特集記事を調査した。

　その結果，1967 年 1 月 29 日号（9 巻 5 号）[2] から 1967 年 7 月 16 日号（9 巻 32 号）までの約半年間，「怪獣なんでも相談室」（以下，「相談室」）という読者からの質問に答える投稿コーナー [3] が連載されていたことを確認した。このコーナーで取り上げられた計 72 件の読者質問は，特撮の技術や仕組みに関するもの（41 件）[4]，作品世界の設定に関するもの（20 件）[5]，その他（11 件）に分類できる。つまり，「相談室」の記事は，大きくは技術解説と設定解説の二つの傾向をもっている。

　また，特集記事は合計で 37 件掲載されていた [6]。これらのほとんどが 1966 年から 1968 年に集中しており，記事ではカラー写真の口絵のほかに，撮影の様子に関する内容や作品の細かな設定を紹介したもの，怪獣・メカなどの図解が取り上げられていた。したがって，宣伝が主な目的といえる口絵を除けば，特集記事の内容も連載記事と同じく，技術解説と設定解説の二つに大別できる。このように，連載／特集を問わず同じ傾向の内容が掲載されていたことから，当時の受容者は，技術解説

1）なお，蔵書数は 2018 年 3 月 20 日時点のものである。
2）以下，『マガジン』を指示する場合は巻号とページ数のみを示す。
3）このコーナーは単行本に再収録されている（講談社，2014）。蔵書されていなかった号をこれで確認したところ，合計 24 回掲載されていた。
4）質問の例としては，「しおふき怪獣ガマクジラの舌が長くなるしかけと，しおをふき出すしかけを教えてください」（9 巻 28 号：97）などである。
5）「ビートル機が宇宙へいくとき，空気の取り入れ口がないのは，なぜですか」（9 巻 10 号：166）のような質問が該当する。
6）加えて，蔵書には含まれないが，前号で特撮の特集が予告されたものが 4 件あった。さらに，ほかの題材の特集で怪獣のイラストが描かれたり，オリジナルの怪獣が紹介されたりといった記事も複数存在する。

によって示されるメイキングや，設定解説によって示される作品世界に，欲望とも
いいうるような強い関心を抱いていたと推察できる。そこで，第2項と第3項では，
技術解説／設定解説という記事内容とそれに関連した受容者の欲望について，それ
ぞれ考察する。

　さらに，特集記事はもちろんのこと，毎回1ページの「相談室」でも，各回答には
文章とともに挿絵が添えられ，そのうえ絵のなかにも説明が加えられるケースが多
かった。つまり，『マガジン』では，記事が図解形式で構成されているのである。実
のところ，こうした図解形式は特撮に関する記事だけでなく，当時の『マガジン』
の記事全体にあてはまる特徴なのだが[7]，特撮の場合にはとりわけ重要な機能を果
たしていたといえる。この機能については第4項で分析していく。

　こうした図解形式の特集記事の構成を数多く手がけていたのが大伴昌司であるが，
彼はまた「相談室」の解説も担当していた。ただし，正確にいえば，大伴がクレジ
ットされるのは第2回からであり，初回では「怪獣映画の王さま円谷監督が，きみ
たちの質問に，ずばり答えます！」（9巻5号：174）という惹句が記述されているだ
けである。また，コーナーが連載される直前の1967年1月15日号（9巻4号）には，
「来週第五号から登場の「怪獣なんでも相談室」は，円谷監督が読者の質問に答える
特別連載企画だ！」（9巻4号：61）という予告が柱に掲載されている[8]。つまり，誌
面の記述をそのまま受け取るのであれば，解説者は円谷から大伴へと交代している。
とはいえ，円谷がそれ以前から，新聞や雑誌上で積極的に特撮の記事を執筆してい
たことを踏まえると，こうした記述はたんなる宣伝とも理解できる。

　しかし，本当に交代があったか否かは，ここでは大きな問題ではない。むしろ，
この記述上の変化によって，円谷の手がけていない作品を「相談室」でも容易に扱
えるようになったことが重要である。実際，『マガジン』では連載／特集を問わず，
複数の製作会社の作品を並列的に掲載している。それまでの新聞や一般雑誌では，
新しい作品の紹介や円谷への取材記事がほとんどだったことを踏まえれば，こうし
た作品横断的な構成も『マガジン』の特徴といえるだろう。

---

7) 図解に対する当時の評価としては，立花（1969）を参照のこと。
8) 9巻4号では，計9回の「相談室」の予告のうち8回で円谷の名をあげている。

3-2　技術解説とメイキングへの欲望

　それでは，特撮の技術解説に関連する内容から分析を始めよう。実のところ，技術解説は『マガジン』で初めて取り上げられるようになった内容ではなく，円谷が1930年代から積極的におこなっていたものである。そして，当時の特撮作品で使われていた技術は，以前に円谷が解説したものから大きく変化していないため，『マガジン』で新しい技術が取り上げられることはない。このことから，一見すると『マガジン』の記事は，円谷の技術解説のたんなる焼き直しにも思える。しかし，技術解説がおこなわれる動機づけの観点では，両者は大きく異なっている。

　というのも，円谷の場合は，特撮の評価を高め，技術者の地位を向上させようとする社会的戦略として技術解説をおこなっていたといえる[9]のに対して，『マガジン』の技術解説は，受容者によって要請された側面が強いからである。実際，『マガジン』の技術解説は，「相談室」に掲載された全質問の半数以上を占めることからもわかるとおり，投稿コーナーで頻繁に取り上げられている。この傾向は，当時の受容者がメイキングへの欲望を抱き，技術解説を強く求めていたことを反映していると理解できるだろう。要するに，『マガジン』では，記事執筆を動機づける中心的な存在が，生産者から子どもを中心とした受容者へと移行しているのである。

　もっとも，こうした移行が成立したのは，円谷が技術解説をおこなったことで，受容者にメイキングへの欲望を喚起したからである（真鍋，2018：36-40）。したがって，『マガジン』の技術解説，とりわけ「相談室」での質問は，特撮や技術者の評価を高めようとした円谷の執筆動機とは別のところで，技術解説が消費されるようになったことを意味している。それでは，このように動機づけの点で大きく異なる両者は，具体的な記述の点ではどのように異なっているのだろうか。

　「相談室」に取り上げられた技術解説を求める質問で特徴的なのは，約半数の20件で怪獣や作品の固有名があげられ，個別ケースの詳細な解説を求めている点である。また，固有名があげられていない質問に対しても，具体的な怪獣を利用して回答や図解がなされることもある。こうした質問や回答によって，「相談室」では，対象となる怪獣を変えながらも，実質的に同じ技術が繰り返し取り上げられているのだ。

　その最たる例が，「ひとで怪獣ペスターの中には，どのように人が入っているのですか」（9巻5号：174）のように，着ぐるみの中の様子や内部機構を尋ねる質問で

9）円谷が積極的に技術解説をおこなった背景は，別稿にて論じることにする。

ある。この質問では，怪獣の着ぐるみの中に人が入るという基本的な点を理解した
うえで，さらに「ペスター」についての具体的な説明を求めている。そして，これ
とほぼ同様の質問が，「ドドンゴ」（9巻9号：190），「ジャミラ」（9巻15号：86），「キ
ングギドラ」（9巻27号：86）といった別の怪獣でも掲載されている。

　こうした記事の様子から，当時の受容者が，すでによく知られた技術であっても
個々のケースでどのように用いられているのか，という点に関心を抱いていたこと
がわかる。だからこそ，以前から解説されていた技術と変わらないにもかかわらず，
同様の技術に関する質問が毎週のように寄せられていたのだろう。要するに，個別
ケースの解説をおこなう『マガジン』の記事は，「技術がどのように用いられている
か」という細かな差異に注目する受容者のメイキングへの欲望に駆動させられてい
たと考えられるのである。

3-3　設定解説と作品世界への欲望

　次に，設定解説に関する記事を検討する。連載記事である「相談室」では，怪獣
同士の関係や力比べといった，複数作品にまたがる設定についての質問（9件）や，
怪獣の身長や体重，弱点など，一つの作品を掘り下げる質問（11件）が掲載されて
いたが，これらはいずれも，当時の製作会社は設定していない細かな情報である。

　そして，この傾向は特集記事でも確認できる。前者の例としては，ウルトラマン
とキングギドラが戦闘する口絵（8巻39号：2-3）のように，本来なら実現しない対
戦を描いたものや，複数作品の怪獣を海洋怪獣と括り，並列して取り上げた記事（8
巻54号：12-13）があげられる。また後者の，一つの作品の詳細な設定を掘り下げた
典型的な記事として，怪獣やメカ，基地などの内部図解（9巻30号：13-19）などが
ある。

　このような記事によって，作品世界の詳細なイメージが受容者のあいだで形成さ
れたり，作品同士が接続されたりしていったと推察できる。この傾向は，明らかに，
現代のオタク文化に特徴的な二次創作の創造／消費を促す欲望と連続したものとい
えるだろう。なぜなら，これらの設定によって作品の世界観が体系化され，この世
界観に基づくことで，新しい物語の創造が可能になるからである。こうした，作品
世界の背後にある体系的な世界観を希求する消費様式を，大塚（2001）は「物語消
費」と呼んでいる。つまり，『マガジン』の設定解説からは，受容者が物語消費的な
欲望を抱いていたことが読みとれるのである。

　それでは，受容者が作品世界への欲望を抱き，『マガジン』の設定解説を消費して

いたことは，当時の映像作品とどのような関係を結んでいるのだろうか。大伴の図解原画集の巻頭に添えられた高橋（1995）のコメントでは次のように語られている。

> 円谷プロの考案した怪獣は話を面白く仕立てるために，子供相手の映像とあってか，どんどんリアリティから離れてファンタジーの領域に踏み込んでいった。理屈など恐らくどうでもいい問題だったのである。そこに大伴昌司が加わらなければ，きっとウルトラマンとて少年探偵団と同様に今はノスタルジーとして語られていたに違いない。［…略…］火を吐く仕組みを説明し，真空でも生きられる動物があると教え，翼がなくてもジェット噴流で可能だと説き，体内でミサイルを製造する過程を図示して見せた。テレビの怪獣はぬいぐるみに過ぎないが，広い宇宙にはそれに似た怪獣が存在する可能性があるのだと力説する。それによって子供たちは怪獣の存在を，少なくともサンタクロースよりも確かなものと受け止めた。［…略…］リアリティとは理屈に他ならない。そして科学の核を成しているのは理屈だ。単純なことである。にも関わらず大伴昌司が怪獣の内部図解を試みるまで，世界のだれ一人としてその方法論に気付かなかった。（高橋 1995：2-3）

　第2節で要約したとおり，1960年代には特撮作品が外部の論理を必要としなくなり，作品世界が自立化するようになった。大伴が手がける設定解説は，この変容によって失われた「リアリティ」の根拠を，外的論理に代わる内的論理を提供することによって補完したのである。こうして作品の変容と設定解説が連動した結果，当時の受容者の物語消費的な欲望が駆動させられていったといえるだろう。

3-4　図解というメディア：視覚的な二重化

　本項では，第1節で掲げたメディア的条件を検討するという問いに立ち戻り，記事の形式的な特徴である図解について考察する。前述のとおり，こうした図解は当時の『マガジン』記事の全体的な特徴ではあるのだが，特撮の場合，怪獣の図解が書籍化されるなど，当時の受容者に強い印象を与えていた[10]。

　この図解形式は，前述のとおり技術解説でも設定解説でも用いられている。技術

10）これを象徴しているのは，当時の皇太子が，デパートで『怪獣図鑑』と『怪獣画報』を手に取ったエピソードだろう（『朝日新聞』1967年5月15日付朝刊）。

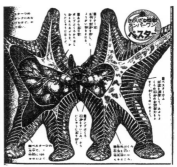

図 4-1　着ぐるみの解説
(『週刊少年マガジン』9 巻 5 号：174)

図 4-2　怪獣の解剖図
(『週刊少年マガジン』8 巻 44 号：14)

解説では，制作のプロセス全体を示す特集記事（8 巻 44 号：18-19）のほか，実際に
どのように撮られているのかを，ピアノ線や装置の構造を図示し，その周囲に解説
を付け加える形式がとられている。他方で，設定解説でも，キャラクターやメカな
どの絵の周囲に，それらの特性や能力を書き添えていくような図示が頻繁におこな
われている。このように，内容的にはまったく異なる技術解説と設定解説が，類似
の視覚的印象を与える形式で扱われているのが『マガジン』の特徴である。

　そして，こうした視覚的な類似性がもっとも端的に表れるのが，技術解説の例と
してあげた着ぐるみの中の様子を示す図解と，怪獣の内部の設定を解説する解剖図
である。両者はともに，怪獣の全身を描いたうえでその一部を透過させ，技術解説
の場合は内部の人の様子を，設定解説の場合は怪獣の内臓器官を図示し，そこに説
明を書き添えている。図 4-1 と図 4-2 を見比べれば，図解形式によって，着ぐるみ
の解説と解剖図が，視覚的に酷似した形で表されていることがよくわかる。

　この対応から，当時の記事において図解という形式が果たした独自の機能が明ら
かとなる。それは，技術解説と設定解説という異なる内容をつなぐこと，二つの異
質な「内側」への欲望——メイキングという制作の「内側」への欲望と，設定とい
う作品世界の「内側」への欲望——を視覚的に重ね合わせる機能である。この点に
おいて，図解は 1960 年代の受容者が抱いていた二つの欲望を媒介するメディアと
して，特撮の二重性を生み出す一つの契機となったと考えられる。

11）こうした没入を大澤（2008）は「アイロニカルな没入」と呼んでいる。

4　コンテンツを立体的にみる

　本章では，『マガジン』の記事を分析することで，技術解説と設定解説という内容と結びついた受容者の欲望を記述し，それらが図解によって二重化されていることを明らかにした。こうした記事の特徴は，1970年代の言説で技術と作品世界が接続されて論じられるようになったこと，また，現代の私たちが特撮を語るときにも，技術とジャンルの両方の意味が生じてしまうことを理解するための重要な論点なのである。それと同時に，1960年代後半の少年マンガ雑誌の記事は，一方ではそれ以前におこなわれていた円谷の技術解説と，他方では1970年代以降のオタク文化の興隆と，そして，先行研究が論じてきた作品の変容とが交わる結節点でもある。このように，作品や批評言説とは異なる対象から受容者の実践を捉え直すことで，より立体的な文化史が構築できるといえるだろう。

　ところで，本章で論じた欲望が志向する二つの「内側」は，映像を見る際には，逆方向に位置づけられるようにみえる。なぜなら，メイキングへの欲望は，撮影方法に注目するために作品世界への没入から距離をとらせるのに対して，作品世界への欲望は，高橋（1995）が「リアリティ」という言葉で語るように，作品世界への没入を促進させるからだ。こうした矛盾する志向性が打ち消しあうことなく，そして，反省的であるがゆえにかえって没入が可能になる[11]というわけでもなく成立するところに，「特撮を見る経験」の固有性があるように思われるのだが，これについては今後の課題としたい。

[付　　記]

　京都精華大学国際マンガ研究センター／京都国際マンガミュージアムの協力により，蔵書を閲覧させていただきました。ありがとうございました。

●引用・参考文献 ─────────

石上三登志（1973）.「「ゴジラ」シリーズ」『日本映画作品全集』キネマ旬報社，pp.106–107.

大澤真幸（2008）.『不可能性の時代』岩波書店

大塚英志（2001）.『定本　物語消費論』角川書店

講談社［編］（2014）.『大伴昌司《SF・怪獣・妖怪》秘蔵大図解──「少年マガジン」「ぼ

くら」オリジナル復刻版』講談社

コロッサス［編］(1979).『大特撮——日本特撮映画史』有文社

高橋克彦 (1995).「大伴昌司という人」竹内　博［編］『ウルトラ怪獣大図解——大伴昌司の世界』小学館，pp.2-3.

立花　隆 (1969).「『少年マガジン』は現代最高の総合雑誌か——大人までも捲きこんだ劇画週同誌ブームの意味するもの」『諸君』*1*(3), 202-211.

谷川建司 (2016).「日本映画輸出振興協会と輸出向けコンテンツ——政府資金活用による怪獣映画製作とその顛末」谷川建司［編］『戦後映画の産業空間——資本・娯楽・興行』森話社，pp.45-83.

双葉十三郎 (1954).「日本映画批評——ゴジラ」『キネマ旬報』*106*, 47-48.

真鍋公希 (2018).「『空の大怪獣ラドン』における特撮の機能——怪獣映画の「アトラクション」をめぐって」『映像学』*99*, 25-45.

森下　達 (2016).『怪獣から読む戦後ポピュラー・カルチャー——特撮映画・SF ジャンル形成史』青弓社

好井裕明 (2007).『ゴジラ・モスラ・原水爆——特撮映画の社会学』せりか書房

Chapter

05

「読む」ことの最前線へ

ライトノベルがひらく可能性

山中智省

1　浸透・拡散が進むライトノベルの現在

　ライトノベルとは，主にマンガ，アニメ風のキャラクターイラストをはじめとしたビジュアル要素をともなって出版される若年層向けエンターテインメント小説のことである。出版不況下の 2000 年代中頃に到来した商業的ブームを契機に，日本の国内市場で存在感を示すようになったこの小説群は，いまやたんなる娯楽商材にとどまらず，現代日本の新たな活字文化として，あるいはサブカルチャーとして広く知られるようになった。さらに近年では日本を飛び出し，マンガ，アニメ，ゲームなどと並ぶ世界的なメディア・コンテンツへと成長しつつある。

　たとえば 2014 年 6 月に米国で封切られたハリウッド映画に "Edge of Tomorrow"（監督：ダグ・リーマン）という SF アクション作品がある。近未来の地球で謎の侵略者と戦う兵士を主人公に，彼が戦闘と死を何度も繰り返して勝利を得るさまを描いたこの映画は，主演を人気俳優のトム・クルーズが務めたことでも話題を呼んだ。加えて，2014 年 7 月に日本で公開が始まった際には，いま一つ注目を浴びる要因が存在していた。それは何を隠そう "Edge of Tomorrow" が，日本のライトノベルを原作とする実写映画だったという点にほかならない。すでにお気づきの読者も多いと思われるが，同作の邦題は『オール・ユー・ニード・イズ・キル』で，原作は桜坂洋が執筆した同名のライトノベル『All You Need Is Kill』（集英社スーパーダッシュ文庫，2004 年）である。

　また，2016 年 4 月にはライトノベルで国内シェアトップを誇る KADOKAWA が，北米での翻訳出版を推進する動きをみせ[1]，同年 8 月には『All You Need Is Kill』

のあとを追うように，ハリウッドにおける川原礫『ソードアート・オンライン』（電撃文庫，2009 年〜）の実写テレビドラマ化を発表した。なお，同社を含む各出版社は，それ以前から欧米やアジアでライトノベルの海外展開に着手しており，徐々に成果を出し始めている。前掲『ソードアート・オンライン』のシリーズ第 1 巻にいたっては，2017 年 4 月時点で全世界累計発行部数が 2000 万部を突破し[2)]，大きな注目を集めたのは記憶に新しい。

　こうしたなか本章では，上述の海外展開を含む近年の動向にも目配りしたうえで，日本国内を中心にライトノベルの浸透・拡散がわれわれに何をもたらし，われわれの何を変えようとしているのかにあらためて着目したいと思う。具体的には，ライトノベルの特質や重要な周辺動向を再確認しながら，その一端をなすメディア横断的な物語やキャラクターの受容，および読書の様態に焦点を絞り，最終的にはライトノベルからみえる「読む」ことの最前線に迫っていく。

2　多様で複雑な「ライトノベル」のとらえ方

　さて，そもそも「ライトノベル」とは何なのか。試みに新語年鑑『現代用語の基礎知識』を参照してみると，以下のような解説がなされている。おそらく程度の差こそあれ，同様の内容はライトノベルを取り上げた新聞・雑誌記事や各種ガイド本などでも散見されるものだろう。

> 青少年向けのエンターテインメント小説。略称ラノベ。主に文庫で刊行され，文庫の市場全体の 2 割をラノベが占める。ジャンルは SF，ファンタジー，ミステリーが多い。アニメ化などメディアミックスも積極的におこなっている。従来のジュブナイル（少年少女向け小説）と違うのは，漫画やゲームとの親和性が強いこと。カバーや挿絵に著名漫画家やゲーム系イラストレーターの起用も多い。プロットよりも，キャラクターの造形が重視される傾向がある（永江, 2016：949）。

1) 「KADOKAWA，北米でマンガ・ラノベ出版社に出資へ」〈https://www.bunkanews. jp/news/news.php?id=16662（最終閲覧日：2019 年 3 月 13 日）〉
2) KADOKAWA の発表によれば 2000 万部のうち，700 万部が海外での累計発行部数に該当する。また 2017 年 3 月末時点では，中国，台湾，韓国，タイ，アメリカ，イギリス，ベトナム，スペイン，イタリア，フランス，ポーランド，ロシアなどで翻訳版が刊行されていた。〈https://info.kadokawadwango.co.jp/files/2017/170405.pdf（最終閲覧日：2019 年 3 月 13 日）〉

　また上記以外にも，たとえば大塚英志は「キャラクター小説」の呼称を用いながら，「アニメやまんがのようなもう一つの「仮想現実」」を描く小説とみなしており（大塚, 2003：27-30），その大塚の主張を踏まえた東浩紀は，新たに「想像力の環境（キャラクターのデータベース）」を念頭に置き，「キャラクターのデータベースを環境として書かれる小説」と定義した（東, 2007：45）。一方で，両者の定義を批判的に検証した大橋崇行は，「主として中学生から大学生にかけての学生を想定読者とし，まんがやアニメーションを想起させるイラストを添えて出版される小説群のこと。また，物語の作中人物も，まんがやアニメーションに登場する「キャラクター」として描かれる，キャラクター小説」との枠組みを提示している（大橋, 2014：41）。

　このように「ライトノベルとは何か」という問いかけに対しては，実にさまざまな答えが考えられる。列挙し始めれば枚挙に暇がないのだが，少なくとも現状では，ライトノベルに普遍的な定義はなく，各論者が個々の目的や観点に応じた定義を設けている状況だ。換言すれば，最初にどんな定義を任意に設定／選択するのかによって，「ライトノベル」の範疇に収まる作品などが変化することになる。したがって実際に調査・分析をおこなっていく場合，まずはこの点に注意を払っておく必要があるだろう。

　ところで，ライトノベルとみなされる小説群の起源は諸説あるが，たとえば水野良『ロードス島戦記』（角川スニーカー文庫（旧角川文庫・青帯），1988 年〜）や神坂一『スレイヤーズ』（富士見ファンタジア文庫，1990 年〜）を筆頭とする多くの記念碑的作品や老舗レーベルが誕生した 1980 年代後半〜 90 年代前半には，現在と同様の形式が確立したと考えられている。また，1990 年末頃には，こうした小説群にふれた当時の読者たちがパソコン通信のコミュニティを通じ，新たに「ライトノベル」の名称を生み出したとされる。ちなみにこの名称はその後しばらく，一部の読者や業界のあいだでのみ流通していたが，上遠野浩平『ブギーポップは笑わない』（電撃文庫，1998 年〜）に代表される次世代の作品，および新しい文芸ムーブメントの担い手を指す名称として次第に注目を集めていった。そして 2000 年代中頃，主に国内市場の隆盛を背景とする商業的ブームを追い風として，「ライトノベル」の名称とその存在は急速に社会的な認知度を高めていったのである（山中, 2010）。

　2010 年代に入ると，今度はさらなる読者層の拡大と新規作家・作品の供給を目指し，各出版社は国内外でさまざまな取り組みに着手していった。とりわけ国内では，かねてより主要ターゲットだった 10 代読者のみならず，20-40 代読者や女性読者の存在がクローズアップされ，彼らを対象とした「ライト文芸」[3]が台頭し始め

図 5-1　株式会社 KADOKAWA オフィシャルサイト・新文芸 [4]

る。また時を同じくして，ウェブ上の動画投稿サイトや小説投稿サイトに出自をも
つ「ボカロ小説」[5]や「なろう系」[6]，それらを総称した KADOKAWA の「新文
芸」といった小説群が新たに登場し，新レーベルの創刊や多種多様な作家・作品の
供給を受けて，若年層向けエンターテインメント小説界隈はよりいっそうの盛り上
がりをみせたのである。

　しかしその反面，これら新興の小説群にはライトノベルと類似した形式的特徴
（マンガ，アニメ風のイラストなど）をもつものが多く（図 5-1），「ライトノベル系」と
でもいうべき作品の増加を受け，「ライトノベルとは何か」をめぐる状況はますます
複雑な様相を呈していった。結果的には個々の境界が曖昧化し，「ライトノベル」の
とらえ方はより多様なものになっていったのである。さらには，外見でそれぞれの
違いを見極めることが困難となったことから，一般的な定義で散見される「マンガ，
アニメ風のイラスト」のみに依拠した判別は，もはや有効性を失いつつあるといえ
よう。それゆえ，現状では「想定読者」「レーベル」「判型」「作品の初出／出自」な
ど，別の基準を交えて慎重かつ総合的に判断することが，「ライトノベル」のとらえ
方として重要性を増しているのである。

---

3) 「キャラクター文芸」「キャラノベ」とも呼ばれる。専門レーベルの例としては，メ
　ディアワークス文庫（KADOKAWA（旧アスキー・メディアワークス）），富士見 L 文庫
　（KADOKAWA（旧富士見書房）），新潮文庫 nex（新潮社），集英社オレンジ文庫（集英
　社）など。
4) https://www.kadokawa.co.jp/shinbungei/（最終閲覧日：2019 年 3 月 14 日）
5) ヤマハの歌声合成技術「VOCALOID」を実装したソフトウェア（初音ミクなど）を使
　用してつくられた楽曲をベースに，その世界観やキャラクターを小説化したもの。
6) 小説投稿サイト「小説家になろう」などに投稿された作品を指す。また，同種のサイト
　から商業出版（書籍化）された作品の総称として使われる場合もある。

3　「複合的な文化現象」としての特質

　続いて，ライトノベルを特定の小説群としてとらえるだけでなく，現代日本文化の一端としてみた場合にどのような特質が浮かんでくるのかを確認しておきたい。

　まず，実際に作品を読んだ経験をもつ読者ほど，「ライトノベルとは何か」を検証するにあたり，小説（活字）部分に注目するだけでは不十分だと感じるのではなかろうか。なぜなら，たとえばコミックスのような単行本の装丁，表紙や挿絵を飾る数々のイラスト，マンガやアニメのキャラクターを彷彿とさせる登場人物など，活字以外の要素もまた，ライトノベルを読むうえで不可欠なものであるからだ。さらに前掲『現代用語の基礎知識』で，「アニメ化などメディアミックスも積極的に行っている。従来のジュブナイル（少年少女向け小説）と違うのは，漫画やゲームとの親和性が強いこと」（永江, 2016：949）と解説されていたように，ライトノベルを特徴づける要素の一部は，活字や本の外部にまで広がりをみせている。加えて，第4節で詳述するメディアミックスにより，ライトノベルの物語やキャラクターは複数のメディアを横断し，バリエーションを増やしながら同時並行的に受容されている状況にある。

　したがって，ライトノベルは「小説」であるとともに，マンガ，アニメ，ゲームといったほかのメディア・コンテンツに加え，SFやファンタジーのようなジャンル小説，オタク文化や同人誌文化などとも親和性をもち，メディアミックスを介して物語やキャラクターが拡大再生産されていくという，いわば「複合的な文化現象」なのである（一柳, 2009：13-14）。そして，ライトノベルがもつこのような特質は，全体像のおおまかな把握もままならないほど，広範な関連領域を有する実態を如実に示しているといえよう。したがって，ライトノベルを「読む」ということはそのまま，「複合的な文化現象」として包括されるこれら全領域に対し，読者が接続可能な機会を得たことと同義なのである。

　もちろん，このような特質は最近になって突然現れたわけではなく，若年層向けエンターテインメント小説をめぐる長い歴史のなかで脈々と培われてきたものだ。ゆえに，たとえ「今，ココ」で起きている商業的な流行やトレンドを分析する場合であっても，通時的・共時的な視点の双方から文化現象としての様相を見極めていく必要がある。そのためには，たとえば以下で大橋が指摘するように，「文化のなかのテクスト」であるライトノベルを，他／多メディアとのつながりなどから「立体的に分析」する姿勢が求められるのである。

［ライトノベルを論じる際に］求められるのが，ライトノベルが書かれる土壌に
はどのような枠組みがあり，それがどのような発想で受け継がれ，どのように
テクストとして編成されたのか，それがどのように読解され，そこでどのよう
な問題が起きたのかという視点である。また，ライトノベルのテクストが文化
のなかでどのように位置づけられ，それがどのように機能しているのかとい
う，共時的，通時的な文化論の発想で，ライトノベルをひとつの言説として捉
えていくという方向性である。［…略…］文化のなかにテクストを位置づけるの
であれば，特にライトノベルの場合，そのテクストの基盤にマンガ，アニメー
ション，ゲーム，ライトノベル以外の小説がどのように横たわっているか，ラ
イトノベルがどのように機能して，マンガ，アニメーション，ゲームに関与し
ていったのかを，立体的に分析していかなくてはならないからである。（大橋,
2016b：102，［　］内は引用者による）

　また，仮に「ライトノベルの誕生と発展，および浸透と拡散の過程を通時的・共
時的に示した歴史」を「ライトノベル史」とみなすならば，昨今ではそうした「ライ
トノベル史」の構築に寄与する成果が現れ始めている。直近の例としては，1980 年
代の角川書店や富士見書房（いずれも現 KADOKAWA）の取り組みを中心に，TRPG
（テーブルトーク・ロールプレイングゲーム）の世界から前掲『ロードス島戦記』が登
場してきた経緯や，雑誌『ドラゴンマガジン』（富士見書房，1988 年〜）と富士見フ
ァンタジア文庫が創刊された背景を，当事者の証言や同時代資料から紐解いた取り
組みがあげられるだろう（安田ほか, 2018；山中, 2018）。これらの成果は何より，われ
われが経験しえなかった過去の出来事を知ろうとする際，貴重な一助となるのは間
違いない。加えて，ライトノベルが「複合的な文化現象」としての性格を獲得・形
成した過程を結果的に明らかにしている点で，ライトノベルが培ってきた特質とそ
の実態をあらためて示すものといえるだろう。
　そして，以上のような取り組みにおいて必ずといってよいほど見受けられる分析
対象であり，「小説」かつ「複合的な文化現象」であるライトノベルにとって重要な
周辺動向の一つが，本章でもすでに何度か言及したメディアミックスである。

4　ライトノベルの／とメディアミックス

　元来，日本における「メディアミックス」とは，新聞，テレビ，週刊誌など，複

数のメディアを用いた同時宣伝によって認知度を高める手法を指す言葉で，1960 年代半ばから広告業界で使われ始めた。しかし，現在では広告手法というよりも，むしろ「ある作品とそこから派生した作品群（コンテンツ）を，複数のメディア媒体で展開すること」を指している（川崎・飯倉, 2009：18）。その原型は 1970 年代，角川書店を主体とする「角川映画」[7] が確立した，他／多メディアに同じ作品（コンテンツ）を展開する商業手法に遡り，1980–1990 年代にはライトノベルを含むポピュラー・カルチャーの分野で試行され，定着していくこととなった（飯倉, 2016：44）。結果，いまやメディアミックスは「ただの商業的な戦略ではな」く，「表現の形式であり，複数の異なる断片からなる，より大きなメディアの世界を構築するための方法」として，「日本のメディア状況を理解するために不可欠」と評価されるまでになっている（スタインバーグ, 2015：43-44）。

　さて，ライトノベルのメディアミックスは周知のとおり，決していまに始まったことではない。とくに 1980 年代後半以降，現在の KADOKAWA を筆頭とする各出版社は展開対象の作品に加え，読者の嗜好や各種メディアの発展に対応しつつ，手法を変化させながらその実践に努めてきた。とりわけ 2000 年代には，商業的に大きな成功を収めた高橋弥七郎『灼眼のシャナ』（電撃文庫, 2002-2012 年），谷川流『涼宮ハルヒの憂鬱』（角川スニーカー文庫，2003 年〜），鎌池和馬『とある魔術の禁書目録』（電撃文庫，2004 年〜）などの展開事例[8] がそうであったように，「人気のある原作の別メディアへの移植」から，「多メディアで展開できそうなコンテンツを発見／企画して，メディアミックスへと展開する」手法へと変わっていき（飯倉, 2016：45），ライトノベルはその重要なコンテンツ供給源に位置づけられることとなったのである。

　こうしたメディアミックスの常態化にともなって，ライトノベルは他／多メディアとのつながりをよりいっそう深めていった。具体的には，当初からメディアミックスを前提に，マンガ，アニメ，ライトノベルで発表された作品同士が相互補完

7）角川春樹のプロデュースにより製作された映画に対する総称。なお，ここでは 1976 年公開の『犬神家の一族』（監督：市川崑）から 1993 年公開の『REX 恐竜物語』（監督：角川春樹）までを指す。

8）これらの作品では，魅力的なキャラクターを主軸に据えたメディアミックスが展開され，とくに『涼宮ハルヒの憂鬱』はその典型例かつ成功例として注目を集めた。なお，当時，主要ターゲットとみなされていたコアなファン層（オタク）に関して，彼らはキャラクターへの愛情（萌え）が消費の原動力であるため，「メディア戦略はキャラクター人気なくしてはありえない」と指摘されていた（村上, 2007：48）。

的な関係を構築しつつ，読者の同時並行的，あるいは往還的な物語やキャラクター
の受容を見越したうえで，他／多メディアにまたがる世界の総体で作品を成立させ
ていった点に大きな特徴がある（山中，2016b：52）。その様相は，まさにスタインバ
ーグが指摘したように，メディアミックスが「表現の形式であり，複数の異なる断
片からなる，より大きなメディアの世界を構築するための方法」（スタインバーグ，
2015：43-44）であることを示唆するものといえた。だからこそ，ライトノベルが前
述の「複合的な文化現象」として発展を遂げてきた過程を語るうえで，メディアミ
ックスの存在は欠かすことができないのである。

　とはいえ，一口に「ライトノベルのメディアミックス」といっても，その形や手
法は本当に多種多様である。もっともメジャーな映像化を例にとってみても，TV
アニメ，劇場版アニメ，OVA（オリジナル・ビデオ・アニメーション），実写ドラマ／
映画など，展開先の候補が複数見受けられる。また，前出の『灼眼のシャナ』『涼宮
ハルヒの憂鬱』『とある魔術の禁書目録』，あるいは『ソードアート・オンライン』
のように，同一の世界観をもちながらも内容は異なる作品群（本編・外伝・スピンオ
フなど）が共存している場合もある。おまけに，映像化と同時並行でマンガ化やゲーム
化がおこなわれる事態も珍しくないため，物語やキャラクターのバリエーショ
ンはますます多彩になっていく。したがって，メディアミックスにおける作品受容
の様相を把握しようと試みるなら，その広範な展開の実態に目を配っておかなけれ
ばならない（山中，2016b：47）。

　さらに2010年代以降は，佐島勤『魔法科高校の劣等生』（電撃文庫，2011年～），大
森藤ノ『ダンジョンに出会いを求めるのは間違っているだろうか』（GA文庫，2013
年～），天酒之瓢『ナイツ＆マジック』（ヒーロー文庫，2013年～）など，小説投稿サイ
トに出自をもつ「なろう系」をはじめ，ウェブ発の小説群が勢いを増している。こ
れらの作品は，ライトノベルの専門レーベルなどから書籍として刊行後に映像化を
果たしたものが多く，展開事例としてはライトノベルのメディアミックスとみなさ
れやすい。しかし初出はあくまでウェブ上であり，実際には書籍化自体がもうすで
に，ウェブコンテンツを対象としたメディアミックスの第一歩なのである。ゆえに
「なろう系」を含め，ウェブコンテンツとライトノベルとの連携によるメディアミッ
クスが盛んな昨今では，やはりその「起点」を慎重に見極めることが必要になるだ
ろう（山中，2016b：47-48）。

　このようにライトノベルの／とメディアミックスをめぐっては，いまもなお新し
い動きが現れ続けている。ただ，2010年代以降はメディアミックスの常態化にとも

なう国内市場の飽和が進み，書籍の販売促進や新規読者の獲得などの波及効果が以前より望めなくなりつつあるようだ。『出版月報』2018年3月号掲載の「文庫本マーケットレポート2017」でも，映像化作品から新たなヒットが生まれず，ライトノベル市場の販売金額がマイナスとなったことが報告されている（全国出版協会出版科学研究所, 2018：11）。それゆえ，国内外を問わず各出版社は今後，ライトノベルの／とメディアミックスに関してどんな新機軸を打ち出し，どのように以上の状況を打開して新たな展開をみせていくのか——引き続き，その動向が注目される。

5　メディア横断的な読書へのアプローチ

そしていま，ライトノベルは商業の場にとどまらず，学校などの教育現場にも浸透し，確かな存在感を発揮しつつある。たとえば，毎年発表される「「朝の読書」（学校）で読まれた本」（朝の読書推進協議会）[9]や「学校読書調査」（全国学校図書館協議会）の調査結果を見渡してみても，とくに中・高校生を対象としたランキングの上位には，話題のベストセラーやメディアミックスの対象作品が名を連ねる状況が続いており，ライトノベルもまた，アニメ化された作品を中心にランクインする傾向がある。

しかし，このようにライトノベルが子どもたちのあいだで読まれている状況は，必ずしも教育現場で歓迎されているとは限らない。実際に「第60回学校読書調査」（全国学校図書館協議会, 2014：21）で，「読む作品の質の低下」や「ライトノベルばかり読んでいては，読書力を高めることはできない」との指摘がなされていたように，ライトノベルの読書自体を疑問視する向きも少なくない。かといって，安易にライトノベルの存在を教育現場から排除することは，読者である子どもの読書実態を無視した指導になりかねないため，ライトノベルを含む読書指導のあり方を検討すること（勘米良, 2018：95），先行研究の知見をいかに教室に持ち込むかに関して議論することの必要性も，一方では指摘されている状況だ（石田, 2015：258）。

以上のような問題が生じた背景を考えるとき，これまで本章を通じて確認してきた事柄を踏まえるなら，そこには「活字を読む」ことが重視される従来の教育観や小説観などには収まりきらない，ライトノベルの読み方／読まれ方が関与していると思われる。前述したとおり，ライトノベルは小説（活字）に加え，イラストに代

---

9)「朝の読書」〈https://www.tohan.jp/csr/asadoku/（最終閲覧日：2019年3月13日）〉

表されるビジュアル要素も交えて作品が成立しており，読者の立場からすれば，「活字とビジュアル要素の総体で小説を読む」ことが一般的である。またこのとき，「図像の存在が小説を読む読者の想像力を抑圧する，というような古い通念とはまったく逆に，むしろ図像こそが，作品のアイデンティティを保持するために不可欠の役割を担」う事態も十分に考えられるはずだ（千田, 2013：178）。

　さらに，ライトノベルの読者は「1冊の本」を読む行為の背後で，メディアミックスによって拡大再生産された他／多メディア上の作品群を，そのキャラクターや物語をキーとして同時並行的に，あるいは往還的に接続するという，いわば「メディア横断的な読書」をごく自然な形でおこなっていると推察される。ゆえに，従来どおりの「活字を読む」という認識のままでは想定し難いこうしたライトノベルの読書実態を調査・分析するには，第3節で述べた「複合的な文化現象」としての特質を意識しつつ，以下で上田祐二が指摘する「ネットワーク化された読書」のような，読書空間の全体像を把握していくための観点が必要になるだろう。

　　　ライトノベルの特質，またそのアニメ，マンガとの浸透性を前にすると，活字による本のみを読書だと見なすというのも，今日の読書をとらえる上では窮屈になってきています。少なくとも，"一冊"としてカウントされる読書量は，読書を正確にとらえるには覚束ない単位であるように思われてきます。このとき，アニメやマンガなどはいわゆるサブカルチャーであるとして，一冊の活字の本を読むという読書対象の境界線の揺らぎを無視することもできるでしょう。しかし，その後にはすぐに，ライトノベルのような別の，読書の境界に揺らぎをもたらす何かに直面することになるのです。このようにマルチメディア時代の読書は，多様なメディアが融解した中でのネットワーク化された読書として成立しています。（上田, 2015：219-220）

　ライトノベルに見受けられるメディア横断的な物語やキャラクターの受容，および読書の様態といった，ライトノベルを「読む」ことに関する分析のプロセスなどは，まだまだ模索の段階にある。とはいえ，その進展は今後，あくまで「活字を読む」ことに重きを置いてきた既存の文学，教育学などの枠組みでは扱いきれなかったメディア・コンテンツに対しても，新たな読み方／読まれ方をめぐる研究や教育実践の可能性をひらくと考えられる。その意味でライトノベルはまさに，現代日本において「読む」ことの最前線に位置するものであり，たいへん示唆に富む小説群

といえよう。だからこそ，具体的な分析的アプローチをめぐる議論と実践の積み重ねが急務なのである。

●引用・参考文献 ───────────────────────────────

東　浩紀（2001）．『動物化するポストモダン──オタクから見た日本社会』講談社

東　浩紀（2007）．『ゲーム的リアリズムの誕生──動物化するポストモダン 2』講談社

飯倉義之（2016）．「交じり合え，メディア──二〇一〇年代，メディアミックスの現在」大橋崇行・山中智省［編著］『ライトノベル・フロントライン 3──特集 第 2 回ライトノベル・フロントライン大賞はこれだ！』青弓社，pp.44–46.

石田喜美（2015）．「サブカルチャーを読む」髙木まさき・寺井正憲・中村敦雄・山元隆春［編著］『国語科重要用語事典』明治図書出版，p.258.

一柳廣孝（2009）．「はじめに」一柳廣孝・久米依子［編著］『ライトノベル研究序説』青弓社，pp.13–15.

一柳廣孝（2014）．「ライトノベルを「読む」とは何か」『Lisn：Library & information science news』159, 1–5.

上田祐二（2015）．「マルチメディア時代の読書とその教育」山元隆春［編］『読書教育を学ぶ人のために』世界思想社，pp.216–240.

大塚英志（2003）．『キャラクター小説の作り方』講談社

大塚英志（2017）．『日本がバカだから戦争に負けた──角川書店と教養の運命』星海社

大橋崇行（2014）．『ライトノベルから見た少女／少年小説史──現代日本の物語文化を見直すために』笠間書院

大橋崇行（2016a）．「中学生・高校生による読書の現状とその問題点──ライトノベルの位置と国語教育，読書指導」『東海学園大学研究紀要：人文科学研究編』21, 9–21.

大橋崇行（2016b）．「マンガ，文学，ライトノベル」小山昌宏・玉川博章・小池隆太［編著］『マンガ研究 13 講』水声社，pp.84–107.

川崎拓人・飯倉義之（2009）．「ラノベキャラは多重作品世界の夢を見るか？」一柳廣孝・久米依子［編著］『ライトノベル研究序説』青弓社，pp.18–32.

勘米良祐太（2018）．「コラム ライトノベル」吉田武男［監修］／塚田泰彦・甲斐雄一郎・長田友紀［編著］『初等国語科教育』ミネルヴァ書房，p.95.

北田暁大・解体研［編著］（2017）．『社会にとって趣味とは何か──文化社会学の方法規準』河出書房新社

新城カズマ（2006）．『ライトノベル「超」入門』ソフトバンククリエイティブ

スタインバーグ, M.／大塚英志［監修］／中川　譲［訳］（2015）．『なぜ日本は〈メディアミックスする国〉なのか』KADOKAWA

全国学校図書館協議会（2014）．「第 60 回学校読書調査報告」『学校図書館』769, 12–40.

全国出版協会出版科学研究所（2018）．「文庫本マーケットレポート 2017」『出版月報』（2018 年 3 月号），4–11.

千田洋幸（2013）．『ポップカルチャーの思想圏──文学との接続可能性あるいは不可能

性』おうふう

永江　朗 (2016)．「本と文芸」内田樹ほか『現代用語の基礎知識 2017』自由国民社，p.949.

西田谷洋 (2014)．『ファンタジーのイデオロギー──現代日本アニメ研究』ひつじ書房

村上達彦 (2007)．「市場規模は出版全体の 1 割弱に──ポイントは “キャラクター” をいかに創出するか」『オタク産業白書』メディアクリエイト，pp.40–49.

安田　均・水野　良ほか［述］／スタインバーグ，M.［監修］／大塚英志・谷島貫太・滝浪佑紀［編］(2018)．『『ロードス島戦記』とその時代──黎明期角川メディアミックス証言集』角川文化振興財団

山中智省 (2009)．「受容と供給の欲望──何を求め，何を生む」一柳廣孝・久米依子［編著］『ライトノベル研究序説』青弓社，pp.33–50.

山中智省 (2010)．『ライトノベルよ，どこへいく──一九八〇年代からゼロ年代まで』青弓社

山中智省 (2016a)．「イチゼロ年代のライトノベルへ至る道」大橋崇行・山中智省［編著］『ライトノベル・フロントライン 2──特集 イチゼロ年代のライトノベル』青弓社，pp.8–14.

山中智省 (2016b)．「多様化・複雑化していくライトノベルの／とメディアミックス」大橋崇行・山中智省［編著］『ライトノベル・フロントライン 3──特集 第 2 回ライトノベル・フロントライン大賞はこれだ！』青弓社，pp.47–54.

山中智省 (2018)．『ライトノベル史入門『ドラゴンマガジン』創刊物語──狼煙を上げた先駆者たち』勉誠出版

Chapter

06

初音ミクはなぜ楽器でキャラなのか

メジャー化の夢から信頼の実験室へ

谷川嘉浩

1　初音ミクの二重性

　読者の多くは，VOCALOID や初音ミクを知っているだろう。VOCALOID はヤマハが開発した合成音声技術であり，初音ミクは，それに基づいて開発された。次の文章は，初音ミクのごく標準的な説明である。

> 「初音ミク」は，ヤマハが開発した音声合成システム VOCALOID によって製作されたデスクトップミュージック用のボーカル音源であり，またそのキャラクターである。最初の［初音ミク］［…略…］は 2007 年 8 月にバーチャルアイドルというキャラクター付けされた「キャラクター・ボーカル・シリーズ」の第一弾として札幌のクリプトン・フューチャーズ・メディアから発売された。^[ママ]
> （西垣・伊藤, 2015：132，[　] 内は引用者による）

　VOCALOID という技術そのものは，ヤマハが 2003 年 2 月に発表したものであり，それに基づいて 2004 年 1 月には最初の製品（LEON と LOLA）が発売され，日本語版としては，2004 年 11 月 5 日に MEIKO，2006 年 2 月 17 日に KAITO が発売された。そして，新システムの VOCALOID2，最初の製品として出されたのが初音ミクである [1]。

　これを踏まえると，先の説明には「ボーカル音源」と「バーチャルアイドル」という二重の初音ミク観が織り込まれているのがわかる。「従来の DTM ［デスクトップミュージック］ソフトの延長線上にある，音楽制作者のための電子楽器の一つ」

と，かつてない創作環境を生み出したキャラクターという「二つの対照的な観点の混在」は，2008 年にすでに指摘されていた（増田, 2008：170）。言葉や注目の力点に相違はあっても，初音ミクが語られるとき，この二重性はしばしば反復される（たとえば，津田・牧村, 2010：198-199；飯田, 2017：55-56；谷口ほか, 2015：13-14）。より率直な表現をみておこう。

> 『初音ミク』には二つの意味がある。ひとつは「DTM ソフトの商品名」としての初音ミク，もうひとつは「キャラクターの名称」としての初音ミクである。（阿部, 2011：14）[2]

初音ミクは楽器でキャラだという二重性——本章は，この二重性こそが，たんなる局所的ブームを超えたボーカロイド現象をもたらしたことを示す。

当初は supercell の ryo のように，もともとバンドや DTM をしていたが，「単純に知り合いに歌い手がいなかったから」ボーカロイドを使ったという作り手が多かった[3]。つまり，作り手の大半は，作曲ツールの一つとして初音ミクに相対した。このことから，「初音ミク＝ DTM ソフト／楽器」という認識を，作り手の初音ミク観として対応させよう。一方で，多くの受け手は，初音ミクというキャラクターを応援する者として相対している。EXIT TUNES から出たアルバムがオリコン週間 1 位を獲得して快哉を叫び，有名人やミュージシャンがボーカロイドに言及するたびに話題にし，企業や自治体とのコラボレーション（以下，コラボ）を喜ぶ一方で，自分たちの「ミクさん」が貶められないかと心配する。そうしたファンは，ボーカロイドを人格的に表象しているので，「初音ミク＝アイドル／キャラ」という認識を，受け手の初音ミク観として対応させよう。ここではそれぞれの認識を，「ミク＝楽

---

1) 「異例のヒット」を成し遂げた初音ミク以降，事後的に MEIKO などもキャラ的に消費されていく。現在のボーカロイドイメージを形作ったのは初音ミクであり，彼女は現在もシーン全体のアイコンとなっている。それゆえ，本来はボーカロイドの一つでしかない初音ミクにボーカロイド全体を代表させ，「ボーカロイド」と書くべき箇所で「初音ミク」と書く場合がある。
2) 「キャラクター紹介　初音ミクをはじめとするピアプロキャラクターズの紹介」〈http://piapro.net/pages/character（最終閲覧日：2019 年 3 月 5 日）〉でも同様に二つの見方が並置される。なお，piapro はクリプトン社の運営する創作・交流支援サイト。
3) 「流行りモノ調査隊　第 54 回話題のネットスター Part2」（2008 年 8 月 5 日）〈http://www.oricon.co.jp/trend/hayari/20080805_02.html#01（最終閲覧日：2019 年 3 月 5 日）〉

器」「ミク＝キャラ」と呼ぶことにする[4]。

2   初音ミクに対する，作り手／受け手からの信頼

Virtual Reality や *The Virtual Community* などで知られる H・ラインゴールドは，VOCALOID 発表の 4 か月前に出版された *Smart Mobs* のなかで，東京やヘルシンキでの観察に基づき，「互いを知らなくても協調して行動できる人びとで構成される」スマートモブズという概念を提出した（Rheingold, 2007：xii）。ここで注目したいのは，彼が同書の大半を「信頼のあり方」に費やしていることである[5]。

> 誰を信頼すべきか知ることは，一層重要になるだろう。リンチする暴徒から民主社会まで，団結することは，集合行為の持つ力を引き出す。集合行為の核には評価がある。それは，私たち各々が背後に持つ様々な歴史であり，他者はそれを常に点検して，会話の相手から担保のリスクに至るあらゆることについて，私たちがどれだけの価値を持つのかを判定する。（Rheingold, 2007：xix）

　信頼とは，対象の優位性を信じることであり，さらに，ある程度社会的にその信念が共有されていることを含意する。この信頼という観点を補助線にしよう。

　既存の研究では，主に，初音ミクを媒介に集まる人びとの信頼が考察されていた（cf. N 次創作・フリーカルチャーなどの概念）。しかし，ボーカロイド現象のなかでは，人と人だけでなく，初音ミクと人も結合している。初音ミクというアクターへの信頼を無視することはできない。したがって，初音ミクはどのような優位性をもつと信じられ，その信念がコミュニティでどのように共有されていたのかを問う必要がある。以降では，初音ミクが媒介するコミュニティを，便宜的に作り手と受け手に分けて検討する。

---

4) 「ミク＝楽器」「ミク＝キャラ」それぞれの例として，佐久間正英の発言（Vocalo Critique 編集部，2012）と有村の論考（2008）をあげておく。
5) メディア研究者のフータモは，ラインゴールドを「テクノユートピア主義者」と批判する（フータモ，2015：153–160）。しかし，*Smart Mobs* に関しては，モブズ（暴徒／群衆）という言葉選びに両義的な態度がみてとれるうえに，リンチなどの暴力的・差別的な集団としてスマートモブズが現れる可能性に繰り返し注意を向けており，フータモの批判は的を外している。

2-1　作り手からの初音ミクへの信頼

　まず，作り手からの信頼はどうか。ボーカロイドをボーカリストとみなすと，作り手は，あくまでそれを支える黒子（＝プロデューサー）である。しかし，ボーカロイドは市販されているのだから，歌声の種類だけで曲を差異化することには限界がある。それゆえ，作り手が差異化の指標となり，魅力的な作品を提供する作り手は，「クワガタP」「ジミーサムP」といったP名（プロデューサーの頭文字）をファンから提案されるなど，ほかの作り手から区別されることになる。作り手としての力量を認められると，ほかの作り手からのコラボ勧誘，コンピレーションアルバムへの参加，商業デビュー，リミックスの依頼といった道も開かれる。

　作り手にとってのボーカロイドは，こうしたロールモデルが存在するほど有名性のあるプラットフォームである。それ以前は注目を集めづらかった作り手も，ボカロ曲であるがゆえに視聴してもらえるようになる（濱野，2011）[6]。

> 　誰かに知られたい，あるいは自分の作品を流通させたいと思うひとびとにとって，［…略…］広範な流通ネットワークができあがっているというのは魅力的である。なぜなら，一度そのネットワークに食い込むことができれば，それだけ多くの人間の目に半ば自動的に触れることになるのだから。［…略…］あとは「人気があるから人気がある」というトートロジー（同語反復）ですべてが回り始める。（福嶋，2010：44；cf. 朝永，2012：22-23）

　「ミク＝楽器」という認識をとおして，作り手は，すでにファンの多いボーカリストとしての優位性を認め，初音ミクに信頼を抱くことになる。

　加えて，ボーカロイドがたんなる音源でなく，「歌声」を担う存在たることは注目に値する。ボーカロイドがブーム化する前は，DTMコミュニティは男性中心で，女性ボーカルを探すのに苦労した人が多かった。それゆえ，曲の修正に文句も言わず付き合い，急な思いつきにも対応し，ハイトーンも嫌がらない初音ミクは，稀有なボーカリストとしての優位性をもつ。また，初音ミクが音楽ジャンルを問わない点も重要である。ボーカロイドは，あくまでも，歌声の楽器であり，特定の音楽ジ

---

6) 初音ミクの等身大ロボで知られる「みさいる」の発言を参照。「自分を表現して誰かに見てもらうときの手段としてミクを使うのはすごくアリだと思っています。もっと言うと，初音ミクを使うことでより多くの人に見てもらえることもあるのかなと」（阿部，2011：32）。これは「ネットワーク外部性」の議論に相当する。

ャンルがないのだ。それ以前にどんな音楽に触れていたかを問わない点で，参入障壁も低い。「ミク＝楽器」という認識をとおして，作り手は，思いつきや試行錯誤にどこまでも対応する柔軟なボーカリストとしての優位性を初音ミクに認め，信頼を抱くことになるのである。

2-2　受け手からの初音ミクへの信頼

　次に，受け手からの信頼はどうか。まず注目されるのは，オーディエンスがボカロ曲をプロセッサのデータ処理ではなく，初音ミクの曲とみなしていることだ。そのことが端的に表れているのは，作り手を「プロデューサーのアナロジー」でとらえる習慣であり，その背後には「当該ユーザーとは別の自律的アクターとして初音ミクを想像する感性が潜んでいる」。いわば，作り手を「P」として黒子化し，どんな作品をも初音ミクを構成するピースとして還元する想像力である。そこでは，「各ユーザーによるユニークな編集結果であるはずの歌声は，公表されるやいなや初音ミクという単一のキャラの下に集約されてしまう」（井手口，2012：183, 180）。

　初音ミク開発者の佐々木渉は，作り手と創作者の関係をこう説明する。

> 　楽曲ごとに存在している初音ミクは全部オリジナルの初音ミクだから，ミクそのものが演じ分けているとも言えるし，それぞれのPがミクを都合よく再構成した超個性的な表現だということもできる。（佐々木・新見，2011：54）

　初音ミクは，個別作品から抽象された諸要素が登録されたデータベースであり，そこから自由に要素を組み合わせて「再構成」し，自分なりの初音ミク像を形づくることができる。当然，そこに新たな要素を加えることも可能で，その新要素が魅力的で流行しさえすれば，データベースに登録されうる。このように，個別作品は各ボーカロイドの「キャラ」に集約されるので，個別の作り手を超えたつながり（＝超個性性）をもつといえる。

　たとえば，初音ミクに帰せられるのは，コミュニティ内で「ミクっぽい」とみなされる要素だけであり，残りのすべては夾雑物として作り手へと返送される。そうした要素抽出の雰囲気は，以下の対話[7]からもわかる。

---

7)「40mP×イラストレーター・たまインタビュー ミクがミクであり続けた理由」〈http://natalie.mu/music/pp/40mp_tama（最終閲覧日：2019年3月5日）〉

たま：［…略…］「恋愛裁判」って曲ではミクをおさげにして描いているんです
　　　けど，この髪の色を保っていればツインテールではなくても一目見ただ
　　　けで「ミクだ！」ってわかるんですよ。

40mP：ただの緑じゃないと言うか……エメラルドグリーンって感じ。完全に
　　　緑じゃないから，青っぽくしてもミクになる。

たま：そうそう。自分の好きな髪形や服装をさせても髪の色とか，ちょっとし
　　　たピンクの差し色とかでミクっぽさって出せるんですよ。

　「おさげ」「青」「服装」などの要素は，いずれもごく単純に理念化されている。全
体として「ミクっぽい」とみなされるよう，コミュニティが共有するデータベース
から抽象的な諸要素を組み合わせ，ときに新しい要素を付加するのである。

　このとき初音ミクは，そこから自由に要素を呼び出され／読み込まれるべき器
＝空虚であって，自身が自由に振舞う意志をもつわけではない。どんな主題を歌う
にせよ，どんな風に語られ，描かれるにせよ，ミク自身がそこに介入する術はない。
それゆえ，ファンコミュニティで何らかのスキャンダルが生じても，「初音ミクのス
キャンダル」ではなく，「人のスキャンダル」として処理される。それらは，理念化
のなかで捨象される夾雑物なので，初音ミクの構成要素とはみなされず，ノイズと
して「人」に送り返されるのだ。したがって，コミュニティがそう望む限り，初音
ミクは純粋無垢でしかありえない。したがって，初音ミクは偶像として優位な属性
を備えている[8]。要するに，「ミク＝キャラ」という認識をとおして，受け手は，純
化された偶像としての優位性を初音ミクに認め，信頼を抱くのである。

　さらに，共同性という観点も無視できない。音楽ライターの柴那典は，今日の音
楽経験で，一回的な時間の共有が重視されるようになったと指摘した[9]。異なる生
活リズムをもつ現代人は，決定的なタイミングに「居合わせる」ことが困難だから
こそ，タイミングの共有が希少価値をもつ（福嶋, 2010：12-15）。とすれば，ボーカロ
イドが，動画共有サービス「ニコニコ動画」でブレイクしたことは重要である。ニ
コニコ動画は，祝祭的瞬間への疑似的同期を可能にしているからだ（濱野, 2012：489
-490）。ニコニコ動画は，同じ動画の同一タイムラインに，それ以前に打ち込まれ

8）「神なき時代の「ミクさんマジ天使！」論」（isshy, 2011）は「空っぽの器」「触媒」「受
　容」などの言葉で，この傾向を表現している。

9）柴那典の参加した座談会「今音楽批評は何を語るべきか」（宇野, 2012）を参照。

た複数コメントを並列することで，異なる時間に視聴／コメントした視聴者の時間を疑似的に同期させる。ばらばらの時間に視聴した人たちを，同じ祝祭的な時間に居合わせているかのような気分にさせるのだ。これは，一回的経験の共有を捏造する機能である。決定的なタイミングを共有したという同期の感覚は，共有した人びとに一体感を抱かせる。再生回数という量的承認を経たアンセムを，話題の時期に聴いていなかったとしても，ファンはその盛り上がりに事後的に同期できるのである。結果として，「ミク＝キャラ」という認識を通じ，受け手は，祝祭的瞬間への同期によって共同性を感じさせる装置として優位性を初音ミクに認め，信頼を抱くのである。

3　有名化というストーリーの共有

　初音ミク登場以降のボカロシーンは，CGM（Consumer-Generated Media）という言葉でしばしば解説された。消費者がさまざまなコンテンツをつくっていくメディアのことである。その言葉は，諸個人が相互作用を起こした結果，たんなる個人の合算を超え，ネットワークとして価値を生み出す創発性をとらえるものだった。「初音ミクはその輪に入って遊ぶための，参加チケットみたいなものかもしれません」（ryo, 2013 : 28）[10] という ryo の発言は，初音ミクを通じたつながりが，いかに楽しげな創作の連鎖を生み出すかを物語っている。

　CGM が拡がりをみせたのは，ほかにない優位性が初音ミクにあったからだ。バンドならば，注目はボーカリストに集まるうえ，音量やキーもボーカリストに合わせなければならない。一方，ボーカロイドでは，すべてが作り手次第なので，逆説的に，作り手が「アーティスト」として前景化しうる。和田たけあき（くらげP）は，「ボカロだと，本来なら裏方だったかもしれない人たちが自分の名前を前面に出して活動してて，リスナーもその人を目当てに曲を聴いてる」と指摘する。実際，和田は，ボカロ曲を投稿し始めた当時，バンド時代と比べて再生数が数十倍増えたという [11]。ボーカロイドが可能にする認知度・再生数の上昇は，作り手に無視できないインパクトがある。

10）ryo は同じインタビューで，気軽に思いつきを試せるとともに，他者の作品を気軽に参照し，Ｎ次創作する風土があると述べ，ボーカロイドの優位性を語っている。

［…略…］一回音楽をやめようと思ったんだけど，ボーカロイドと接していて周囲の盛り上がりや多くの人が聞いてくれるのを目の当たりにして，もう一度音楽をやりたいと思った。自分はボーカロイドに救われたし，このシーンが本当に好きだ……。(にいとP, 2012：64)

　ボカロシーンの盛り上がりは，こうしたメリットを作り手にもたらす。したがって，ボカロファンの拡大，つまり，初音ミクの有名化は，作り手に歓迎すべき事態である。要するに，「ミク＝楽器」である作り手にとって，有名化はコミットするに足るストーリーなのだ。

　それと同様に，「ミク＝キャラ」である受け手にとっても，有名化は魅力がある。有名化によって多様な作り手がボカロシーンに参入すると，新たな創作の連鎖が生まれるからだ。それにより，受け手はいっそう魅力ある作品の登場を期待できるのだ。さらに，初音ミクが少しずつ有名になる過程に「居合わせる」ことは，初音ミクの成長にコミットしているという共同性を感じさせる[12]。自分たちの「ミクさん」が，自分たちの活動によって少しずつ成長し，メジャー化の階段を登っているかのような感覚をもてるのだ。同人イベントの増加，商業誌・新聞などでの露出，ボカロPの相次ぐ商業デビュー，メディアミックス展開，公式／非公式のライブ開催……日々更新されるニュースは，ファンのあいだでシェアされ，有名化をいっそう後押しした。

　このように，異なる初音ミク観をもつ作り手／受け手は，それぞれの仕方で初音ミクに優位性を見出し，それゆえ，それぞれの仕方で信頼を抱いているのだが，それらの信頼は，初音ミクの有名化というストーリーを共有することで，相互補完的に機能している。作り手と受け手は，有名化というストーリーにおいて共同戦線を張っていたのだ[13]。

---

11) 「和田たけあき（くらげP）インタビュー「むしろ2012年の状態が異常だった」シーンを見つめ続けたボカロPが考える衰退論の真相」〈http://natalie.mu/music/pp/wadatakeaki（最終閲覧日：2019年3月5日）〉。またボカロを入口にすることで，ライブの集客コストが著しく下がったとの声もある（なきゃむりゃ，2013：36）。

12) アイドルの方向性が，プロダクト（＝完成状態）からプロジェクト（＝成長過程）に移行したとの指摘がある（西，2017：108）。

13) 「ミクさん」が自分たちの活動で有名化するというストーリーによる情動的な結合は，「感性的共振」と呼ぶにふさわしい（西垣，2015：24, 48–51）。

4　メジャー化の達成，あるいは，大きなストーリーの終わり

　初音ミク／ボーカロイドの有名化というストーリーは，ネットカルチャーを超えた文脈や，国内ブームを超えた文脈で，初音ミクが登場することで盛り上がりをみせる。詳細は，ウィキペディアの「初音ミクのメディア展開」[14] や，初音ミク Wikiの「歴史」項目 [15] などで確認できるので，ここでは，目立った出来事をみるにとどめよう。

・supercell らの商業的成功（2009-2012 年）
・札幌市に本社を置くクリプトン・フューチャー・メディアは，同市と「シティープロモート分野における連携協定」を締結し，さまざまなコラボを展開（2010 年〜）
・ロサンゼルスにて初音ミクの単独ライブ MIKUNOPOLIS in LOS ANGELES を開催，ならびに，トヨタ自動車がアメリカでのトヨタ・カローラ 2011 年モデルの広告キャンペーンにミクを起用（2011 年）
・Google Chrome のキャンペーンで，初音ミクを起用した CM が公開→カンヌライオンズ国際クリエイティビティ・フェスティバルで 2 部門受賞（2011-2012 年）
・earth music & ecology のジャパンレーベルやファミリーマートとコラボし，初音ミクをモチーフにした商品を展開（2012 年〜）
・香港・台湾のファーストコンサート「ミクパ」が開催（2012 年）
・作曲家・冨田勲による『イーハトーヴ交響曲』で初音ミクがプリマに（2012-2013 年）
・フランス・パリ市内シャトレ座において，渋谷慶一郎による初音ミクのオペラ『The End』が上演（2013 年）
・LADY GAGA のライブでオープニングアクトを初音ミクが務める（2014 年）

　初音ミクは，当初，ネットの局所的なブームだったが，その有名度が閾値を超え，メジャー化が達成されたことがわかる。実際，2014 年前後から，そうした意識が広

14）https://ja.wikipedia.org/wiki/ 初音ミクのメディア展開（最終閲覧日：2019 年 3 月 5 日）
15）https://www5.atwiki.jp/hmiku/pages/44.html（最終閲覧日：2019 年 3 月 5 日）

がっていた。2014年5月17日のシンポジウム「CGMから始まるイノベーション
──初音ミクが切りひらく未来」での佐々木渉の講演は，その雰囲気をよく伝えて
いる。

　佐々木は，リリース以来の快進撃をなぞり，「全体的に少しずつ，アンダーグラウ
ンドでオルタナティブだったものがメジャーになってきます」と述べ，メジャー化
を象徴する出来事を列挙した。

> 海外でのライブが成功をおさめ，さらに先ほど流れていたGoogle Chromeの
> CMが地上波で放送されて，[…略…]一般の方に向けて，バーチャル・シン
> ガー，バーチャル・キャラクターとしての「初音ミク」が受けいれられてきま
> した。直近ですと，レディ・ガガの前座をさせていただいてますね。(佐々木,
> 2015：156)

　こうした語りは，当時随所でみられた。とはいえ，これはボカロ文化の全体を網
羅したものではなく，目立っていて「認識しやすいところを，かいつまんで[…略
…]並べただけのことだと思う」と佐々木は留保している (佐々木, 2015：155-156)。
　確かに，初音ミクそれ自体は非コンテンツ（＝メディア）でしかないので，本来，
ボカロシーンへの参加は一定の情報の共有を前提としない。また，SNSや動画共有
サービスも多岐にわたり，創作・消費のあり方も多様である。それゆえ，佐々木の
いうように，初音ミクの有名化は，ありうるストーリーの一つでしかない。にもか
かわらず，初音ミクの二重性という観点からすると，メジャー化の達成が一時代の
終わりを示すことは間違いない。「ミク＝楽器」に基づく作り手の信頼と，「ミク＝
キャラ」に基づく受け手の信頼は，有名化という大きな夢をかすがいに協働・補完
し合っていたのだが，当の有名化がメジャー化の達成で終結をみたからだ。有名化
という大きなストーリーが終わると，コミュニティを凝集させていた二つの信頼の
協働が前提される必要はなくなるからだ (これこそが，ボカロ衰退論が表面化した背景
だろう)。したがって，ユーザーは，初音ミクへの信頼を仕立て直さなければならな
い。実際，ポスト・メジャー化のボカロシーンでは，さまざまな信頼のあり方が試
されている。いくつもの新しい地図が描かれたのだが，ここでは紙幅の関係から二
つに絞ってみていこう。

5　一つの夢のあとで描かれた二つの地図

5-1　零度の声という物語ツール：じん

　メジャー化の達成と並行して生まれた動きとして，じん（自然の敵 P）やクリエイター集団である HoneyWorks に代表される「物語」を前面に押し出した楽曲の流行がある。じんは「カゲロウプロジェクト」と題し，一つの物語を背景とする一連の楽曲を 2011 年頃から投稿し始めた。個々の楽曲は，全体の物語に関連するキャラクター目線の小さな物語として提示される。さらに，それらと連動する物語を，小説・マンガ・アニメなどで展開することで群像劇化し，音楽自体も異例のヒットを記録した。これらの諸作品を総体として消費すれば，明示的には語られなかった全体像が漠然と推測されるという形式で物語は提示される。

　もちろん，ボーカロイドを通じた「物語」の提示は，mothy（悪ノ P）の「七つの大罪シリーズ」など，初期から存在した。しかし，それらは，「ミクっぽい」キャラたちが登場する物語であり，ボーカロイドたちの演劇というニュアンスが拭えなかった。それに対し，じんが切り開いたのは，もはやボーカロイドの図像に依拠せず，独自のキャラクターたちの物語をシリーズで展開するという道である。

　また，じんの楽曲のボーカロイドは，いわゆる「ベタ打ち」（自然に聞こえるよう調整をしない状態）に近いといわれる。これは，人間の声に近づける必要性を彼が感じていないということだろう。人間的でも機械的でもない中性的なボーカロイドの「声」は，虚構世界を語るうえで，人間の歌声であれば否が応でも感じさせてしまう「人格」や「社会的性格」を意識させず，フラットな声の表現（＝零度の声）として機能する。「匿名的な声」ないし「声と音のキメラ」（永野, 2013：51-57），あるいは，人間臭さや特定の人物の「色」のついていない歌（なきゃむりゃ, 2013：36-37）である。ボーカロイドは，こうした虚構世界を中性的に表現するツールとして格好の手段である。

　以上から，ボカロキャラの図像を排し「ベタ打ち」で物語るじんのスタイルは，「ミク＝楽器」を先鋭化し，物語ツールの一つとして初音ミクの優位性をとらえ直すものだといえる。要するに，「声」に焦点を絞り，物語ツールとしての信頼を仕立て直す路線である。

5-2　声の放棄による自己のボカロ化：和田たけあき

　和田たけあきは，ボカロ P という語彙に違和感を示している。しかしそれは，初

音ミクがすべてを回収し，作り手を黒子化すること（＝半自動的なPへの零落）への反発ではない。

> ボカロPって，のちのち自分で歌い始める人も多いですけど，基本的には"歌わないシンガーソングライター"なんですよ。自分で声を打ち込んでいるので，もうそれは自分の歌ってことなんです。なので，ミクを含めて自分が持っているボカロは全部自分自身だと思ってます[16]。

　これは，作曲者がボーカリストに自分を重ね，自分の延長のように思うという話でもない。ここで語られるのは，自己が初音ミクそのものだという感覚である。和田のなかで，自己とボカロは感性的に一致している。彼は「ミク＝楽器」「ミク＝キャラ」を個別に採用せず，「ミク＝キャラ＝楽器＝自己」というように，メジャー化の夢が作り出した等式に自分を巻き込む道を選んだ。このとき，自己を感性レベルでボカロ化しているので，和田にとって初音ミクへの信頼は，一種の自己信頼である。

　しかし，それは，自己への引きこもりではない。初音ミクという器には，「ミクっぽさ」を維持する限りで，さまざまな作り手／受け手の共同作業で，多様な要素が登録されてきた。したがって，彼は，初音ミクを通じて他者に開かれてもいる。つまり，彼の路線は「他者＝ミク＝キャラ＝楽器＝自己」という系をなしている。実際，彼は「自分のやりたいことではなく人のために曲を作」ることを強調する。つまり，和田にとって，初音ミクへの信頼は，一種の他者信頼でもある[17]。

　本章で示したのは，二つの初音ミク観に対応する二つの信頼のあり方が，有名化の夢を媒介に協働したことである。そして，その夢の実現のあとには，さまざまな理解・信頼のデザインの試みが続く。たとえば，じんは，ボカロの中性的な声を活かして「ミク＝楽器」を先鋭化し，初音ミクに物語ツールとしての優位性をみた一方で，和田は，自身の声の放棄（＝歌わないこと）により，世界を感覚し表現する身体を初音ミクと一致させた。これらはボカロシーンを網羅するものではないが，特

16）前掲注11参照。
17）和田の楽曲における他者性については，「シーベッドタウン」に印象的に表れており，筆者は自身のブログでそれを指摘した（「結月ゆかりコンピ「ゆめばかり」より，くらげP「シーベッドタウン」の長めの感想」〈http://burogu-mircea-blog.blogspot.com/2015/12/p.html（最終閲覧日：2019年3月5日）〉）。

筆すべき実践である。ポスト・メジャー化のボカロシーンは，別の仕方で初音ミクを理解することで，彼女の優位性を再定義しようとする信頼の実験室なのである。

[謝　辞]

『Vocalo Critique』（2011-2013）『UTAU Critique』（2012）『ボカロ批評』（2014）などを刊行した白色手帖への参加を経て得られたものは多い。編集長をはじめ，私をその一員として遇してくれたみなさんへの感謝をここに記す。

●引用・参考文献
阿部裕貴（2011）．『初音ミク革命——とある大学生の一考察』千葉北図書
有村　悠（2008）．「VOCALOID leads us to the future」『ユリイカ』40（15），210-228.
飯田　豊［編］（2017）．『メディア技術史——デジタル社会の系譜と行方 改訂版』北樹出版
isshy（2011）．「神なき時代の「ミクさんマジ天使！」論」『Vocalo Critique』1, 56-63.
井手口彰典（2012）．『同人音楽とその周辺——新世紀の振源をめぐる技術・制度・概念』青弓社
宇野常寛［編］（2012）．『文化時評アーカイブス2011-2012——別冊サイゾー × PLANETS』サイゾー
遠藤　薫（2013）．『廃墟で歌う天使——ベンヤミン『複製技術時代の芸術作品』を読み直す』現代書館
剣持秀紀・藤本　健（2014）．『ボーカロイド技術論——歌声合成の基礎とその仕組み』ヤマハミュージックメディア
小林拓音［編］（2017）．『初音ミク10周年——ボーカロイド音楽の深化と拡張』P ヴァイン
佐々木渉（2015）．「ノイズとしての「初音ミク」」宮下芳明『コンテンツは民主化を目指す——表現のためのメディア技術』明治大学出版会，pp.153-163.
佐々木渉・新見　直（2011）．「佐々木渉インタビュー——クリプトン・フューチャー・メディア株式会社／VOCALOID製品企画・制作責任者」『SFマガジン』52（8），4-5, 50-55.
柴　那典（2014）．『初音ミクはなぜ世界を変えたのか？』太田出版
谷口文和・中川克志・福田裕大（2015）．『音響メディア史』ナカニシヤ出版
津田大介・牧村憲一（2010）．『未来型サバイバル音楽論——USTREAM, twitterは何を変えたのか』中央公論新社
朝永ミルチ（2012）．「ボーカロイド現象の行方——共同体としての初音ミクの拡大，あるいはネットワーク環境に祝福された「祭り」の境界」『Vocalo Critique』3, 18-31.
永野ひかり（2013）．「「離散行動」と「声と音のキメラ」がもたらすもの」『Vocalo

Critique』8, 40–53.

なきゃむりゃ（2013）.「ジャズとボーカロイドについて」『Vocalo Critique』8, 32–38.

にぃとP（2012）.「ボカロPライブの出演者は，もうボカロは必要無い⁉」『Vocalo Critique』6, 62–71.

西垣　通［監修］（2015）.『ユーザーがつくる知のかたち──集合知の深化』KADOKAWA

西垣　通・伊藤　守［編］（2015）.『よくわかる社会情報学』ミネルヴァ書房

西　兼志（2017）.『アイドル／メディア論講義』東京大学出版会

濱野智史（2011）.「初音ミク，その越境するキャラクター的身体について」『SFマガジン』52(8), 84–87.

濱野智史（2012）.「ニコニコ動画はいかなる点で特異なのか──「擬似同期」「N次創作」「Fluxonomy（フラクソノミー）」」『情報処理』53(5), 489–494.

フータモ, E.／太田純貴［編訳］（2015）.『メディア考古学──過去・現在・未来の対話のために』NTT出版

福嶋亮大（2010）.『神話が考える──ネットワーク社会の文化論』青土社

Vocalo Critique編集部（2012）.「特別対談 佐久間正英×キャプテンミライ」『Vocalo Critique』7, 8–15.

増田　聡（2008）.「データベース，パクリ，初音ミク」東　浩紀・北田暁大［編］『思想地図vol.1 特集・日本』日本放送出版協会，pp.151–176.

宮下芳明（2015）.『コンテンツは民主化をめざす──表現のためのメディア技術』明治大学出版会

山岸順一・徳田恵一・戸田智基・みわよしこ（2015）.『おしゃべりなコンピュータ──音声合成技術の現在と未来』丸善出版

山岸俊男・吉開範章（2009）.『ネット評判社会』NTT出版

ryo（2013）.「CREATOR ryo（supercell）──音とイラストレーションで発信する日本のエンターテイメント」『美術手帖』65(6), 26–29.

Benkler, Y. (2011). *The penguin and the Leviathan: How cooperation triumphs over self-interest.* New York: Crown Business.

Rheingold, H. (1992). *Virtual reality.* New York: Simon & Schuster.

Rheingold, H. (2000). *The virtual community: Homesteading on the electronic frontier* (revised ed.). Cambridge: MIT Press.

Rheingold, H. (2007). *Smart mobs: The next social revolution.* New York: Basic Books.

Shirky, C. (2010). *Cognitive surplus: Creativity and generosity in a connected age.* New York: Penguin Press.

Chapter 07

いかにして子どもたちは
コンテンツ文化に入っていくのか
YouTube 上の幼児向け動画を題材として

松本健太郎

1　導入的なコンテンツとしての幼児向け動画

　マンガ，アニメ，映画，ドラマ，ゲームなど，現代人の日常には多種多様なコンテンツがあふれているが，そもそも幼少期の経験を思い返してみたとき，私たちはいつ頃からそれらのコンテンツと接触しているのだろうか。初めてマンガを読む，初めてアニメを見る，初めてゲームをプレイする——そういった個々の表現媒体，あるいはメディウムとの最初の出会いを，なんとなく覚えているように感じる人もいるかもしれない。その一方で，知らぬ間に，それらと慣れ親しむようになっていた，と感じる人も多いだろう。

　マンガを例に考えてみるならば，私たちはそれを生まれながらにして，すなわち「生得的」に読解できるわけではない。小山昌宏の言葉を借りれば，「視覚言語特性に優れるメディアたるマンガは，コミュニケーション機能を果たす言語と物語進行の水準を司る絵（画）を「吹き出し」「コマ」により統制している」（小山, 2016：110）とも説明されるが，それはさまざまな要素の複合によって成立する表現形式であり，複雑なコードによって織りなされた文化的構築物でもある。もちろんマンガは映像的な要素が中心にあり，言語記号によって織りなされる書物と比べて読みやすいため，あたかも「自然に読めるようになった」と感じる人も少なくないかもしれないが，あくまでも，その読解能力は文化的な水準での「学習」による所産なのである。

　マンガ研究者の吉村和真（2007）は，その読解力が形成される過程に着眼している。というのも彼は，月間学習誌——小学館が刊行する『めばえ』『小学一年生』『小学六年生』など——を取り上げ，それらに収録された子ども向けのマンガ作品が

「マンガ・リテラシー」，すなわちマンガを読み解く能力を獲得するための入口として機能していると指摘する。たしかに，この種の媒体に掲載された作品では，たとえば「読む順番を迷わないように，すべてのコマごとに番号をつけて，初めてのコミックスでもスラスラ読みこなせます」などの，マンガ初心者向けの配慮がなされていた（吉村, 2007：10）。私たちは知らず知らずのうちに，幼少期からそのような子ども向けのコンテンツに触れることで，無自覚なままに「マンガの文法」を理解し，「マンガのリテラシー」を獲得しているのであって，それらを生得的・本能的に備えているわけではないのだ。

　ちなみに「リテラシー」[1] という語は，もともとは文字を書いたり読んだりする能力，すなわち「識字能力」を意味していたはずだが，昨今たとえば「デジタル・リテラシー」や「コンピュータ・リテラシー」などのように，多メディア社会の進展にともない，さまざまな語と組み合わされて概念化される傾向にある。時代を遡ってみると，ヨハネス・グーテンベルクが 15 世紀に活版印刷術を発明して以降，人びとが世界の仕組みを把握しようとすれば，主に本を読んでそれを理解するのが主流だったはずである。それが 19 世紀から現在へと至るまで，写真，映画，テレビ，インターネットなどさまざまなメディウムが台頭し，さらに昨今では，スマートフォンやタブレット端末を含め，各種のデジタルメディアが日常生活に浸透しつつある。私たちは，ある事件のニュースをチェックするために，テレビを見るかもしれないし，新聞を読むかもしれないし，Yahoo! ニュースを閲覧するかもしれないし，Twitter をひらくかもしれない。そのような，みずからの意志で選択しうる「情報の窓」が無数に存在する状況のなかで，個々のメディウムが人びとに対してそれらの運用能力を，換言すれば，個別の「リテラシー」を要求する時代になりつつある，といえるかもしれない（「マンガ・リテラシー」もその一つであろうし，また，吉村（2007）による概念化の延長線上でいえば，「アニメ・リテラシー」や「ゲーム・リテラシー」といった概念も想定しうるだろう）。

　ともあれ先の吉村の言説が示唆するように，私たちがマンガを自在に読みこな

1）水越伸は当該概念について，次のように指摘している――「リテラシー（literacy）とはもともと，文字の「読み書きができること」，識字力を意味している。文字は人類が生み出したもっとも古いメディアの一つだ。それは古くは粘土板に刻みつけられたり，木片に塗られたりする物質的な手触りをもった記号の体系だった。その文字をめぐる能力や活動のことを意味するリテラシーを，情報社会にあふれるさまざまなメディアに応用し，比喩的に用いたのがメディア・リテラシーという言葉なのである」（水越, 2005：99）。

すことができるのは，幼少期にそのためのリテラシーを獲得するための期間，あるいは，その起点となった経験が存在したからである。それと比較するならば，やはりアニメや映画，ゲームに関しても同様の導入段階が随伴していたと考えられるが，本章では幼児期におけるコンテンツ受容の今日的な端緒を提供するものとして，YouTube で視聴可能な子ども向けの動画――とくに，おもちゃアニメ「アニメキッズ♥ ANIMEkids」のチャンネル [2] にアップロードされたもの――を分析の俎上に載せてみたい。この種の幼児向けコンテンツを題材とすることで，子どもたちがいかにしてコンテンツ文化に入っていくのか，その導入をめぐる現代的な様態について考察を深化させることができるはずである。

2　YouTube における幼児向け動画

　育児経験をもつ人であれば視聴したことがある人も多いのではないだろうか。2018 年現在，YouTube 上には幼児向けの動画が多数アップロードされている。これらのコンテンツは，いわゆる「ユーチューバー」なるクリエイターが独自に，二次創作的に制作したもので，しばしば「スマホ育児」の一因として批判されるなど，その評価をめぐっては賛否あるものの，親世代にとっては，たとえば家事をおこなっているあいだ，子どもの注意を引きつける頼もしいツールにもなりうる [3]。「アテンションエコノミー」[4] という観点からすれば，このような動画は子どもたちのアテンション（注意）を引きつける力をもち，それゆえに，親たちのアテンションも引きつけてアクセス数を稼ぐことができるコンテンツとして機能しうる。

　「スマホ育児」に関して補足しておくと，実際に「目や健康に悪い」「夢中になりすぎる」「長時間の視聴や使用が続く」「インターネットでの有料サイトや危ないサイトにアクセスする可能性がある」「大きくなったとき，依存しないか心配」など，そのネガティブな影響 [5] が懸念されるなか，ベネッセ教育総合研究所が実施したア

---

2) https://www.youtube.com/channel/UCoYo1YQQyNzUUDm9Gy-qXFA（最終閲覧日：2018 年 4 月 10 日）

3) 2018 年 3 月 1 日付の「朝日新聞デジタル」の記事によると，「内閣府が設置する有識者の「青少年インターネット環境の整備等に関する検討会」は 28 日，政府への提言を盛り込んだ報告書案を大筋で了承した。親が子育て中の乳幼児にスマホで遊ばせる「スマホ育児」などネット利用者の低年齢化を踏まえ，乳幼児の保護者に対する啓発活動の重要性を強調する内容となっている」と解説される〈https://www.asahi.com/articles/DA3S13381455.html?ref=chiezou（最終閲覧日：2018 年 4 月 10 日）〉。

表 7-1　家庭におけるアプリ・ソフトの平日 1 日あたりの使用時間 [6]

（単位：％）

		0 歳後半	1 歳	2 歳	3 歳	4 歳	5 歳	6 歳
動画アプリ・ソフト	0 分	38.1	45.9	33.8	32.9	29.7	36.1	37.6
	15 分未満	29.3	23.1	26.6	23.2	26.3	22.1	21.4
	15 分〜30 分くらい	21.0	18.9	19.8	21.9	23.1	23.1	24.1
	1 時間以上	11.8	12.2	19.8	22.0	20.9	18.8	16.8
写真アプリ・ソフト	0 分	69.1	62.0	58.7	62.4	66.4	76.0	77.2
	15 分未満	21.5	27.9	29.4	26.9	25.8	19.0	18.4
	15 分〜30 分くらい	6.1	9.0	9.8	9.3	6.9	4.0	3.6
	1 時間以上	3.5	1.1	2.1	1.4	0.9	0.9	0.8
ゲームアプリ・ソフト	0 分	90.1	91.8	88.1	83.5	75.8	67.2	63.5
	15 分未満	5.0	3.9	7.5	9.0	13.1	15.4	15.7
	15 分〜30 分くらい	3.3	3.1	3.5	3.9	8.5	13.5	14.0
	1 時間以上	1.8	1.2	0.9	3.4	2.5	3.7	6.9

ンケート調査「第 2 回 乳幼児の親子のメディア活用調査 レポート［2018 年］」（表 7-1）によると，2 歳児の実に 6 割以上が一定時間，動画アプリ・ソフトと日常的に接触していることがわかる。同表にある「写真アプリ・ソフト」「ゲームアプリ・ソフト」との接触時間を含めると，日々の生活のなかで相当な時間，スマートフォンと接触している子どもも少なくないだろう。

---

4) 近年，企業はつねに顧客になりうる人びとの注意を引こうと互いに競い合っており，その限りにおいて，ターゲティング広告を通じた「アテンションエコノミー」（注意の経済）が話題にあがることも多い。谷島貫太はベルナール・スティグレールの「心権力」概念を援用しながらその問題に論及しているが，彼はスマートフォンなどのポータブルデバイスとの接触を前提として，次のような主張を展開している──「ユーザーのアクションは逐一ログを取られ，詳細なユーザー・プロファイルが作成される。どのようなインターフェイス，どのような刺激や情報のだし方が，よりユーザーの注意を引きつけつづけることができるのかについての方法論が蓄積されていくことによって，個々のユーザーの嗜好や傾向に即したかたちで，その意識の流れにより効率的に介入することができるようにもなる。心権力は，あらゆるテクノロジーを駆使して人々の意識の流れを捕捉し，広告モデルであれ課金モデルであれ，その捕捉された意識の流れを収益化していく」（谷島, 2016：58）。

5) https://www.asahi.com/articles/photo/AS20171121002045.html（最終閲覧日：2018 年 4 月 10 日）

6) https://berd.benesse.jp/up_images/textarea/ 第 1 章乳幼児のメディア利用の実態 6.pdf（最終閲覧日：2018 年 4 月 10 日）

むろん動画アプリ・ソフトといっても，そこにはさまざまなものが含まれうるわけだが，とくに YouTube 経由で視聴可能なものでいえば，歌や音楽を聴かせるもの，英語学習を目的とするものなど，そのジャンルも多様である。それ以外にも，あるブログ[7] によると，「キッズ向けチャンネル」のジャンルとして，「おもちゃ紹介動画」「ゲーム実況系動画」「おかし系動画」「絵本読み聞かせ動画」「キャラクターショー系動画」などが紹介されている[8]。本章で取り上げる「アニメキッズ♥ANIMEkids」の動画は，おもちゃ遊び系のものになるので，このカテゴライズでいえば「おもちゃ紹介動画」に分類されると考えられる。

3　事例その１：「ジャムおじさんのやきたてパン工場」

さて，それでは本章での具体的な分析対象として，2018 年 4 月 11 日の時点で123,359 名の登録者を擁する当チャンネルのコンテンツのうち 2 本の動画——①「アンパンマン アニメ おもちゃ ジャムおじさんのパン工場 かまどでやこう♪ ジャムおじさんのやきたてパン工場♥アニメキッズ」[9] および②「メルちゃん おもちゃ アニメ 果物でジュースをつくろう♪ フルーツジュース ミキサー♥アニメキッズ」[10] ——を紹介しておこう。

まず①の動画だが，これはセガトイズによって 2018 年 3 月 1 日に発売された子ども向けの玩具「かまどでやこう♪——ジャムおじさんのやきたてパン工場」を使用して制作されたものである（図 7-1）。玩具発売の 1 か月後，2018 年 4 月 9 日にYouTube で公開された 14 分 16 秒の動画であるが，そのタイトルが示唆するように，上記の玩具，および庭や青空を描いた書き割りを背景として，アンパンマンが各種のパンを焼きあげ，そして，それらのパンを店頭に並べて，それを食べるといった

---

7) http://kumapapa.xyz/anpanman-youtube-397 （最終閲覧日：2018 年 4 月 10 日）

8) 付言しておくと，一見してキッズ向けのコンテンツのように装いつつも，暴力や虐待，排泄のシーンを表象する残虐な動画が含まれ，それを視聴した子どもたちがショックを受ける，というケースも報告されている。このような動画は「エルサゲート」と呼ばれることもある。〈https://www.oricon.co.jp/article/389859/ （最終閲覧日：2018 年 4 月10 日）〉

9) https://www.youtube.com/watch?v=RU4myYDEoOI&index=2&list=PLCtL2gw7zk8KlOVW0d4OGPpJT5SNJEIxg&t=0s （最終閲覧日：2018 年 4 月 10 日）

10) https://www.youtube.com/watch?v=CsmEjKAvk8Q&t=88s （最終閲覧日：2018 年 4 月 10 日）

ゆるやかな物語展開が組み込まれている。いかにも子どもが好きそうなキャラクターやテーマ性，あるいは物語性をおびた作品である。

図7-1　人形や小道具を操る制作スタッフの手

「アンパンマン」といっても，日本テレビで毎週金曜日の朝に放送されるアニメの話ではない。ユーチューバーによって製作されたこの種の動画に登場するのはあくまでも玩具の人形なので，その人形や小道具を操る制作スタッフの手が画面の右下，あるいは左下から伸びている。視点は固定されており，場面の切り替えは多くない。限定された視点および視野のなかで，語り手のナレーション，セリフ，効果音，BGMなどの聴覚的な要素によって物語が進行していくことになる（セリフという面では，「もぐもぐ」や「おいしー」のような，子どもにとって理解しやすい表現が多用される傾向にある）。いうなれば，YouTube上で閲覧可能な，新種の「人形劇」といった印象である。

　ちなみに本作品は，二重の意味で「商業的」だといえる。というのも，まず第一に，この動画にはところどころ広告が挿入されている。それは上記の動画であれば，6回にわたり，おもちゃ遊びの動画が突如として切り替わり，スポンサー企業の広告が流れ始める。もともと，この種のコンテンツは物語性という点では希薄なようにも感じられるが，何の前触れもなくCM動画に移行すると，それまでの流れが切断されてしまい，大人が見る限りにおいては相当な違和感が生じる（比較するならば，テレビ番組の視聴に際して，区切りのいいところでCMを提示されるのとはまったく異なる体験である）。

　第二に，この動画が，セガトイズが発売した玩具の紹介という体裁で制作されている限りにおいて「商業的」である。実際に上記の玩具でいうと，発売からほどなくして，それと関連する無数の動画がYouTube上にアップロードされている（図7-2）。なお，図7-2の左上のものは，セガトイズによる公式CMであり，

図7-2　同一の玩具をもとに制作された
YouTube動画 [11]

それと二次創作的な動画が並列されていることになる。

4　事例その 2：「メルちゃん 果物でジュースをつくろう♪」

　もう 1 本，別の動画を取り上げておきたい。題材として論及したいのは②の「メルちゃん おもちゃ アニメ 果物でジュースをつくろう♪ フルーツジュース ミキサー♥アニメキッズ」[12] だが，こちらのほうは 2018 年 4 月 8 日に公開され，その 3 日後にあたる 11 日の段階で，すでに 29,679 回の視聴回数を稼いだ動画である（図 7-3）。テーマは，タイトルが示すように，PILOT INK が発売する人形「メルちゃん」を主人公として，イチゴジュースやバナナジュースなど，玩具のミキサーでフルーツジュースをつくる，という設定である。

図 7-3　「メルちゃん」を主人公とするおもちゃ遊び動画

図 7-4　動画における 5 色のコーラ

　動画の長さは 14 分 56 秒であるが，大きく三つのパートに分かれている。第 1 パートは，メルちゃんがジュースをつくってそれを試飲する，という内容である。第 2 パート（図 7-4）は，なぜか唐突に主人公が切り替わり，アンパンマンが鮮やかな色の液体（紫，緑，ピンク，黄，青）をおさめた 5 本のペットボトルを前にして，「あれれ，こんなところに，いろんな色のコーラがある」と語り，その後，それぞれのペットボトルの液体を開け，そのなかから何かを探し出す，という内容のものである。つづ

11）「かまどでやこう♪ジャムおじさんのやきたてパン工場」をもとに製作された YouTube 動画だが，図 7-2 にあるものはほんの一握りで，実際の数はもっと多い。〈https://search.yahoo.co.jp/video/search?ei=UTF-8&p= かまどでやこう♪ジャムおじさんのやきたてパン工場（最終閲覧日：2018 年 4 月 15 日）〉

12）https://www.youtube.com/watch?v=CsmEjKAvk8Q（最終閲覧日：2018 年 4 月 10 日）

く第3パートは，アンパンマン（の人形）がアンパンマンのパズルを完成させる，という内容のものになっている。

　こちらのほうも，大人であれば首を傾げたくなる箇所がいろいろと含まれる作品である。上記三つのパートはそれぞれ連続性がないし，タイトルが示唆するように「メルちゃん」が主人公と思いきや，第2パートに入るとそれが「アンパンマン」へと切り替わる（異なる虚構世界の「住民」であるはずの両者が同一コンテンツのなかに共存しているわけである）。また，「いろんな色のコーラがある」との語りがなされるが，そもそも2018年現在，そのような色のコーラは発売されていない（もちろんこれら5色のコーラは模造品である）。

　商業性という点からいえば，上記の動画はメルちゃんとアンパンマンの人形，およびアンパンマンのパズルを用いたコンテンツであり，それらの商品に対する子どもたちの欲望を喚起する機能はあるかもしれない。しかし他方で，その世界観には統一感が欠けており，また製品としての玩具の紹介という体裁をとりつつも，ほかの製品であるコカ・コーラの扱いに目を向ければ，そのブランドイメージを尊重しているようには到底思われない。

5　間コンテンツ的なユーザー生成コンテンツとしてのおもちゃ遊び動画

　前節では，おもちゃアニメ「アニメキッズ♥ANIMEkids」のチャンネルにアップロードされた2本のおもちゃ遊び動画を分析の俎上に載せた。YouTubeにおいて「アンパンマン」と検索すれば，公式のアニメではなく，これらの二次創作的な動画が無数にヒットする。これらを，私たちはどのように理解すればよいのだろうか。

　筆者自身，この種の「アンパンマン動画」を初めて視聴した際，それをどのように位置づけたらよいのかわからず困惑した，というのが正直なところである。アニメ版のアンパンマンが培ってきた既存のイメージを流用したそれは，先ほど述べたように，新しいタイプの「人形劇」のようにもみえるし，また，幼児がおこなう「ごっこ遊び」のシミュレーションのようにもみえる。事実それは，玩具を用いた「人形劇」としての性格をもちながら，他方では「ごっこ遊び」との関係において位置づけたほうが妥当かもしれない。

　あらためて図7-1の画面構成を再確認しておくと，それはまさに幼児の一人称的

な視点から遂行される「ごっこ遊び」を再現＝模倣したもののようにもとらえられうる。画面の下部から伸びる制作スタッフの手は，「ごっこ遊び」をする幼児の手の代理のようでもあり，さらに，制作スタッフが付したナレーションやセリフは，幼児の「独り言」のようでもある。そう考えてみると，本章で取り上げたおもちゃ遊び動画は，「アンパンマン世界」と「ごっこ遊び世界」を二重にシミュレートした両義的な，あるいはハイブリッドなコンテンツとして把捉しうる。それでは，このようないくつかの世界に依拠した複合的なコンテンツは，どのようなメディア環境のなかで産出されているのだろうか。

　今日では，あらゆる消費者が容易に情報の発信主体になりうる。濱野智史は『アーキテクチャの生態系──情報環境はいかに設計されてきたか』のなかで，こうした状況について以下のような説明を展開している。

> ここ数年は，特にブログやユーチューブのことを，「CGM」（Consumer Generated Media ＝消費者生成メディア）や「UGC」（User Generated Contents ＝ユーザー生成コンテンツ）などと総称することが多くなりました。要するに，新聞やテレビや映画や CD といった「プロフェッショナル」がつくるメディアやコンテンツではなく，これまでそれを消費し，使うだけの存在だった「一般利用者」（アマチュア）の側が，ネットを通じてコンテンツを発信していくようになった。──ざっとそのような事実認識を言葉にしたのが，CGM や UGC という呼び名です。（濱野, 2015：18-19）

　本章では，アンパンマン（の人形）が登場するおもちゃ遊び系の YouTube 動画を取り上げたが，それもまた「CGM」あるいは「UGC」の一例として理解することが可能だろう。ある見方をすれば，それらは「ブリコラージュ的」，すなわち，ありあわせの手段・道具を寄せ集めて制作された「器用仕事」の産物であり，また，別の見方をすれば，さまざまな先行コンテンツの参照や引用を意識した二次創作的な産物であるという点では「間コンテンツ的」である，ともいえよう。つまり先述の事例でいえば，YouTube のおもちゃ遊び動画は玩具というモノ，あるいは，アンパンマンやメルちゃんというキャラクターやそれを基軸とする作品世界など，いくつかのコンテンツの参照を前提として，その間隙で成立する「間コンテンツ的」な産物だといえるのである。

6　コンテンツがたちあげる「満足の主体」

　一般的にいって，子どもは手許にある複数の玩具を組み合わせて「ごっこ遊び」をおこなう。そのイマジネーションのなかでは，アンパンマンとメルちゃんという異質な世界のキャラクターが視界のなかで出会うこともありうるだろう。だが本章で取り上げたYouTube動画は，子どもによる遊びの産物というよりも，むしろ子どもたちの想像力に寄り添いながら，大人たちがそれをシミュレートした模倣的な産物である。したがって，どのようなキャラクター，ストーリー，ナレーションを組み合わせるかという判断は，いかに視聴回数を稼ぐかという達成課題のもとで，大人たちが選択したことの帰結ということになる。むろん幼児が動画を視聴する際，そのような大人＝制作者の意図を意識することは基本的にはないだろう。では，みずからの手で直接的に「ごっこ遊び」を遂行しているわけではないにもかかわらず，CGMともUGCとも称されるYouTube動画によって，幼児の意識に「ごっこ遊び」の疑似体験が形成されるとき，そのような「非直接的消費」によって何が生じているのだろうか。

　おもちゃ遊び動画が間接的に生成しているのは，幼児が欲望する「視点」である（しかもそれはクリエイターが幼児の欲望を先取りしようとして設計したものである）。魅力的な玩具，あるいは好きなキャラクターを主人公とする「ごっこ遊び」が当該動画のなかで，幼児の一人称的な視点，あるいは主観ショット的な視空間に依拠しながらおこなわれることで，幼児はその視点を獲得するために，親に玩具をねだり，動画にあった「ごっこ遊び」を反復的にシミュレートしようと欲する。要するに，おもちゃ遊び動画が表象する体験は，既述のように，もともとは「アンパンマン世界／ごっこ遊び世界のシミュレーション」として位置づけられうるが，幼児はその基点となる視点を欲望することにより，動画におけるシミュレーションの営為を改めてシミュレートしようとするのである。

　岡本健は『メディア・コンテンツ論』のなかで，「コンテンツ」という概念について「基本的には「内容」や「中身」のことを指す語」としたうえで，「contentは動詞でもある。その時には，人を「満足させる」という意味をもつ。本書で扱う「コンテンツ」も，ただの情報内容ではなく，人を満足させ，楽しませるものである」と規定している（岡本，2016：4-5）。「満足させ，楽しませる」ものというコンテンツの機能に鑑みれば，おもちゃ遊び動画の語り手の声はいかにも楽しそうである。そして，その楽しそうな声に支えられたおもちゃ遊び動画を視聴する幼児は，みずか

らが「ごっこ遊び」を遂行しているわけではないにもかかわらず，その声につられて楽しい気分を味わうのだろう。つまり，おもちゃ遊び動画によって幼児が「満足（content）の主体」として再構成されるとするなら，そこには，クリエイターが設計した主観的な視点を，幼児がみずからの視点と同一化するプロセスが介在していると考えられる。ここでは商業的な意図のもとで演じる大人の「楽しそうな声」が，幼児みずからの「楽しい声」として再編されることになるのだ。このように「間コンテンツ的」なコンテンツであるおもちゃ遊び動画は，幼児に「非直接的消費」の体験をもたらし，彼／彼女を「満足（content）の主体」として再構成することになる。そして，このような「非直接的体験」に基づいた構図は，ゲーム実況動画の受容体験などを含め，現代的なメディア環境の至るところで散見されるものといえるのではないだろうか。

7　「満足」する主体の位置

　小池隆太は「アニメーションのインターテクスチュアリティ」と題された論考のなかで次のような主張を展開している。

　　現代の日本のメディア環境において，個々の作品に関しての評価や感想の一部に「引用」「オマージュ」「パロディ」，あるいは「盗用」「パクリ」という語が批評を専門とする者だけではなく一般にも散見されるようになっている。インターネットの普及にともなって，従来であれば簡単に参照されることのなかったような作品相互の類似性や類縁性あるいは「模倣」の関係が，より明確に理解されるようになった，ということであろう。（小池, 2018）

　彼は J. クリステヴァや R. バルトの言説をふまえながら，アニメーションにおける作品間の相互参照性，すなわち「インターテクスチュアリティ」（＝間テクスト性）について論じている。「引用」「オマージュ」「パロディ」「盗用」「パクリ」を含めた間テクスト性，あるいは，本章で言及した間コンテンツ性は，現代文化のさまざまな局面で意識される傾向にあるし，その原因としては，小池が指摘したインターネットの普及もあるといえよう。

　本章ではまず冒頭で，現代における「リテラシー」概念の多様化を考察するために，吉村（2007）が提唱する「マンガ・リテラシー」を取り上げていた。さらに昨

今では，みずからの意志で取捨選択できる「情報の窓」が無数に存在する状況のなかで，個々のメディウムが人びとに対してそれらの運用能力を要求する時代，換言すれば，個別の「リテラシー」を要求する時代になりつつある，と指摘した。

　吉村はマンガ・リテラシー獲得の機会を提供するものとして，子ども向けのコンテンツ，すなわち月間学習誌を取り上げた。これと比較すると，現代においては，個々のメディウムにともなう固有のリテラシーというよりも，むしろ CGM や UGC と呼ばれるような各種メディウム間で生成される新種のコンテンツによって，間テクスト的な，あるいは，本章でいう「間コンテンツ」的なリテラシーが要請される時代になりつつある，といえるかもしれない。デジタルメディアの時代では，しばしば個々のメディウムの輪郭が曖昧化するとも指摘されるが，デジタル技術を前提としたポストメディウム的状況にあって，コンテンツ文化におけるリテラシーの様態は，従来よりもはるかに錯綜したものとなりつつあるように感じられる。

●引用・参考文献

岡本　健 (2016).「メディアの発達と新たなメディア・コンテンツ論──現実・情報・虚構空間を横断した分析の必要性」岡本　健・遠藤英樹［編］『メディア・コンテンツ論』ナカニシヤ出版，pp.3-20.

小池隆太 (2018).「アニメーションのインターテクスチュアリティ」高馬京子・松本健太郎［編］『越境する文化・コンテンツ・想像力──トランスナショナル化するポピュラー・カルチャー』ナカニシヤ出版，pp.87-97.

小山昌宏 (2016).「マンガ表現論の「歴史」とその展望」小山昌宏・玉川博章・小池隆太［編］『マンガ研究13講』水声社，pp.108-148.

谷島貫太 (2016).「ベルナール・スティグレールの「心権力」の概念──産業的資源としての「意識」をめぐる諸問題について」松本健太郎［編］『理論で読むメディア文化──「今」を理解するためのリテラシー』新曜社，pp.45-61.

濱野智史 (2015).『アーキテクチャの生態系──情報環境はいかに設計されてきたか』筑摩書房

水越　伸 (2005).『メディア・ビオトープ──メディアの生態系をデザインする』紀伊國屋書店

吉村和真 (2007).「マンガ──その無自覚なまでの習得過程と影響力」葉口英子・河田学・ウスビ・サコ［編］『知のリテラシー 文化』ナカニシヤ出版，pp.1-24.

Part 2
メディア・コンテンツを拡げる

Chapter

08

「クール」な日本は誰のもの？

「クールジャパン」政策と「セルフ・クールジャパン」表象

田島悠来

1　拡散する「クールジャパン」

　新聞や雑誌，テレビといった日本の各種メディア上で「クールジャパン」という言葉が躍っている。「クールジャパン」を標榜するテレビ番組が2006年から10年以上もの長きにわたって公共放送であるNHKで放送され，日本最大級のエンターテインメントテーマパークであるユニバーサル・スタジオ・ジャパン（USJ）には，日本のマンガやアニメをテーマにした「ユニバーサル・クールジャパン」という名のアトラクションが2015年度より毎年期間限定で設けられ収益を上げている。「クールジャパン」はいまや日本のメディア・コンテンツ，コンテンツ産業を語る際のキーワードの一つになっているといえる。この言葉はいつ頃から用いられ，どのような意味合いをもっているのだろうか。

　2018年時点で，「クールジャパン」は「日本の文化を魅力あるものとして海外に発信する」という意味を込めて用いられることが一般化している。これには，政府主導で展開する「クールジャパン戦略」が深く関係している。「クールジャパン戦略」は，自由民主党（以下，自民党）の第二次安倍晋三内閣が発足し，本格始動した2013年以降に，国家成長戦略の柱として進められている政策で，日本のコンテンツや伝統文化にかかる商品群を海外に売り込むことで日本ブームを創出し海外需要を拡大すること（アウトバウンド），そして外国人を日本国内に呼び込んで消費を促すこと（インバウンド）を目指している。2013年11月には，「クールジャパン戦略」を推進するため，官民連携体制を整え，アウトバウンドに向けたプラットフォームを構築するべく，海外需要開拓支援機構（クールジャパン機構）を設立し，官民の共

同出資で関連事業への投資がなされている（太田, 2014）。

　こうした政治的な文脈をもつ一方，元来「クール・ジャパン」は，外国人が感じる「クール（かっこいい）」な日本，なかでもアニメやマンガ，ゲームなどのポピュラーカルチャーが予期せず海外で支持される現象を指すものであった。NHKの『COOL JAPAN──発掘！　かっこいいニッポン』（2006 年〜）（以下，『COOL JAPAN』）は，こうした外国人の視点からみた「日本人が気づかず，外国人がクールと思っているもの」（鴻上, 2015：14）または「クールじゃないもの」を，実際に日本に滞在する外国人ゲストを交えて紹介，議論する番組として位置づけられている（堤, 2013；鴻上, 2015）。

　このように，「クールジャパン」は，近年用いられ始めた比較的新しい言葉であると考えられるものの，多義的であり，誰がそれを用いているのか，どの立場からその言葉を発するのかによって意味が変わってくることが推定される。より具体的にいえば，日本人が考える「クール」と外国人が考える「クール」では異なるだろうし，また国が推し進めたい「クール」と日本人または外国人が考える「クール」とのあいだにも，意識的か無意識的か乖離が生じている可能性がある。さらには，それによって「クール」の内容（コンテンツ）も違ってくるのではないか。「クール」な日本はいったい誰のものなのだろうか。

　本章では，こうした問題意識や問いを念頭に置き，メディアにおいて描き出される「クール」なイメージ（表象）に焦点をあてながら，「クールジャパン」とは何かの検討，再考を目指す。まず，政策的な部分を含めて「クールジャパン」という言葉が日本社会にいかに浸透していったのかという背景を確認する意図から，メディア，なかでも新聞記事における報道の量と質双方の変化に目を向ける。そのうえで，「クールジャパン」に関連するメディア・コンテンツ，具体的にはテレビ番組のなかで，どのようなものが誰に向けて「クール」であるとして発信されていて，そこから何が読みとれるのかについて，E. サイードの「オリエンタリズム」概念を援用しながら分析，考察していく。

2　「クールジャパン」をめぐる動き

2-1　新聞記事にみる「クールジャパン」

　「クールジャパン」という言葉はいつ頃から，どのような文脈で使用されるようになり，社会に浸透していくことになったのか。このことを解き明かすにあたり，

まずは，その指標となるメディア報道に着目する。ここでは，メディアのなかでも，社会の人びとに情報を広く流布する機能をもち，かつ，網羅的な資料収集・閲覧が容易なことから，国内の新聞を分析対象として取り上げた。調査方法としては，各

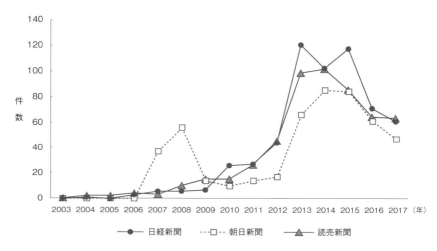

図 8-1　「クールジャパン」関連の新聞記事件数の推移（筆者作成）

表 8-1　「クールジャパン」関連事項略歴
（経済産業省商務・サービスグループ政策課（2018）を基に筆者作成）

2000 年 6 月	フランス・パリで Japan Expo 開始
2006 年 4 月	『COOL JAPAN──発掘！かっこいいニッポン』放送開始
2007 年 5 月	第一次安倍政権において，甘利経済産業大臣（当時）が「感性価値創造イニシアティブ」を策定
2010 年 6 月	経済産業省に「クール・ジャパン海外戦略室」を創設
2011 年 7 月	「クール・ジャパン戦略室」を改組・拡大し，「クリエイティブ産業課（生活文化創造産業課）」を創設
2012 年 12 月	第二次安倍政権，初の「クールジャパン戦略担当大臣」として稲田大臣を任命
2013 年 2 月	クールジャパン戦略担当大臣を議長とする「クールジャパン推進会議」を設置
2013 年 9 月	2020 年の夏季五輪の開催都市が東京に決定
2013 年 11 月	「海外需要開拓支援機構（クールジャパン機構）」が設立
2013 年 12 月	和食，ユネスコ無形文化遺産に登録
2015 年 3 月	政府・民間のクールジャパン関係業界が一体となるクールジャパン官民協働プラットフォームを設立
2015 年 6 月	「クールジャパン戦略」として，官民ファンドや政府の補助金を使い，「食」「コンテンツ」「デザイン」「地方・観光」の四つの分野で民間主導の計画を支援することをまとめる
2017 年 7 月	クリエイティブ産業課を「クールジャパン政策課」に改組

種データベースを用いて記事検索をおこなった。具体的には，新聞のなかでも社会における影響力と記事内容を鑑み，一般紙の全国紙のなかで発行部数が多い『読売新聞』（以下，『読売』）および『朝日新聞』（以下，『朝日』），経済紙のなかで発行部数がもっとも多い『日本経済新聞』（以下，『日経』）の合計3紙について，「ヨミダス」「聞蔵Ⅱ」（ただし新聞記事のみで『AERA』『週刊朝日』など雑誌記事は除外），「日経テレコン」といったそれぞれのデータベースを用い，「クールジャパン」をキーワードに検索した。その結果図8-1のような記事件数の推移となった。報道の量的変化に触れる際におさえておく必要がある「クールジャパン」関連の事項についても，表8-1に略史としてまとめた。

2-2　草の根的な「クール・ジャパン」

　2000年には，フランス・パリにおいて，現地で放送されていた日本のアニメ（ジャパニメーション）に触発された数人のフランス人によって，日本文化を愛好するファンのためのイベント「Japan Expo」の開催が始まった。ここに，いわば草の根的な「クール・ジャパン」の萌芽をみることができる。

　日本の新聞紙上で「クールジャパン」報道がみられるようになるのは，この「Japan Expo」の反響が広がり，イベントの来場者数も数万人に達するようになる2003–2004年頃である。前述のNHKのテレビ番組『COOL JAPAN』が放送開始したのも同時期，2006年である。この番組では，「ポップカルチャー」「ハイテク・ジャパン」「伝統文化」を「クールジャパン」の3本柱に掲げ，外国人の目に映った「クール」なジャパンを取り上げる（鴻上，2015）。

　ただし，2000年代は記事の量は決して多くなく，相対的に件数が多い2007年（37件）および2008年（56件）の『朝日』においては，東京に暮らすフランス人男性によるコラム「エチエンヌのクールジャパン」が掲載されていた（2007年4月から2009年3月まで計100回）。このコラムは，『COOL JAPAN』同様に，「ハローキティ」「ママチャリ」「和紙」など，外国人が考える日本の「クール」を幅広く伝える趣旨をもつ。「Japan Expo」により，とくに日本ブーム隆盛を予感されたフランス（西洋）人による連載記事である。

2-3　戦略としての「クールジャパン」

　2010年頃から「クールジャパン」関連記事の量的な増加がみえ始めるが，本格的に増加するのは3紙ともに2013年からである。政権交代時期を経て再び自民党が

政権を握り，第二次安倍内閣が立ち上がったのが2012年12月であった。「クールジャパン戦略担当大臣」の任命や，有識者による「クールジャパン推進会議」の設置など，戦略としての「クールジャパン」が強調されるのがこの時期である。それにともない「クールジャパン」報道のなかでも，「クールジャパンは，日本のアニメやファッションなどを海外に売り込む際に使われる言葉」（『朝日』2013年1月11日付朝刊），「日本の文化を生かした商品やサービスを海外に売り込むクール・ジャパン戦略」（『日経』2013年8月26日付朝刊）など，「クールジャパン」のビジネスの側面に言及し，政府が介入するポリティカルなものとして取り扱う記事が目立ち始める。そして，「政府が盛り上がるものと実像とには乖離がある」ために，「クール（かっこいい）ではなく「寒い日本」になりかねない」（『日経』2013年5月30日付夕刊），「押しつけがましさを感じさせてはならない」（『日経』2013年8月14日付朝刊）と，国が主導する「クールジャパン」への違和感の表明が『日経』を中心になされるようになっていく。

　こうしたメディアによる批判を浴びながらも，日本政府が「クールジャパン戦略」を掲げ推進していく背景には，1990年代後半以降，「クール・ブリタニア」を合い言葉に省庁横断的に自国のクリエイティブ産業の価値を高めていったイギリス，国をあげてコンテンツ産業振興に力を入れてきた韓国の2000年代の急成長といった諸外国の動向がある。とくに近年の「韓流」やK-POPブームが物語るとおり，アジア市場で競合する韓国にコンテンツ産業分野で水をあけられてしまうことへの政府側の焦りがあったと推測される。

2-4　「クールジャパン」事業

　一方，経済産業省の管轄で，2013年6月に株式会社海外需要開拓支援機構法（クール・ジャパン法）が成立したのに引き続き，2020年の東京五輪の開催が決定し，戦略の追い風となるなか，同年11月には，官民ファンドの株式会社海外需要開拓支援機構（以下，クールジャパン機構）が設立される。これは，リスクマネーを供給することによる，民間のみではなしえなかった海外需要獲得の基盤となる拠点や流通網の整備などを目的に創設されたもので（太田，2014；経済産業省商務・サービスグループ政策課，2018），2018年1月時点で，「メディア・コンテンツ分野」「ライフスタイル分野」「インバウンド分野」「食分野」の4分野と「分野横断」の合計25の案件に，官民の共同出資（2017年4月時点で民間出資107億円，政府出資586億円の合計693億円の出資金を捻出）での投資がなされている。

　しかし，クールジャパン機構による出資案件の多くは，計画どおりに事業展開がなされていないのが実状である。『日経』2017年11月6日付朝刊では，「クールジャパン過半未達——戦略なき膨張　規律欠く官民」というタイトルのもと，「ライフスタイル分野」での案件の一つであるマレーシアジャパンモールを例にとり，現地住民の声を拾いながら，「これが日本だ，と押し売りしている」と現地との温度差に触れ，こうした状況を痛烈に批判している。また，投資先の選出をめぐっては，「投資ありきの姿勢」「不透明な案件選出」として，その妥当性，透明性を問題視する。とくに「メディア・コンテンツ分野」は苦戦を強いられており，ここでも，「国を挙げた自国文化の輸出は韓国が先を行く。放送コンテンツの15年の輸出は387億円と日本を3割強上回る」と韓国が引き合いに出されている。

　他方，2013年末に和食がユネスコの無形文化遺産に登録されたことが呼び水となる形で，日本酒の輸出増加が叫ばれており，「正統な日本料理」の料理人を「食の伝道師」として海外に派遣する取り組みや，正しい和食の発信のための「食の大学院」の創設など，「食分野」に対しては熱視線が送られている。

2-5　「クールジャパン」浸透の時期区分

　このように「クールジャパン」事業の現状は必ずしも芳しくないが，設立当初から20年程度の継続投資が念頭に置かれており，「短期決戦ではなく，中長期的にしっかりフォローしつつ，長い目で投資して育てよう」（太田，2014：35）と指摘されるように，長期的な視点に立って投資の可否を見極める必要もあろう。メディアがその監視機能を担うことが求められる。

　2013-2014年をピーク（『読売』2013年の121件，『朝日』2014年の86件，『日経』2014年の101件）に，2016年以降新聞記事の件数が減少傾向にあることは，「クールジャパン」の新規性が薄れ注目度が低下したこと，別の見方をすれば，ある程度社会に浸透したことを意味しているともとれる。いずれにしても，メディア報道において，「何がクールジャパンなのか」の真価が問われる時期に達したといえよう。

　以上，政策的な部分に目を配りつつ，新聞記事を対象として，「クールジャパン」関連事項のメディア報道の量および質双方から，「クールジャパン」という言葉の日本社会への浸透過程に着目した。その結果，民間主導の草の根的な「クール・ジャパン」期（2000年代），官による介入が色濃くなる戦略としての「クールジャパン」期（2010-2015年），真価を問い直す「クールジャパン」再考期（2016年以降）という三つの時期に分けられると考えられる。

3　「クールジャパン」を表象するコンテンツ

3-1　外国人が考える「クール」な日本の表象

　では，メディア・コンテンツのなかでいかに「クール」なイメージが描き出されているのか。テレビ番組を例に「クール」とされるものの内容（コンテンツ）を分析することで，何が，そして誰に向けて「クール」なものとして発信されているのかを明らかにしたい。

　日本に興味をもち訪日に至る外国人に焦点をあてたメディア・コンテンツが，2000 年代に日本のテレビ番組として放送されるようになる。NHK の『COOL JAPAN』はその先駆的で典型的なコンテンツである。番組プロデューサーの堤和彦によると，コンセプトは，「日本人なら当たり前と思っているものの中から外国人の視点でクールなものを発見する」（堤, 2013：23）であり，「外国人の視点を借りて日本文化の魅力を発見すること」（堤, 2013：18）にねらいがあるという。すなわち，外国人が考える「クール」について紹介，議論することを通じて，外国人とコミュニケーションをはかり，当たり前のこととして染み込んでいるがゆえに日本人自身が気づかない日本文化の魅力＝「クール」を再発見し，自信をもってそれらを「クールジャパン」として発信すればいいのではないか，ということである。ここに，「クールジャパン戦略」が唱えられ始めたことが意識されているのは明らかであろう。つまり，『COOL JAPAN』は，何を海外に向けて「クール」なものとして売り込めばいいのかを見定めるためのコンテンツなのである。

　しかし，それはあくまで「外国人の視点」に立つものであり，番組内では，日本人が考える「クール」が必ずしも外国人には受け入れられない様子が描き出されることもある。新聞記事で指摘されたような「押しつけがましさ」からはあえて距離をとろうとするコンテンツとなっているのである。

　この点について，司会を務める鴻上（2015）は，「クールジャパン戦略」が推進されるなかで，視聴者から政策に従った番組なのではないかとの反発の声が増加していると述べ，「クールジャパン」が，「いつのまにか，「官主導の「マンガ・アニメ」を中心とした売り込み戦略」みたいに思われ始め」（鴻上, 2015：11），「国が「クール・ジャパン」と名付けて，なんでもかんでも売り出そうとしている」（鴻上, 2015：11）ことへの違和感を表明している。

　『COOL JAPAN』は，草の根的な「クール・ジャパン」から戦略としての「クールジャパン」へと移行していく時期を経験するなかで，そうした変化をクリティカ

ルにみつめ，日本人ないし国の「クール」を相対化しようと試み，外国人が考える「クール」にこだわろうとするコンテンツであるととらえられる。

3-2　体験をコンテンツ化する

　次に，戦略としての「クールジャパン」が推し進められているただ中に放送を開始したのが，『YOUは何しに日本へ？』（テレビ東京系，2013年〜）（以下『YOUは』）というコンテンツである。訪日外国人（YOU）に日本国内の国際空港で声をかけ，「何をしに日本へやってきたのか」を問い，都合が合えば番組スタッフがYOUに帯同し，日本滞在に密着するというテレビ番組である。パイロット版が初めて放送されたのは2012年6月，その後複数回の特別番組，深夜放送を経て，2013年4月からは毎週月曜日ゴールデンタイム枠でレギュラー放送されている。

　同じテレビ東京系列において，「クールジャパン」再考期にあたる2016年4月からは，『世界！ニッポン行きたい人応援団』（以下，『世界！』）が放送を開始（2017年9月までは毎週木曜日夜7時58分から8時54分，以降は毎週月曜日夜8時から9時）する。日本を訪れたい外国人を番組公式Facebookで募集し，公式ホームページ上の動画で候補者を紹介しホームページおよびTwitterでの視聴者の投票をふまえ，日本に招待する外国人を選出するというものである。

　両コンテンツは，みずから「クール」と掲げてはいないながらも，日本に興味を抱く外国人に焦点をあてているという意味で『COOL JAPAN』と類似する。しかし，『COOL JAPAN』が「クール」なものを外国人の視点からみつめることで批判的にとらえる余地を残しているのに対し，『YOUは』『世界！』では外国人の日本での体験そのものがコンテンツ化されている。「クール」か否かは不問に付されているが，そのことが逆に，外国人の視点を借りた「クール」な日本の押し売りに映る面がある。つまり，「外国人に憧れられる日本はすばらしい」というイメージを刷り込んでいるという見方ができるのである。

3-3　「クール」な日本の自己演出

　前項でみた『YOUは』『世界！』は双方とも，何を体験させるのか，誰（どのような外国人）を選ぶのかを制作側が決めるという性質上，その内容（コンテンツ）をコントロールすることで「クール」を日本人の立場から演出している向きがある。具体的にみるにあたって，「誰を」訪日させるのかという選出の段階から制作側の意思が反映されていることから，制作側に決定権があると考えられる『世界！』を対象

に内容を分析する。

　分析方法としては，2016年4月14日放送の初回から2017年12月25日放送回までの合計57回について，①日本に招待された人物の属性（誰が），②体験内容（何を）を確認した。①については，出身国・地域を【欧州／北米／中米／南米】に，性別を【男性／女性】に，②については，体験内容を【工芸／食／スポーツ／観光／芸能／その他】にコード化し，カウントした。体験内容は，横断的に複数事項を実施しているものやいずれにも該当しないと判断したものをその他にカウントした。

　その結果，まず①については，欧州が全体の50%にあたる34人，北米が38.2%の26人，中米が8.8%の6人，南米が2.9%の2人となった（小数点第2位を四捨五入，以下同。合計が68人なのは回によって複数人登場しているため）。登場する外国人の出身地域が欧米に偏っていることがわかる。さらに細かく人種をみていくと，有色人種は日系人が登場する回（2016年12月28日，2017年11月20日），アフリカ系アメリカ人の双子の姉妹が登場する回（2017年9月27日）に限られている。一方，性別については，男女各36人と偏りはみられなかった。

　次に②については，京友禅染（2016年4月14日），寄木細工づくり（2016年11月17日），組紐（2017年5月11日）といった「工芸」が最多となる24件の35.3%，さぬきうどんづくり（2016年5月5日），和菓子づくり（2016年7月28日），天ぷらづくり（2017年9月17日）といった「食」が23件の33.8%，空手（2016年9月1日）など「スポーツ」が6件の8.8%，お寺巡り（2017年1月19日）など「観光」が4件の5.9%，琉球舞踊（2017年3月2日）など「芸能」が3件の4.4%，「その他」が8件の11.8%となった。「その他」は，津軽弁での交流（2016年12月28日），消防団での防災学習（2017年6月29日）などが該当した。加えて，それぞれの体験にとどまらず，訪日外国人はみな現地住民と食住を共にし，訪問先で郷土料理をふるまわれるなど，交流する様子が描かれる。

　以上から，『世界！』において演出されている「クール」のイメージは，欧米人の体験する「工芸」「食」を通じた日本ならではの伝統技法や技術であり，現地住民との交わりのなかでみつめられる文化であるといえる。そこでは，草の根的な「クール・ジャパン」の重要な要素であったアニメやマンガなどの「ポップカルチャー」は抜け落ち，『COOL JAPAN』の3本柱のうち残りの二つ，「ハイテク・ジャパン」「伝統文化」が追求，発信されている。とくに「食」は，昨今国が海外に売り込むことを推奨している分野の筆頭にあり，コンテンツ内でのこうした表象が戦略としての「クールジャパン」と連動している点は注目に値しよう。

3-4 セルフ・クールジャパン

では，『世界！』の表象から何が読みとれるのか。再度「誰が」に目を向けよう。すなわち，誰が「クール」を体験していたかである。『世界！』では，外国人といういわば他者によって日本の「クール」が体験される。自己の構築にあたっては，他者が合わせ鏡のような役割を果たすことがこれまでも指摘されてきた（竹内, 2016）。問題はここでの他者が，欧米＝西洋人に限られている点にある。

訪日外国人旅行者の数が年々増加しているが，その内訳をみると，中国26.5%（637万人），韓国21.2%（509万人），台湾17.3%（417万人）と東アジアの国々が上位を独占している。2020年の東京五輪開催に向けたさらなる旅行者数の増加が国をあげて推進されるなか，省庁横断的な「クールジャパン」の展開が希求され，クールジャパン機構の投資事業をみるにつけてもアジア市場が念頭に置かれていることがわかる。それにもかかわらず，こうした実情と「クールジャパン」再考期における表象とのあいだになぜ乖離が生じているのか。

こうした他者表象を考えるうえで示唆に富むのがサイード（1993）の「オリエンタリズム」概念である。サイードは18世紀以降の英米仏の学術書や文献，文学作品，政治関係のパンフレット，新聞雑誌記事，旅行記などにおける言説を分析したうえで，欧米の人びとが「東洋」（オリエント）と「西洋」（オクシデント）を区分し，「西洋」（＝自己）とは正反対の「東洋」（＝他者）を表象する様式として「オリエンタリズム」を再定義した（藤田, 2017）。そして，「オリエンタリズム」が，「西洋」の「東洋」に対する支配を正当化する機能をもつと告発し，「西洋」の「能動，文明，合理」と対照的な「オリエント」に表れる「受動，野蛮，神秘」などのイメージの歪みを説く過程で，他者を表象することそのものに含まれる暴力性についても問題化した（竹内, 2016）。

片や，「オリエンタリズム」は権力をもつ支配者側である「西洋」から一方的に押しつけられるものではなく，「オリエント」側からの能動的な戦略の一つとしてとらえられるのではないかとの議論もある（竹内, 2016；濱野, 2014）。また，近代日本の成立にあたっては，「西洋」からみた異質な他者としての「東洋」のイメージである「オリエンタリズム」をあえて利用することで，自己文化の独自性を強調してきた部分がある（濱野, 2014）。このような，「他者からのオリエントなまなざしを通し自己イメージを表象する行為」（濱野, 2014：212）は，「セルフ・オリエンタリズム」とされる。

つまり，西洋人の体験をコンテンツ化することで，日本の伝統，文化を他者の視

線を通じて客体化し，「クール」なものとして再発見されたがごとく，コンテンツの視聴者の多くを占めると想定される日本人に向けて発信する『世界！』の様式は，まさに「セルフ・オリエンタリズム」的な自己表象であるといえる。本章ではこのような表象，事態を，「セルフ・クールジャパン」と名づけたい。

4　「クールジャパン」のまなざしの向こうに

　本章では，「クールジャパン」とは何かの検討，再考を目指し，まず，新聞記事の分析および政策動向をみつめることで，草の根的な「クール・ジャパン」期，戦略としての「クールジャパン」期，「クールジャパン」再考期という三つの浸透過程を明らかにした。次に，メディア・コンテンツにおける「クール」の表象について，日本のテレビ番組を例にその内容を分析し，西洋人の体験をコンテンツ化することによる「セルフ・クールジャパン」なる様式が採用されているのではないかと指摘するに至ったと同時に，政策と表象とのあいだの乖離も浮き彫りとなった。

　「クール」を自己演出する際に含まれない日本以外の「東洋」のまなざし——それは，文化的近似性ゆえなのか，それとも「クール」であることの国内の自意識を満たすための戦略なのか。さらなる追究が必要となろう。

●引用・参考文献
太田伸之（2014）．『クールジャパンとは何か？』ディスカヴァー・トゥエンティワン
観光庁（2017）．「平成29年版観光白書について」〈http://www.mlit.go.jp/common/001186623.pdf（最終閲覧日：2018年2月19日）〉
経済産業省商務・サービスグループ政策課（2018）．「クールジャパン政策について」〈http://www.meti.go.jp/policy/mono_info_service/mono/creative/180205CooljapanseisakuFeb.pdf（最終閲覧日：2018年2月19日）〉
鴻上尚史（2015）．『クール・ジャパン！？——外国人が見たニッポン』講談社
サイード，E. W.／今沢紀子［訳］（1993）．『オリエンタリズム　上・下』平凡社（Said, E. W. (1978). *Orientalism*. New York: Pantheon Books.）
竹内里欧（2016）．「オリエンタリズム」西村大志・松浦雄介［編］『映画は社会学する』法律文化社，pp.197-207.
堤　和彦（2013）．『NHK「COOL JAPAN」かっこいいニッポン再発見』NHK出版
濱野　健（2014）．「観光とセルフ・オリエンタリズム——観光事業にみる日本のナショナルな文化表象」遠藤英樹・寺岡伸悟・堀野正人［編］『観光メディア論』ナカニシヤ出版，pp.207-226.

藤田結子（2017）.「国境を越えるデザイナー──ファッション界における境界と競争」
　　藤田結子・成実弘至・辻　泉［編］『ファッションで社会学する』有斐閣，pp.232-
　　253.

Chapter

「歴史」をどこからみるか

『しまなみ誰そ彼』『織田信奈の野望』『ポプテピピック』から

玉井建也

1　歴史はどこにでも存在する

　学問に対し本格的に取り組んでいこうと考えたときに，悩むことがある。本章ではとくに歴史学を中心に考えるが，悩むことをおおまかにあげるとすると，研究対象と研究手法になるであろう。さらに条件を付加すると，メディア・コンテンツに関する歴史を考えるとなったときに困ってしまうことが多いのではないだろうか。なぜなら大学教員であれ博物館の学芸員であれ，歴史学に従事している人は「森羅万象に歴史はあります」とにこやかに，しかし大上段に言い放つのだから，言われたほうはたまらない。はたしてそれは昨日放送されたアニメにも通用することなのであろうか。週刊の少年マンガ誌で連載されている作品の最新話でも可能なのだろうか。もしかしたらいままさに生きているわれわれが享受している最新の作品は，いまに生きるわれわれだけのものであるがゆえに過去から連綿と続く時間的なつながりからは解き放たれているに違いない，と思うかもしれない。

　しかし，身近なエンターテインメントを事例として「これで歴史は考えられないだろう」と意気込んで質問しても，「きちんと研究すればできますよ」と回答が返ってくるのである。そして多くの場合，取り組んでみようとすると冒頭で述べたような研究対象と研究手法で悩んでしまう。いまここにある作品をどのようにすれば歴史学的に考察できるのであろうか。本章はそのような疑念と困惑を抱いた人に向けて，少しでもその苦労が減るように一緒に考えていく所存である。

2　場所から歴史を考える

　歴史的事象の受容は，いくつかのメディアを通じておこなわれる。教科書のように学校という公的空間で体系的に学ぶことが指標されるものだけではなく，アニメやマンガ，小説，映画，ドラマなどいわゆるコンテンツと呼ばれるものも存在しているであろう。つまり少なくとも社会的な生活を送るだけで，歴史自体に触れる機会は非常に多いといえる。そのなかでも歴史的であると直感的に想定されうる要素としては，場所・人物・事件をあげることができる。当然ながら，濃淡の差異はさまざまな様相で存在し，たとえば場所を考えるうえでも建築後200年が経過した建物と10年の建物とでは，その歴史的価値に変化が生じている。また単純に時間的経過の長短だけではなく，関係者が主体的に歴史的価値を見出しているかどうかにも依拠していく。

　このように場所から歴史的価値を見出していくことは，著名な史跡などを想定すれば非常にわかりやすいかもしれない。しかし場所と歴史の関係性は，ピンポイントで存在する史跡のみに集約するわけではない。史跡は史跡のみで認識されているわけではなく，その背景にはそれが成立するまでの歴史的な経緯が存在している。誰か（歴史的に著名な人）が何かをおこなった（歴史的に著名な出来事）ために，史跡として認識されるに至ったのである。その認識の回路が成立しているがゆえに，歴史的事象を描いたコンテンツを受容した人が博物館や史跡を訪ねるというツーリズムなどが発生するのだ（玉井, 2016）。しかしながら「森羅万象に歴史がある」ということは，著名ではない人が住んだ場所についても考えることができるはずだ，と思うかもしれない。

　たとえば徳川将軍でも新選組の誰かでもよいのだが，歴史的に著名な人の墓を訪れるという行為をする際に，認識の回路は歴史的人物と歴史的事件，そして歴史的な場所が連環し，情報として提供されていることになる。研究者や学芸員など多くの人の学術的成果により，その情報が消え去ることなくつながってきたがゆえに，数百年を経た現在においても，われわれはスムーズに目当ての歴史的場所にたどり着けるのだ。しかし逆にどれだけ時間的経過があった場所であろうとも，そこで生活した人の痕跡・記憶，沸き起こった出来事がつながり合うことなく忘れ去られていけば，そこに歴史的価値が見出されることはなくなっていく。

　ここで一つの事例を取り上げよう。鎌谷悠希氏の『しまなみ誰そ彼』（小学館，2019年3月時点で4巻まで刊行）は性的マイノリティである自分自身と周囲との関係

図 9-1　『しまなみ誰そ彼』
第 1 巻表紙（鎌谷, 2015）

に悩む主人公を中心に，さまざまな差別や偏見を描いたマンガ作品である。この作品のテーマである社会とマイノリティとの関係性を，彼らが存在する社会的・物理的な居場所という観点から見事に切り出した作品といえる。彼らが寄り集まる「談話室」という家屋は，尾道の町で実際におこなわれている「尾道空き家再生プロジェクト」をモチーフにしており，作中でも尾道の街並みが詳細に描かれている。さて，この作品を歴史学として考察していくには，どうしたらよいのであろうか。

　まず大前提として，主題となっているテーマからかけ離れることなく作品を考察する必要がある。そのため作品の背景として描かれている場所を具体的に取り上げて，その歴史的な経緯を説明すること自体は何かしらの文章を書くことはできるかもしれないが，必ずしもこの作品である必然性はない。しかし，なぜ空き家再生とこの物語が関連づけられているのかは，取り上げるべきテーマの一つであると考えられる。性的マイノリティに対する理解が徐々に広がってきていることはたしかに一般論としてはいえることであるが，作中で主人公が悩んでいるように，それが社会の隅々まで浸透しているわけではない。旧来から続く社会的認識，さらにいえば教室内という閉じられた社会的構造のなかでは，性的マイノリティであるという立ち位置が，主人公を苦しめ続ける。登場人物の一人が回想シーンで「明日，目が覚めたら，未来だったらいい。社会の価値観と人の意識だけが，少しだけ優しくなっているだろう，その時まで」（鎌谷, 2015：130）と述べる言葉は非常に重い。

　尾道という町は場所そのものが抱える歴史性が存在する。もちろん，その歴史性は政治的もしくは経済的な事例の積み重ねである場合も大きいが，この町のもう一つの特徴としてはフィクションで描かれ続けているということであろう。つまり映画や小説，アニメ，マンガによって尾道のイメージが生成され，消費され続ける場所でもある（玉井, 2009）。坂道が多く，また細い路地が入り組んでいる尾道は，とくに絵や映像をともなった作品として描く際に画面に対する多様性を見せつけることができる。起伏のない平地が続く場所や山村，漁村という固有性が高まる場所とは

違い，観光地でも居住地区でもあり，また地形的にも複合的である。しかしイメージの積み重ねは，現実世界との連関のなかで生み出されていくものでもある。尾道を描く多くの作品は，その内部に生きる人たちの視点で描かれる。それにより読者や視聴者の外側からの視点を，内側からの視点へと誘導することに成功しているといえるが，逆に尾道の変化に常に左右され続けることにもなる。この『しまなみ誰そ彼』で，空き家を再生し新たな場所をつくり出していることは，現実においても高齢化などによって尾道の町に空き家が増えており，その対応策がおこなわれていることに通じる。作中の登場人物たちだけではなく，尾道そのものが新たな場所を求めているのだ。つまり，尾道の実際の位置づけや，社会的状況が，そのまま主人公たちの立ち位置に重ね合わされている。その意義づけをおこなっていくこと，それ自体が学問の根本的な意義の一つではないだろうか。

　場所から歴史を考える場合，必ずしも場所・人物・事件がその歴史的経緯に結びついた形で，人びとの記憶・記録に残り続けているとは限らない。実際の作品を通じて考えていくには，そのつながりを見出していく必要がある。もしかすると時間的経過により，かえってそのつながりがみえにくくなっているかもしれない。しかし，それを探し出し，自分なりの意義づけをおこなっていくことが学問である。

3　作品から歴史を考える

　歴史オタク的な内容のフィクションを常日頃堪能している人からすると，前節で示したような場所との関係性は現実世界に直結しすぎるのではないかという不満を覚えるかもしれない。彼／彼女らはアニメやライトノベル，マンガなどの日常的に消費しているオタク的フィクション内で描かれていることを，ある程度のリアリティをもって楽しみたいと考えるだろう。その認識自体が歴史の全体像をきちんととらえられているかどうかは別にして，物事を考察するうえでの出発点としては実体験に立脚しているがゆえに自然といえるかもしれない。大学生が初めて歴史学を学ぶ際には，フィクションで描かれた歴史は史実とは違うと否定されることが通過儀礼のようになっていた。史料から史実を見出していくことが歴史学の基本である以上，そこに異を唱えるつもりはない。しかし歴史を考える場合，史実との異同のみに固執せずに，現象そのものを考えていくことも可能なはずだ。

　コンテンツを通じて歴史を考える場合に，史実かどうかという学問的な営みのみで把握していくことは，受け手側の視点を欠いているといわざるをえない。また

図 9-2　『織田信奈の野望』表紙
（春日 , 2009）

受け手と簡単に述べているが，彼らの活動は「小説を読む」といった単一メディアにとどまるものではない。岡本健は現実空間，虚構空間，情報空間の三つを概念化して，考察をおこなっている（岡本, 2016）。現実空間は人びとが生きる世界のことであり，情報空間はネットにより可視化され，さまざまなデジタル情報がやり取りされ，ユーザーが空間として認識している世界のことである。虚構空間は物語世界などの語句で換言可能な概念であるが，マンガ・アニメ・ゲーム・小説・映画など物語によって描かれる世界を指す。この三つのなかを受け手である人びとの認識・身体が行き来しながら，作品を消費していくこ

とになる。つまり歴史的事象を情報として受容している場合でも，さまざまな側面が存在し，その情報自体，情報の取得方法，情報の咀嚼方法が人によって個別多様な仕方で，かつ，空間を超えておこなわれているのである。この考えは決してコンテンツを考える場合にのみ有用なわけではない。先に歴史的事象を考えるうえでは，場所・事件・人物の連環が重要と述べたが，この要素に対して学術的に研究する場合とエンターテインメントやツーリズムとして消費する場合とでは当然ながら対象へのアプローチの仕方が異なる。消費する場合には，学術研究とは違い，さまざまな側面を消費し，その消費活動がさまざまな空間でおこなわれていく。

　春日みかげのライトノベル『織田信奈の野望』[1] は，アニメ化・漫画化されるなどメディアミックスがおこなわれた大ヒット作品である。作品の内容としては高校生の相良良晴が戦国時代と思われる時代・場所にタイムスリップするのだが，そこは戦国武将が美少女化した世界であり（正確には女性でも家督を継ぐことができる社会），そこで出会った織田信奈（史実としては織田信長）の家来として活動していくところから物語は始まる。主人公が最初に出会った木下藤吉郎が戦死してしまうため，

1）2009 年から 2013 年にかけて GA 文庫より 11 巻が刊行されたのち，2019 年 3 月時点で富士見ファンタジア文庫より本編 11 巻，短編集 3 巻，外伝 5 巻が刊行されている。また富士見ファンタジア文庫では GA 文庫で出された内容を新装版として再リリースしている。

彼の代わりに織田家に仕えていくことになる。物語の基本的な流れは，おおまかには史実と同様の進み方をしている。主人公が「微妙に違う点もあるが，ここはやはり戦国時代の日本らしい。だいたいのところは，戦国ゲームで仕入れた知識と合致していた。信奈はやはり尾張を支配する大名・織田家の世継ぎだった。歴史の教科書や戦国ゲームでは「織田信長」として登場するはずの人物らしい」（春日，2009：46）と述べているように，ここで史実との違いを確認する根拠となっているのは教科書でありゲームである。つまり学術的に史実を確認していくわけではなく，流布しているもしくは一般化されている知識をベースにしている。つまりは読者であるオタクの基礎的な知識をベースに描いていると考えられる。このこと自体を学問の敗北と考える必要はない。むしろ，この事象がどのような現象なのかを考えていくことに意義があるのだ。

　福間良明により「脱歴史化」という概念が提示されている（福間，2016）。作品内で描かれていた戦争が，時代を経るごとに歴史的事実がすべて描かれなくなり，私的領域が前景化するという理論である。これは戦争映画という特殊な事例かもしれないが，他作品に援用することは可能だと考える。織田信奈の場合，少なくとも歴史の教科書を学んでいるのであれば，すぐに「本能寺の変」というラストが読者には思いつくであろう。この点は主人公も同様で，ある程度物語が進み，主人公自身そして織田信奈の立ち位置が変化していくとともに，本能寺の変をいかに回避するかに注力していくようになる。このこと自体は逆説的に，歴史的事実に固執しているのではないか，と考えることが可能かもしれない。しかしエンターテインメントの場合，物語を動かすのは史実ではなくキャラクターである。そのキャラクターたちの思考や行動が物語の駆動となっている。つまり私的領域という家族愛や兄弟愛のようなもので作品を彩るのではなく，あくまでもエンターテインメントとして，キャラクターによって「脱歴史化」していくのである。

　コンテンツから歴史を考えることは非常に多様な側面を考慮に入れる必要がある。したがって史料から史実を導き出し，そこから意義づけをおこなっていく歴史学の基本的な作業とは相容れない可能性が大きい。だからといって学問とエンターテインメントのあいだに距離が存在していいわけではない。堀内淳一が「歴史研究の意義や必要性が理解されにくくなりつつある」（堀内，2017：33）と述べているような現状を直視し考えていく必要がある[2]。

2）ちなみに筆者の詳細な検討は玉井（2018）を参照のこと。

4 「さてはアンチだな，オメー」から歴史を考える

　歴史に特化した内容を描いている作品で歴史を考えるのではなく，日常的に享受している作品から歴史を考えることはできないだろうか，そこを研究の出発点にできるのではないかと主張したい人もいるかもしれない。日々，多くのエンタメ作品を浴びるように消費している人が，そのような発想になるのは当然のことだといえる。オタクと呼ばれる人にとっては，マンガ，ラノベ，アニメ，ゲームといったものが少なからず日常に入り込んでいる。そしてそれらのことを常時考えながら，何気ないふとした瞬間にすら「オタク的」なことを考え，日々を送っているのだろう。さまざまなコンテンツの多くが，いまという時代に生きる人びとにより制作され，いま存在しているメディアを通じて発表され，いまに生きる人びとが消費していくことを考えれば，作品が日常化していく過程において，研究の初発に思い浮かべるものが必ずしも歴史に強い関係性をもっているものとは限らない。

　本章を書いている 2018 年 1 月から 3 月にかけて大ヒットしたアニメとして真っ先にあげることができるのは，大川ぶくぶ氏によるマンガを原作としたアニメ作品『ポプテピピック』（TOKYO MX ほか，2018 年）であろう。「森羅万象に歴史がある」のであれば，当然，この作品から考えることも可能であるはずだ。

図 9-3　『ポプテピピック』表紙
（大川，2015）

　この作品の特徴の一つとしてあげられるのは，細部にまで反映されているパロディといえる。たとえばアニメの第 1 話だけを取り上げても，大ヒットした映画『君の名は。』のような誰もが見た瞬間にわかるものだけではなく，『クロノトリガー』のような著名ではあるが 20 年以上前のゲームであったり，80 年代の名作アニメ『青い流星レイズナー』であったり，時代にとらわれることなく，さまざまな作品が元ネタとして散りばめられている。もちろんそれだけではなく，ニコニコ動画などのネット文化をも反映しており，その元ネタは多岐にわたっている。そして受け手側もまた，多様な元ネタで構成された作品を視聴すると同時に，ほぼリアルタイムに元ネタ探

しがおこなわれ，SNSなどで絶えず公開・検証されていくことになる。

　したがって，この作品を考えるうえでは，元ネタを探し出して考察していくことが最初の手順になるだろう。そして元ネタ探しは，本気でおこなうと時間がかかり，細かい検討を重ねていくことになると作業量が膨大になる。しかしその元ネタ探し自体の意義はどのように考えられるのであろうか。すでに取り上げたが，フィクションを考えるうえで史実との異同のみを検討していくことに一定の意味はあれども，一定でしかないのではないか，という点と近しい問題だと考えている。繰り返し述べるように，史実を見出していくことは歴史学の基本的作業である。しかしフィクションで描かれている事象と史実との違いを指摘するだけでは，社会的意義はあっても学術的研究にはなりにくい。同じように元ネタ探しの意義自体は，元ネタを提示した以上のものにはなりえないだろう。作業をおこない，満足感を得ることはできるが，それは決して学問的な意義を見出せたことにはならないのだ。ネット空間でおこなった場合は，コミュニケーションやネット文化における社会的意義を見出すことはできるかもしれないが，学術的にはそこからさらに一歩踏み込んで考察していかなければならない。

　歴史学として『ポプテピピック』を考察していくにおいては，まずは大きな文化史の流れのなかに位置づけられるかどうかを考えていく必要がある。学問分野に関係なく，まずは先行研究を読み解くことが求められる。そしてその際にどのような問題意識をもっているかによって，この先行研究の見方とその先の広がりに差異が出てくる。『ポプテピピック』の場合は，米沢嘉博の『戦後ギャグマンガ史』（米沢，2009）や森卓也氏の『定本アニメーションのギャグ世界』（森，2009）などがあげられるであろう。これらの書籍の場合は，マンガやアニメといったコンテンツでのギャグに焦点をあてている。もちろん歴史的流れに関する考察も，時代による作品の意義づけもおこなわれているが，現在に至るまですべてが網羅されているわけではない。つまり，みずからが取り上げる作品をいかにこれまでの歴史のなかに位置づけるのかは，その先まで見据えてみずから構築していく必要がある。このように直接的に関連するものから，コメディやパロディ，笑いという別の切り口で考えることを志向するだけで，先行研究はまた違った様相をみせる。同じ作品を考察するとしても，研究者自身の問題意識により，先行研究は変容し，一連の流れのなかに作品をどう位置づけるのかの方法も変化するのだ。

　学生からよく言われるのが，「『ポプテピピック』を考えたいのだが，『ポプテピピック』を取り上げた先行研究がない」ということである。それは当然である。昨日

放送されていたアニメに関して，学術的に考察された文章が査読などを経てすぐに公開されることなど起こりえない。だからといって先行研究がないから好き勝手書いてよい，というわけではない。作品について考えるうえで，作品の意義を理論的に構築していくことになる。するとその意義づけをおこなううえでの理論を用いた先行研究は存在するだろう。その広さを身につけること，歴史の流れのなかで意義を見出すことが求められるのだ。ゆえに，「森羅万象に歴史はある」し，「どのようなものを取り上げても，歴史学的に考察していくことが可能」なのである。

●引用・参考文献

大川ぶくぶ（2015）．『ポプテピピック』竹書房

岡本　健（2016）．「あいどるたちのいるところ──アイドルと空間・場所・移動」『ユリイカ』48(12), 243–250.

春日みかげ（2009–）．『織田信奈の野望』ソフトバンククリエイティブ（第1–10巻）／KADOKAWA（第11巻〜）

鎌谷悠希（2015）．『しまなみ誰そ彼 第1巻』小学館

玉井建也（2009）．「「聖地」へと至る尾道というフィールド──歌枕から『かみちゅ！』へ?」『コンテンツ文化史研究』1, 22–34.

玉井建也（2016）．「物語文化と歴史イメージ，コンテンツツーリズム」『東洋文化研究』18, 57–80.

玉井建也（2018）．「歴史と空間をめぐるコンテンツ」辻　大和［編］『東アジアの歴史イメージとコンテンツ』（調査研究報告第64号）学習院大学東洋文化研究所，pp.14–24.

福間良明（2016）．「「断絶」の風化と脱歴史化──メディア文化における「継承」の欲望」『マス・コミュニケーション研究』88, 55–74.

堀内淳一（2017）．「「歴史コンテンツ」と東アジア」歴史学研究会［編］『歴史を社会に活かす──楽しむ・学ぶ・伝える・観る』東京大学出版会，pp.25–34.

森　卓也（2009）．『定本アニメーションのギャグ世界』アスペクト

米沢嘉博（2009）．『戦後ギャグマンガ史』筑摩書房

Chapter

10

秋葉原の消費文化の変容と葛藤

「メイドカフェ」「地下アイドル」から見る
オタク文化のリアリティ変容を中心に

須藤　廣

1　秋葉原に拡がる趣味の「世界」

　筆者が高等学校を卒業後，上京してすぐ向かったのは秋葉原の電気街であった。アパートに置く家電を揃えるためである。当時，家電の「三種の神器」はまだ，テレビ，洗濯機，冷蔵庫であった。JR 秋葉原駅を降りれば，「三種の神器」を筆頭に白物家電で家庭を飾るといった，日本人が共有する「大きな物語」がそこにはあった。大量生産大量消費，そしてそれを可能にする経済成長という体制に組み込まれた秋葉原がまだ存在していた。付け加えれば，1928-1989 年まで，秋葉原駅前に大きな場所を占めていた神田青果市場（跡地には現在 UDX ビルなどが立つ）も家族を支える食に関する「大きな物語」の一翼を担っていた。

　現在の JR 秋葉原駅を電気街口から一歩外に出れば，そこには多種多様でカオスな世界が広がる。外国人観光客以外の「観光客」（一見さん）も多く集まる。駅前でオタ芸の練習をする一団もいる。夕刻には，禁止されているはずの路上ライブを決行する「ミュージシャン」もいる。E. ゴフマンのいう互いに「儀礼的無関心」を貫き通すことが，趣味という「小さな物語」に分化したこの街の礼儀であり，多くは立ち止まらずに通り過ぎてゆく。鉄道模型を求める者，フィギュアを買いそろえようとする者，ジャンク・パソコン用品を買いに来た者，最新の VR ゲームを試しに来た者，好みのジャンルの同人誌を探す者，中古の美少女ゲームやアニメソフトの売買に来た者，お気に入りのメイドカフェに行く者，地下アイドルライブに「参戦」する者，コスプレの衣装を探す者もいる。いまやこの街は「グルメ」の街としても知られている。いや，まだ表面化されていない新しい「世界」もいくつかつくり出

され，そこに人びとが集まってきているのかもしれない。たとえば 2014 年 10 月には，この街の裏手で，「イスラム国」（ダーイッシュ：ISIS）の「戦闘員」がリクルートされていたという事件まであった[1]。

「観光客」（一見さん）も含めて，この街に来る者の多くは自分独自の「趣味」の世界を求めているのだろうことは理解できても，その趣味のジャンルは幾多にも及び，外見だけでは区別がつかず，また彼らが吸い込まれてゆくビルを外から見ただけではその目的はわからない。秋葉原は「趣味」の街だとしても，その趣味のジャンルは無数にあり，店を中心に，それぞれが多様な「世界」を理解し合っていても，ジャンルが違えば，互いにほとんど関心を共有することはない。そして，多岐に分化した趣味の世界は，大量生産大量消費型のビジネスモデルとは異なる生産や消費，流通の仕方を有している。この新しい文化の向かう方向は，日本全体の文化消費とそれがつくり出す人間関係の傾向を暗示している。

とくに，1990 年代から 2000 年代にこの街がさまざまな理由で注目を浴びたことから浮かび上がった，多様な「小さな物語」に分岐した「世界」としての秋葉原の様子がさまざまなメディアで描かれてきた。紙幅に限りがあるので，ここでは 2000 年以降にこの街で増加したと思われる「コト消費」と分類される文化の特徴を，2000 年以降の「萌え文化」に焦点をあて，そのリアリティの特徴を中心に検討してみようと思う。

筆者は 2013 年から 2015 年までの約 2 年間，秋葉原の街の外れの外神田（秋葉原の街のほとんどは「外神田＊丁目」という地名である）に部屋を借り住んでいた[2]。外神田という地名も昭和になってから生まれた地名で，その前は「神田＊＊町」と呼ばれ，現在でもその町名をもとに地域社会が形成され，季節の祭などが頻繁におこなわれている。私が住んでいたアパートの近くには神田明神があり，近所にはその氏子も多く，神社との伝統的な絆は依然強い。秋葉原駅前にあった青果市場の元関係者も，依然多く外神田に住んでいる。そこからわかることは，この街には，消費者あるいは観光客の「世界」のほかに，ここに住み着く住民の「世界」と生業が存在し，それが秋葉原の「趣味」の世界と交錯している。住民視点でみる秋葉原の街は，どちらかというと葛藤の町なのである。公でもマスでもなく，「個」というより

1）『産経ニュース』（2014 年 10 月 6 日）〈http://www.sankei.com/affairs/news/141006/afr1410060103-n1.html（最終閲覧日：2018 年 3 月 15 日）〉
2）現在でも家族の一部は住んでいるため，町内の祭や行事などには顔を出している。

は「私」の文化が花咲き，消費者が表現者の一部になったこの街は，それゆえの葛藤を抱えている。

2　多元的現実と私秘化

　フィクションは「現実」ではないのかと問われれば，私たちは「現実」ではないと答えるだろう。しかし，私たちは小説を読むときには小説の「現実」に没頭し，映画を見ているときには映画の「現実」に心を奪われ，ときに感動で涙が溢れる。化学の実験室で試験管を相手に物質の化合を観察しているときには，（専門的な化学者であれ，できの悪い高校生であれ）化合した物質という「現実」を目の前にして物質をいつもとは異なった視点から解釈し，それを真実ととらえるだろう。眠っているときに見る夢も，見ているあいだは「現実」だと信じている。

　このように，私たちは同一の身体をもちながらも，一定の物質的環境に規定されることで，経験する「現実」は多様なものとなる。人間はこの「多元的現実」を，そのときの重きの置き方や関連性のあり方によってチャネリングしながら生きている。A. シュッツによれば，私たちは「同一の対象についてさえさまざまに異なる思考をしがち」（シュッツ, 1980：70）であり，またその思考における重点は，原則的に絶対的見地とか実用的見地とかとは関係なく，主観的に取捨選択されるという（シュッツ, 1980：70-71）。こういった多元的な「現実」の一つひとつを，シュッツは「限定的意味領域（finite province of meaning）」あるいは「下位世界（sub-universe）」（下位宇宙）と呼んでいる。

　幾多にも重なり，分岐した「現実」は同等の資格をもつものなのだろうか。いくつもの「現実」を渡り歩く経験をする現代人（とくに，「フィクション」を「現実」の一つとして生きる「オタク」たち）にとっては重大な関心事である。シュッツは物理的条件のなかで他者と意味を共有して生きる日常世界を「至高の現実（paramount reality）」とし，ほかの「現実」から分けて特権化した。

　P. L. バーガーはシュッツのいう「多元的現実」における，「至高の現実」である日常世界の現実をも，さらに相対化してみせた（バーガーほか, 1977）。バーガーにとって物質的基盤をもった「至高の現実」だけでは，意味を求める人間の統一的な「現実」とはなれない。現代では「至高の現実」さえ複数化し，それは「ホームワールド」としての存在とはなれないのである。

　バーガーの「日常世界」の複数化の理論に，われわれはさらにインターネットの

世界を加えなければならない。インターネット・コミュニケーションにより構築された意味世界は「至高の現実」たりえないのだろうか。私たちの「至高の現実」は崩壊寸前にあるともいえる。インターネット環境のなかで私たちは，いままでとは異なる日常世界の構築の仕方をしているのかもしれない。

　バーガーの「多元的現実論」の要諦は，日常世界という「至高の現実」が統一的意味を失い，「公的領域」と「私的領域」に分裂したこと，また「安住の地の喪失（homelessness）」感から，個人的意味を求める「私的領域」が拡大したことにある（バーガーほか, 1977：213-216）。現代人は私的領域にこそ意味を求め，そこに自らのアイデンティティを探す。「私的生活の透明さによって，人は公的生活の不透明さに耐えうるようになる」（バーガーほか, 1977：216）からである。また，「自分から進んで選んだ，数の限られたきわめて意味ある人間関係が「外界」の，多相関的現実に対抗する情緒的拠点となる」（バーガーほか, 1977：216）。バーガーはこれを「私事化（privatization）」（バーガーほか, 1977：211-232）と呼ぶのであるが，宗教の世界でさえも（たとえばオウム真理教がそうであったように）固定した統一性を維持できずに「私事化」，すなわち私的に創作される。バーガーによれば，現代社会においては，こうして「自分でつくりましょう」的宇宙（"do-it-yourself" universe）が広がるという。インターネット上でのコミュニケーションによる人びとの意味の共有のあり方は，このような「私事化」を強化するのではないかというのが筆者の仮説である。

　本章で取り上げる秋葉原の世界とは，現実の「複数化」が進み，極度に「私事化」した「自分でつくりましょう」的宇宙が広がった世界である。筆者はバーガーの privatization の訳語の「私事化（「私生活化」と訳されている個所もある）」を「個人化（individualization）」と区別する意味を込めて，「私秘化」と呼びたい。人びとは決して「個人化」したわけではなく，私的なコミュニケーションによって日常世界の意味を多元的に構築するようになったと考えるからである。以下，「私秘化」というタームをキーワードとしながら，秋葉原の街の特徴を検討してゆく。

3　秋葉原の「私秘化」の過程

3-1　アニメ，ゲーム，同人誌

　秋葉原が電気街から「電源不要」の「趣味」の街へ，さらに参加しパフォーマンスする街へと変容した決定的な時期について，秋葉原研究者や評論家は 1990 年代をあげることが多い（藤山, 2004, 2006；森川, 2003）。藤山によれば，秋葉原が「萌え

る」[3] 街になったきっかけはアニメとゲームにあるという。アニメもゲームも電気製品との関連性をもっている（藤山, 2006）。1990 年代前期，熱狂的なアニメファンが利用するソフトは情報処理量の低い VHS や DVD（当時はまだ普及していない）ではなく，レーザーディスクであった（藤山, 2004）。当時，秋葉原には中古レーザーディスクを扱う店が急増する。Windows 95 が発売されたあとは，アニメ（多くはアダルトアニメ）ファンと PC とのつながりも，たんなる作画やスキャンといった用途に使うだけではなく，インターネットの利用を介していっそう強化されてゆく。自分の好きな画像を T シャツにプリントするなど，「自分でつくりましょう」的宇宙は，PC をとおしてアニメファンのものとなっていった[4]。

さらに，PC と親和性をもっていたのがゲームであった。秋葉原ではとくに，美少女ゲーム（ギャルゲー）が多く出回っていた[5]。ネット販売の普及にともなって，減少する PC 専門店とは反対に，「リバティ」「アニメイト」「ゲーマーズ」といったマンガ・アニメ・ゲームの専門店が，それぞれの専門性を生かしながら，秋葉原の中心街である中央通り周辺に支店を増やしていった。こうして，PC の販売は，秋葉原のソフト系「萌え」産業へとつながっていった。フィギュア，ガレージキット，ドールやカードゲームなどのオタク系専門店が秋葉原駅前を陣取る旧秋葉原ラジオ会館に急増していったのも，1990 年代後半から 2000 年代前半にかけてである（森川, 2003：51-53）。

さらに 1990 年後半に秋葉原で急成長したのは，同人誌市場である。これは，おそらく同人誌が（エロ）ゲームやアニメをパロディ化したものが多かったためと思われる（藤山, 2004：235-253）。同人誌の存在が一般に知られるようになったきっかけは，毎年お盆と年末に 50 万人以上の「参加者」が集う，コミケ（コミックマーケット）の開催である。コミケでは，早朝から並ばないと買えない人気同人誌が多々売られている。これらの同人誌の一部は，コミケで売られた次の日には秋葉原の「コミックとらのあな」など同人誌販売店の店頭に並ぶ（コミケとは関係のない委託販売などもあるが）。同人がつくるゲームソフトも存在する（『月姫』が一時有名になった）。

3）「萌える」の定義は難しい。たんに「可愛い」や「好き」という意味のこともあるが，多くは「対象に深く没入したくなる感情」を指している。
4）1989 年に発生した東京・埼玉連続幼女誘拐殺人事件がその後のアダルトアニメの一時的停滞を生んだが，その克服は早かった。
5）「エロゲー」といわれるアダルトゲームの類はギャルゲーが出回る以前の 1980 年代から秋葉原で売られてはいた。

アニメやゲームの世界はもとより，二次創作が主である同人誌の世界は，消費者が生産者へと変わる場合が多く，「自分でつくりましょう」的パフォーマンス性がより強い世界である。

3-2 メイドカフェと参加型パフォーマンス

2000 年代から秋葉原で目立つようになった消費文化の一つにメイドカフェ（コスプレカフェまたはコスチュームカフェとも呼ばれる）がある。メイドカフェの起こりは，同人誌と同様，美少女ゲームの二次創作である。秋葉原で最初のメイドカフェは，コミック・アニメ・ゲームなどの専門店「ゲーマーズ」を展開する株式会社ブロッコリー（以下，ブロッコリー）が中央通り付近に開いた「Café de COSPA」であった。厳密にいうと，このカフェはメイドカフェとは異なり，2001 年版の『秋葉原攻略ハンドブック』（メディアワークス, 2001）において「Café de COSPA」はコスプレ喫茶として紹介されている。2001 年に経営権を獲得した株式会社コスパが，店名を「Cure Maid Café」と名を変え，現在もひっそりと存在する。このメイドカフェは，1998 年に東京ビッグサイトで開催された「東京キャラクターショー」のブースとして，ブロッコリーが出店した美少女ゲーム『Pia キャロットへようこそ!!』の世界を再現した「Pia ♥ キャロットブース」のコンセプトをモデルにしている[6]。すなわち，秋葉原最初のメイドカフェは美少女ゲームの世界の再現であり，その二次創作でもある。また，これはコスチューム（「Pia キャロットレストラン」の場合は店員のややセクシーな制服）が売りもののカフェで，メイド服はそのなかで，もっとも人気があったものである（池田, 2017：239）。ブロッコリーから「Café de COSPA」の運営権を引き継いだ株式会社コスパはコスプレグッズのメーカーであったことからも，メイド服をコスプレの一種として取り入れたことがわかる。

この後 2002 年に，PC ショップ T-Zone が立ち上げた「Mary's」（同年「Cafe Mailish」に店名変更）がメイド服を前面に出し，さらに従業員ごとにキャラを割り振ったコスチュームカフェ（昼はメイド服，夜はコスプレで客を迎える）を開店する（メイドカフェブック制作委員会, 2005）。こうして次第にメイド服が一般化するが，とくに，2005 年 7 月にテレビドラマ化された『電車男』のロケに秋葉原のメイド喫茶「ぴなふぉあ」が使われたこともあり，セクシーなメイド服のイメージが秋葉原の

6）ブロッコリーはこのショーの後，1999 年に 2 回ほど期間限定で，自社が経営するゲーマーズ秋葉原店にて「Pia キャロットレストラン」を開店営業している。

アイコンとして広まり，第一次メイドカフェブームが到来する。2006年1月には約30店舗が中央通り西側に集中して展開していたと報告されている（藤山，2004：103-104）。しかしリフレクソロジーを取り入れた怪しいサービスをする店が増えたことや2008年の秋葉原通り魔事件の影響もあり，2008年近辺でメイドカフェブームはいったん収束する（池田，2017；鈴木，2012）。

　この後，店員と客の双方が参加することでパフォーマンスの度合いを高めるようなメイドカフェのモデルとなったのが「めいどりーみん」である。この「めいどりーみん」が，「お帰りなさい，ご主人様」「美味しくなあれ，萌え萌えキュン」といったステレオタイプ化した表現を増幅させ，さらに客の演技を動員することで，非日常感のあるパフォーマンス空間をつくり出すサービスをメイドカフェの定番とした。開店にあたっては，非日常の異世界を演出するディズニーランドのコンセプトを参考にしたという（鈴木，2012）。来店を「入国」と表現し（入国料も取るのだが），客に参加を促す演技で場を盛り上げる。店員による歌やダンスのライブショーで客を異世界に誘い，店員をアイドル，客をファンとして位置づける。また，ディズニーランドのキャストと同様に，店員は3段階でランクづけされ，チェック項目をクリアすることでランクが上がっていき，第二段階でライブステージに上がることができ，第三段階で店のリーダー格になれる。ランクごとに制服が異なることが店員のプライドにつながるようだ。2013年にアルバイトとして働いていたAさんによれば，給料はほかのアルバイトと同等くらいでも，上のランクの店員が下のランクの店員を教育するシステムがうまく機能しており，さまざまな客に臨機応変な対応をするサービスに，店員は案外やりがいをもって臨んでいたという。客も従業員も同様に，「世界」づくり，あるいは自分のアイデンティティづくりへと参与しつつ，そこにやりがいを見つけるというパフォーマンス型のシステムが，メイドカフェというシステムのなかで成立していったのである。「めいどりーみん」は現在秋葉原に7店舗（海外も含めて全部で16店舗）展開している。現在の秋葉原にあるメイドカフェ（コスプレカフェ）の多くが，「めいどりーみん」の成功を目の当たりにしたことで，参加型，パフォーマンス型に移行している。こうした参加型カフェを数多く生み出しながら，第二次メイドカフェブームは現在も続いている（2018年頃からはガールズバーと見紛う店も増えている）。

3-3　地下アイドル・ライブハウスと参加型パフォーマンス

　メイドカフェにみられるような，客を巻き込んだ参加型パフォーマンスをさら

に過激にし，それを売りものにしているのが地下アイドルのライブハウスである。「地下アイドル」の定義は，メジャーなメディアに露出することがない「インディーズ・アイドル」のことであるが，その一番の特徴は固定のファンをもち，ファンがアイドルを育てるという構造が成立していることである（姫乃, 2017：54-55）。メイドカフェの多くもメイドによるショーをおこなっており，メイドがファンをもっていることも多く，老舗メイドカフェの「@ふぉ〜むカフェ」からアイドル「@17」が実際に生まれた事例もある。また，「でんぱ組.inc」や「妄想キャリブレーション」など有名どころの「地下アイドル」を生み出したライブハウス「ディアステージ」は，アイドルたちの職場でもあるメイドカフェを併設している。また，2013年から2016年まで，ドラッグストアに併設されていた，200名規模のライブハウス「AKIBAドラッグ＆カフェ」は通常時はメイドカフェを営業していた。こうしたことからパフォーマンス型のメイドカフェのコンセプトと地下アイドルのコンセプトが通底しているのがわかるだろう。

　秋葉原に「地下アイドル」が生まれた第一の理由に，2000年代初頭から秋葉原の電気店を中心にアイドルイベントが広くおこなわれていたことがあげられる。2005年版『Akiba Walker』（角川書店, 2005年）には，「ヤマギワソフト館」「石橋電気SOFT1」などでのイベントの様子が紹介されている。第二には，2008年まで続いた中央通りの歩行者天国における路上ライブが地下アイドル文化を醸成していたことである（姫乃, 2017：50-52）。第三には，2005年12月に開設されたAKB48劇場の存在である。ここから育ったAKB48も，公開初日のステージには一般の観客がわずか7名であったという話はよく知られている。また，「会いに行けるアイドル」という直接的コミュニケーションに基づくファンの参加を求めるAKB48の出発点は，「地下アイドル」の文化を色濃くもつものであった。

　先に取り上げた，地下アイドル・ライブハウス「ディアステージ」が設立されたのは2007年であり，規模は小さいものの，AKB48劇場の成功に刺激されたものであったことが推測される。ライブハウス「ディアステージ」の客席は狭く，ステージの目の前にある立ち席のみで，ステージで歌い踊るアイドルと客との心的「距離」は文字通り近く，アイドルのパフォーマンスとファンのパフォーマンスが一体となり重なり合っている。その後も「地下アイドル」ライブハウスの開店は続き，2012年には200人規模のTwin Box AKIHABARA，2013年には300人規模のAKIBAカルチャーズ劇場と次第に規模も大きくなっている。2013年にオープンした400人規模の秋葉原P.A.R.M.S劇場は，アリスプロジェクトの常設劇場であり，毎日昼

夜2回，アリスプロジェクトに所属する数々のユニットが出演し，一糸乱れぬ陣形で「オタ芸」を踊るファンを交えて，文化の生産者と消費者の境界が溶解した激しいパフォーマンスを繰り広げている。そのほか，2010年代には，前述の「AKIBAドラッグ＆カフェ」など数々の中小規模のライブハウスも生まれ，ファンの応援と参加が前提の形式が定着していった。このように秋葉原の地下アイドル文化は電気店やメイドカフェとの関係も深く，現在，秋葉原の「萌え系」サブカルチャーの重要な構成要素となっている。

3-4　私秘化されたパフォーマンス文化と秋葉原

　森川は，東京の都市開発が，戦後期から1970年代までの「官」主導の時期から，1980年以降の「民（間）」主導の時期へと移行したという。しかし，1980年代後半以降の秋葉原の街は，「民（間）」主導の開発へ至る力よりも，「個」による街の文化づくりの力のほうが勝り，「個」主導の街，すなわち個人の「趣味」が突出する街へと特殊変貌したという（森川, 2003 : 231-265）[7]。

　秋葉原の街の性格が「個人」主体で形成されていることに関しては筆者もその視点を共有するが，秋葉原の文化の形成の仕方は，個人が独立する方向で進む「個人化（individualization）」というよりも，私的なものを中心に個人が狭い範囲内でコミュニケーションしながら連帯をつくり出す「私秘化（privatization）」へ進んだと筆者はみる。ここではとくに，2000年以降この傾向は生産者と消費者，店員と客，ステージの上と下との境界が曖昧になったことで，両者を動員し，参加を促すパフォーマンス型のアーキテクチャー，またはプラットフォームができあがりつつあることを，メイドカフェの発展と地下アイドル・ライブハウスの興隆について述べるなかで明らかにしてきた[8]。

　経済成長と家電に囲まれた家族の幸せという「大きな物語」を代弁してきた秋葉原の街は，「国民共通の夢」という文化をもっていた。しかし，1990年以降家電量

---

7) この森川の著書は2003年に書かれたものであり，2005年に開業した秋葉原ダイビル，2006年に開業した秋葉原UDXビルなど，官民が一体となった「秋葉原クロスフィールド」の開発には触れていない。しかし，この開発以降も秋葉原の中心は依然中央通り近辺にあり，街の性格と魅力がこの開発によって削がれたわけではなく，森川の分析は現在でも生きていると考えられる。
8) 地下アイドルとそのファンの実態についての調査を現在進めているが，ここでは紙幅が限られているため，別の機会に論じたい。

販店が郊外に移転し，さらにオンラインショップの出現によって，商品を陳列する店舗さえ不要になりつつある。PC（とくに中古やアウトレット）や PC 関連商品を扱う店は依然残るものの，現在この街の文化の主流とはいえない。秋葉原では PC 由来の文化が，2000 年以降，ゲーム・アニメ・同人誌→メイドカフェ→地下アイドルというように展開してきた過程をここではみてきた。この変容の過程は「大きな物語」から「小さな物語」へ，あるいは「公」の（公的に共有された）物語から「私」の（私的に共有された）物語への変容の過程であることを主張した。

　私秘化された文化は，決して反社会的なもの（あるいは社会批判的なもの）ではなく，非社会的なものである。そして，とくに秋葉原のそれは，消費者参加型のパフォーマンス性をもつ。その文化の特徴が顕著に表れているものが，生産者（サークル）と消費者（客）の境界が（原則として）なく，すべてを「参加者」と呼ぶコミケの文化である。しかし，このサークル的文化が，コミケの会場であり，メイドカフェの原型が生まれた東京ビックサイトから秋葉原という街へと進出したときに，この自律的性格は変化を余儀なくされる。森川が秋葉原の未来に「私」→「民」への遡行を予感したように（森川，2003：262–264），「私秘化（privatization）」は「民営化（privatization）」へと容易に回収される。秋葉原の文化がメイドカフェや地下アイドルカフェへと移ったときに，この特徴は顕著になったと筆者は考える。すなわち，消費者の私的エネルギー，そこで働く若者たちのエネルギーが，「大きな物語」なき後のリキッド化した「アイデンティティ」の埋め合わせとして動員されるからである。

4　「伝統文化」と「萌え文化」の共存について

　2 年に一度，一日だけ，私的で「小さな物語」に満ちた秋葉原に「公」的で「大きな物語」が蘇り，姿を見せるときがある。秋葉原一帯（台東区域は除く）はもとより，日本橋，神田など，江戸城下「下町」百八の町内（旧町名）が参加して祝う神田明神「神田祭」である。祭の日には，秋葉原の中心，中央通りが数えられないくらいの神輿で埋め尽くされる。この日ばかりは，秋葉原の「ジャンク通り」「メイド通り」にも神輿が入り，普段は「私秘化」され深く細分化された意味世界が伝統的な「公」の世界に統一される。秋葉原（外神田）一帯の「場所性」の奥底には，「公」の層が存在している。神田祭ほど目立たないが，8 月には秋葉原の「萌え」文化の中心街にある「芳林公園」で，原則的に住民以外の客の立ち入りを禁止して盆踊りが

開催される（このほか，地域では季節ごとの行事も多い）。普段でもこの「芳林公園」
は子どもの遊び場として，一定の時間，地域の子ども以外は閉め出される。「公」の
層が依然強く存在する外神田に，非常に「私」的な趣味の側面が強い文化が重なり
合い存在している。「私」と「公」は互いに棲み分けようとしているともいえるが，
葛藤もときどき頭をもたげる。「公」の側面を強調する古くからの住民は，「私」的
な趣味文化が引き起こす（と住民が解釈する）奇怪な事件に心穏やかではない。

　2008 年の 6 月に中央通りで起こった「秋葉原通り魔事件」を筆頭に，2009 年に
は「新橋ストーカー（秋葉原耳かき嬢）殺人事件」「メイド暴行事件」，2013 年と 2014
年には「メイド喫茶強盗事件」などの事件が発生した。風俗店まがいのサービスを
提供するメイドカフェも問題となった。どの事件も秋葉原の萌え文化が直接の原因
とはいえないものの，地元町会は深刻に受け止めていたようである。2008 年の事件
以降中止されていた中央通りの歩行者天国も，地元の要請で休止されていたのだが，
2011 年にパフォーマンス禁止を条件に，ようやく地元住民の監視のもとで（監視カ
メラなども増強して）再開された。

　秋葉原が「電気の街」から（猥雑な部分をもった）「趣味の街」へと変貌を遂げたこ
とに，地元住民はどう適応すべきか逡巡しているというところが現状であろう。し
かしながら，伝統的絆の核となっている神田明神では 2015（平成 27）年および 2017
（平成 29）年の「神田祭」のポスターの一部に，秋葉原地区が舞台のアニメ『ラブ
ライブ！』の絵柄を使っている。境内では『ラブライブ！』お守りやドリンクも販
売され，販売時には「ラブライバー」の長蛇の列ができた。町内住民，氏子たちの
反応はさまざまであるが，反対意見を口にする住民もおり，場所の意味を共有する
はずの「伝統文化」に，私的な「萌え文化」がどの程度定着し，地元の住民がどの
程度納得するのかは未知数である [9]。「私」文化が「民」へ遡行することはあっても，
「公」へと遡行することはありえず，「私秘化」された文化と「公」の文化の間でど
の程度棲み分けをおこなうのかを考えることが，現実的な解決方法なのかもしれな
い [10]。しかし，棲み分けという文化の分断は，住民の分断を生むリスクをともなっ
てもいるのである。

9）2016 年から地元の盆踊りとは別に，神田明神を会場に，サブカルチャーエンタメがあり，
　　秋葉原のメイドも参加する盆踊りが開催されているが，地元の反応はあまりよくないよ
　　うだ。
10）秋葉原の裏道には「住民以外立ち入り禁止」の掲示がある個所が多々ある。

●引用・参考文献

『Akiba Walker '05』(2005)．角川書店

『秋葉原攻略ハンドブック』(2001)．メディアワークス

池田太臣 (2017)．「オタク女子の「ホーム」――オタク的自己の承認の場としてのメイ
　　ド喫茶」吉光正絵・池田太臣・西原麻里 [編著]『ポスト「カワイイ」の文化社会学
　　――女子たちの「新たな楽しみ」を探る』ミネルヴァ書房，pp.233-262.

シュッツ，A. ／桜井　厚 [訳] (1980)．『現象学的社会学の応用』御茶の水書房（Schütz,
　　A. (1964)．*Studies in social theory.* The Hague: M. Nijhoff.）

鈴木雄一郎 (2012)．「秋葉原知財研究会」(講演記録)

バーガー，P. L.・バーガー，B.・ケルナー，H. ／高山真知子・馬場伸也・馬場恭子 [訳]
　　(1977)．『故郷喪失者たち――近代化と日常意識』新曜社（Berger, P. L., Berger, B.,
　　& Kellner, H. (1973)．*The homeless mind: Modernization and consciousness.* New
　　York: Random House.）

姫乃たま (2017)．『職業としての地下アイドル』朝日新聞出版

藤山哲人 (2004)．『萌える聖地アキバ――秋葉原マニアックス』毎日コミュニケーショ
　　ンズ

藤山哲人 (2006)．『萌える聖地アキバリターンズ――秋葉原マニアックス』毎日コミュ
　　ニケーションズ

メイドカフェブック製作委員会 [編] (2005)．『メイドカフェ・スタイル――お帰りなさ
　　いませご主人様』二見書房

森川嘉一郎 (2003)．『趣都の誕生――萌える都市アキハバラ』幻冬舎

Chapter

2.5 次元的空間の創出と課題

舞台・テーマパークにおける『ワンピース』世界観の構築

須川亜紀子

1 メディアミックス時代のキャラクターと声

メディアミックスについて，スタインバーグ（2015：16）は「キャラクターやストーリーがメディアを横断すること」と端的に述べている。彼はとくに手塚治虫のマンガキャラクター『鉄腕アトム』のアトムのメディアミックス展開について論じたが，メディアミックス現象は日本独自のものではなく，とくにアメリカではディズニーや『スターウォーズ』に代表されるように，キャラクターとストーリー（物語世界，または世界観）を，映画，テレビ，アニメからお菓子やフィギュアにいたるまで，あらゆるメディア媒体で目にすることができる。だが，大塚（2017）が指摘するように，アメリカのドナルドダック，日本の『翼賛一家』など，戦時下においてはメディアミックス戦略を利用し，キャラクターと世界観（または「物語設定」）が，オーディエンス／ファンの「自主的な」創作活動によって，国体に寄与する方向へ導く機能ももっていた。娯楽を通じたメディアミックスが，国境を越えた他者理解を促進させる一方，ときにはナショナルな感性を集合的に構築してしまうことにも留意する必要がある。

1990年代後半からのインターネット，ソーシャルメディアの普及によって，無数のコンテンツが多メディアプラットフォームによって共有されるようになった。この技術的発展を背景にキャラクターと世界観の求心力がますます増殖している。そもそもここで問題となる「キャラクター」とは何だろうか。キャラクター論は，マンガ表現論における図像を中心として議論が発展してきた（伊藤, 2005；小田切, 2010；岩下, 2013；さやわか, 2015）。本来物語に従属する登場人物という意味で使

用されていた「キャラクター」（もしくは「キャラ」）は，物語から自由になり，「物語世界（世界観）」を多かれ少なかれ保持したまま自律した存在として，私たちの周囲に確実に身体性をもって存在している。伊藤（2005）は，「キャラ」と「キャラクター」を丁寧に整理し，「キャラ」は，比較的簡単な線画の図像で描かれ，固有名をもつ（またはもつと期待される）ことで「人格・のようなもの」として存在感を感じさせるものとし，「キャラクター」は，その「キャラ」を基盤として「人格」をもった身体として表象され，人生や生活が感じられうるものとした。小田切（2010）は，伊藤や英国の小説家フォースター（E. M. Forster）の議論を踏まえ，キャラクターとは「「意味」，「内面」，「図像」の三要素からなる複合体」（小田切, 2010：119）と考え，「名前と構成要素の一部で同一性が担保されていれば拡張や変形がいくらでも可能」（小田切, 2010：125）だとして，メディアミックスが常態化した現代におけるキャラクターの自律性を説明するのに，非常に有効性のある定義をしている。さらに岩下（2013）は，主に手塚治虫の少女マンガにおける表現に関して，伊藤の「キャラ」概念を「キャラ図像」と「キャラ人格」とに区分し，意味するもの，意味されるものの相互関係において，キャラクター（登場人物）が「内面」を獲得するメカニズムを論じている。さやわか（2015）はこれらの議論をたんなるコンテンツのなかの静的なキャラクター分析にとどまらせるのではなく，あらゆるメディアとオーディエンス／ファンの相互作用のあいだで起きている動的な実践において論じている。そのなかで，詳細な設定がないゆえに，ファンの想像を掻き立てて二次創作の二次創作，つまりN次創作のなかで構築された初音ミクを例にあげ，「どのような物語も受容できる白紙の存在」（さやわか, 2015：20）という特徴をあげている。キャラクターは，メディアミックスにおける公式商業メディアだけでなく，非公式メディア（ファンによる活動全般）において，成長し続けるのである。

　だが，伊藤ら（2016）自身が指摘するように，これまでのキャラクター論では，主にマンガにおける図像表現を土壌としているために，映像における声（声優）の身体性について十分な議論がなされてこなかった。「2.5次元舞台」に代表される「2.5」とは，もともと声優を意味しており，声優は虚構のキャラクターに身体性と人格（内面）を与える架け橋のような役割を果たしてきた（Nozawa, 2016：170）。本章では，図像（可視化された身体），意味，人格（内面）をつなぎとめるものとして，声（声優）の要素にも注目しながら論を進めていく。

　メディアミックスが常態化したメディア環境においては，私たちオーディエンス／ファンもまた，メディアミックスを成立させる要素の一つになっている[1]。自律

したキャラクターは，ファンがつくる二次創作作品でも世界観を共有しつつ生き生きと活躍している。テレビアニメ『Re: Creaters』（TOKYO MX・BS11 ほか，2017年）で描かれたように，ファンの二次創作が生み出した「本物」（オーサーシップをもつ創造者による創造物＝キャラクター）よりも本物らしいキャラクターが，いつの間にか本物を駆逐しようとする，ということもありうるのである。ただの消費者（consumer）ではなく生産者（producer）にもなりうる私たちは，「プロシューマー（prosumer）」（Toffler, 1980；まつもと, 2012）なのである。

　虚構のキャラクターがあたかも生きているかのように，「脳内恋愛」「脳内結婚」をするファンもいれば，Twitter などの SNS で発信される「キャラ SNS」（キャラクターによるつぶやきやメッセージ）にレスをしているファンもいる。実際は人間のスタッフが文言を打ち込んでいると知りつつ，キャラクターがつぶやいている体でなされる SNS には，キャラクターが撮った（とされる）写真がアップされていたり，実際にキャラクターから誕生日メッセージが届いたりする。たとえば，バラエティー番組『ひらけ！　ポンキッキ』（フジテレビ，1973-1993 年）の MC（着ぐるみキャラクター）だったガチャピンが日々の出来事をつぶやく公式 Twitter には，フォロワーが約 157 万人いたが，2018 年 4 月 2 日惜しまれつつ閉鎖された。また，テレビアニメ『うたの☆プリンスさまっ♪』（TOKYO MX ほか，2011（第 1 期）-2016 年（第 4期））シリーズの個々のキャラクターの Twitter では，音也や翔たちがアイドル活動や日常をつぶやき続けている。こうした虚構と現実のあいだの相互作用によって構築される，境界の曖昧な世界を私たちは半ば真剣に（ベタに），半ばおもしろがって（ネタとして）享受しているのである。

　こうした二次元と三次元のあいだをたゆたう世界は，しばしば「2.5 次元」と呼ばれる。そこには，アニメ，マンガ，ゲームなどの虚構世界を現実世界に再現し，虚構と現実の曖昧な境界を享受する文化実践がなされている（須川, 2015：43）。サイバー空間では，不可視または実在性が希薄だからこそ，オーディエンス／ファンのイマジネーションの力が強く働くが，可視化された世界での「2.5 次元的空間」ともいうべき虚構と現実の曖昧な境界世界はどのように構築されるのであろうか。キャラクターの外見や内面に寄せて再現性を重視した 2.5 次元舞台や，衣装や小道具，決めポ

1）オーディエンス（audiences）とファン（fan）は，厳密には同義ではない。本章では，主にコンテンツを消費する視聴者／観客をオーディエンス，同一コンテンツを継続的かつ熱狂的に消費し，創作や追っかけ，グッズ収集など積極的にコンテンツに関与する傾向のある者をファンと想定して論を進める。

ーズに重点を置くコスプレ，作品内の料理やイメージカラーを重視するコンセプト
カフェなど，人間の身体や食が媒介となって，オーディエンス／ファンが物理的に
2.5 次元空間に入り込める機会は増加している。しかし，感覚的な「2.5 次元感」，つ
まり二次元の世界に入ったような感覚はどのように可能となるのだろうか。あるい
は，そもそも不可能なのであろうか。本章では，そのような問いを立て，ギネスブ
ックで，単一著者によるコミックシリーズとしては世界一発行部数が多いとされる，
尾田栄一郎によるマンガ『ONE PIECE』（集英社，1997 年～）（以下，『ワンピース』），ま
たそのアニメ版のコンテンツのメディアミックスを中心に，キャラクターに注目し
ながらメディアミックス時代のコンテンツ利用とその効果，そして 2.5 次元舞台お
よびテーマパークにおける 2.5 次元的空間の構築について考察する。

2　舞台における 2.5 次元的空間

2-1　スーパー歌舞伎 II『ワンピース』

　『ワンピース』が役者の身体によって演じられる舞台は，2015 年スーパー歌舞伎に
よって実現した。スーパー歌舞伎とは，1986 年に三代目市川猿之助が始めた，古典
歌舞伎と一線を画す現代風の歌舞伎で，派手な立ち回り（アクション），本水などのお
おがかりな舞台装置や宙乗りなどが特徴である。スーパー歌舞伎 II は，2014 年よ
り開始され，主に四代目市川猿之助を主役に上演された。『ワンピース』は，II の第
2 弾の演目で，2015 年に初演，2017 年に再演している。『ワンピース』のなかでも感
動的な「頂上決戦」を描くこの舞台の脚本は，劇団扉座の横内謙介が手がけた。

　図 11-1 をみるとわかるとおり，白塗りのルフィー（市川猿之助）は，目の下に切
り傷，麦わら帽子，赤いシャツなど，ルフィーの図像をシンボリックに体現してい
る。しかし，下に並ぶキャストの面々は，黒の着物で顔のクローズアップで配置さ
れるという，歌舞伎に定番のキャスト紹介方法である。このように，チラシやポス
ターだけでは，2.5 次元感はあまり感じられない。しかし，舞台の幕開け前，舞台上
演中および合間の演出は，「段階的に」2.5 次元的空間を構築させているのである[2]。

　会場である新橋演舞場に入ると，舞台には両手をあげたルフィーの大きなフィギ
ュアが立っている（開演前には撤去される）。この立体化したルフィーの身体の生命

2）本章では，2017 年怪我で降板した市川猿之助の代役で尾上右近が演じた新橋演舞場での
　再演について論じる。

力は薄いのだが，いったん幕が開くと，張
りのある大きな声で白塗りのルフィー（尾
上）が登場する。赤い衣装，目の下の傷，
麦わら帽子など，ルフィーの「目印」はあ
るものの，こちらのルフィーも何かが足り
ない。アニメでルフィーを演じている声優
田中真弓の声よりも格段に低い尾上ルフィ
ーの声は，再現性とは程遠いのである。し
かし図像・声は不十分だとしても，小田切

図 11-1　スーパー歌舞伎 II（セカンド）
ワンピース[3]

(2010) らのいう「内面」は，原作の台詞がそのまま使用されたり，プロジェクショ
ンマッピングによる演出（たとえば，ゾロの刀による斬撃）がおこなわれたりするこ
とによって，マンガ，アニメの『ワンピース』ファンの想像力のなかでこのルフィー
は本物らしさを獲得していくのである。とくに，イワンコフらカマバッカ王国の人
びとが，牢獄インペルダウンの秘密基地で繰り広げるショー，そして彼（女）らが
客席に降りてきて，歌と踊りでオーディエンスを巻き込んでいく様子は，「イワン
コフ達ならやりそう，ありえる」という感情を『ワンピース』ファンから引き出す。
そうして，ルフィーたちキャラクターがそこにいるかのような妄想（脳内補完），つ
まり「2.5 次元感」が舞台と客席の相互作用のなかで産出されていくのである。
　ところで，歌舞伎の興味深い特徴は，一人何役もこなすところである。T. クシュ
ナーの脚本による『エンジェルス・イン・アメリカ』(1993 年初演) のように，主要
登場人物たちを 1 部と 2 部で同一キャストが演じることで意味の二重性を演出した
り，2.5 次元舞台『弱虫ペダル』（演出・脚本：西田シャトナー，2012 年～）で，主要
キャラクターと部室のロッカー役，女性野次馬役など，主要キャラクターとモブキ
ャラクターを同一キャストが演じるという演出はあるものの，主要キャラクターを
（ときには男女両方）数役こなすのは，歌舞伎の特筆すべき点である。尾上はルフィ
ーと女性のハンコックを，中村隼人はサンジ，イナズマ，マルコを演じるなど，同
一キャストの身体が，単一演目で複数のキャラクターを演じているのである。ここ
で機能しているのは，再現性の低さと象徴性の高さだといえる。声という牽引役が
あまり機能しない歌舞伎において，メイク，衣装，小道具など再現性を重視しすぎ

3) https://www.kabuki-bito.jp/theaters/shinbashi/play/507（最終閲覧日：2019 年 3 月 12
　日）

ると，キャストとキャラクターの結びつきが強化されてしまう。しかし，スーパー歌舞伎Ⅱでは，「ルフィーっぽさ」という「内面」は逸脱しない程度に担保されるが，図像（ビジュアル）がシンボリックな要素にとどまっているために，尾上が別場面でハンコックを演じても，そこにルフィーを幻視するようなことはほぼ不可能である。

　このように，スーパー歌舞伎Ⅱ『ワンピース』は，歌舞伎らしい演出（見得，六方，大立ち回りなど）を混ぜつつ，キャラクターの身体性を象徴的な図像演出によって獲得した例である。「2.5 次元的空間」は，キャラクターや世界観の再現性そのものではなく，特徴的な象徴（キャラ図像）を数点ちりばめつつ，「内面」（キャラ人格）を立ち上げることを通じて実現されている。次項では，スーパー歌舞伎Ⅱでは周縁化された「声」を前景化した舞台『One Piece Live Attraction』を考察する。

2-2　東京ワンピースタワー『One Piece Live Attraction』（2015 年〜）

　1958 年に開業した東京タワーは，アナログテレビ時代の電波塔で，高さ 333m のタワーの展望台は東京の人気観光名所の一つである。1970 年代には蝋人形展示などがあり，拷問の場面を再現するなど一種オカルト要素のある展示が人気を集めてもいた。そうした歴史ある観光名所東京タワーの「フットタウン」内に，「東京ワンピースタワー」がオープンしたのは 2015 年 3 月 13 日である。タワーを「トンガリ島」という舞台設定にしたこのテーマパークは，3 フロアにわたって『ワンピース』の世界観を再現したアミューズメント空間になっている（詳細は，第 3 節第 1 項で後述）。そのなかでひときわ人気を集めているのが，『One Piece Live Attraction』（2015 年〜）という「2.5 次元舞台」である。

　アニメ『ワンピース』の声優の声に合わせて，俳優たちが演じるこの舞台は，約20 分という短時間の寸劇とショーを融合させたエンターテインメントである。演出・脚本を 2.5 次元舞台，ハイパープロジェクション演劇『ハイキュー！』（2015 年〜）やマンガパフォーマンス『Ｗ３』（2017, 2018 年）を手がけた気鋭の演出家ウォーリー木下が務めている。ルフィー率いる「麦わらの一味」が繰り広げるオリジナルストーリーで展開されるこの舞台シリーズは，W キャストやトリプルキャスト制で，1 日に 5-8 回程度の公演がある。オーディエンスは入場時に，ココロ石（色の変わる岩型ランプをつけたペンライト）を渡され，舞台の最終場面で，キャストの歌や踊りと一緒に振る体験ができる。常時写真撮影可であるため，ベストショットのためにリピートする（同じショーを何度も観る）動機の一つにもなっている。舞台と客席が近いため，演出のなかでキャストがオーディエンスをいじったりするなど，観

客参加型の舞台になっている。

　2015 年 の 『One Piece Live Attraction——
Welcome to TONGARI Mystery Tour』では 2 部構
成になっている。「おかま道」で知られるボン・クレ
ーとその手下 2 名が，「地声」（アニメの声優に似せて
いるが）で演じ，歌，踊り，トークなどで観客を巻き
込んで繰り広げる前座の第 1 部（図 11-2）と，声優の

図 11-2　ボン・クレー
（筆者撮影）

声に合わせた身体パフォーマンスを，ルフィー，ゾロ，サンジ，ナミ，ロビンらの
キャストがおこない，「トンガリ島」の洞窟探検をする第 2 部である。ビジュアル
再現性の高さで知られるミュージカル『テニスの王子様』（演出：上島雪夫，2003 年
〜）のような「2.5 次元舞台」と決定的に異なるのは，ビジュアルのみならず，アニ
メでキャラクターを担当している声優の声を実際に使用している点である。同一キ
ャラクターに対し，日によってキャストが異なることもあり，キャラクターの身体
性を維持するうえで声は重要な役割をもっている。

　声が構築する身体について，泉（2017：32）は，「諸メディアに渡り出現するキ
ャラクターは，その声の身体には，自身の演じたキャラクターが重ねられてしまう。
［…略…］声優の身体は，そうした諸々のキャラクターたち全ての代表となる」と論
じ，キャラクターと声優の身体が相互交換して，ファンのイマジネーションのなか
に現出することを説明している。つまり，アニメで演じている声優の声と決まり文
句（ルフィー「海賊王に，俺はなる」など），口癖（ルフィーの笑い声「イーッシッシ」な
ど）を聞くことによって，アニメを見ているファンはすぐに「ルフィーがいる」と
認識し，さらに視覚的再現性の高い舞台キャストの身体を媒介に，キャラクターの
身体性が強化されるのだ。

　2019 年 3 月時点での最新舞台は『One Piece Live Attraction——"3"（サード）
Phantom』（2019 年 4 月で終演予定）である。原作者尾田栄一郎自身が脚本を監修，
さらにオリジナルキャラクター歌姫アンをデザインしている。キャストの身体で演
じられるキャラクター（ルフィー，サンジ，ゾロ，ナミ，ウソップ）のほかに，デジタ
ル映像でロビン，フランキー，ブルック，ハンコック，ロー，エースなどが登場す
る（チョッパーはぬいぐるみで登場）。ここでは，アニメ声優たちの声を媒介に，三次
元の身体が二次元の身体と並列されるという，まさに 2.5 次元的空間が立ち上がっ
ているのである。

　このアトラクションにおいて，キャストたちは，一言も地声を発しない。ショー

図 11-3　ルフィと
サンジ（筆者撮影）

が終わると，テーマパーク内をキャストが短時間歩き回るサービスもあり（図 11-3），ファンはまさに「追っかけ」ができるのであるが，キャストの動作はすべてパントマイムである。また舞台後には，先着順で配布される整理券をもっていれば，ルフィーたちと写真撮影もできる。参加者は写真のポーズのリクエストは伝えていいが，彼らは一言も発さず，ただジェスチャーやポーズをとるのみで，その代わり，スタッフが彼らの気持ちを代弁するという形式である。

　スーパー歌舞伎と異なり，若い俳優を起用して，衣装，ウィッグ，メイク，筋肉，所作にいたるまで，「ライブアトラクション」の出演キャストのキャラクターの図像の再現性は高い。また，アニメに精通したファンにとっては，声優の声によってすでに「内面」（キャラ人格）が担保されているため，キャストが日替わりで異なるとしてもほぼ違和感なく，アニメの声優の声を助けに同一キャラクターだと認識できる。それは，ボン・クレーなどの例外を除いて，キャストが舞台の内外で地声をいっさい発しないこと，つまりアニメ声優の声によって創造される身体性をキャストが邪魔をしないことによって，2.5 次元的空間は保持されるのである。

3　テーマパークにおける 2.5 次元的空間

3-1　東京ワンピースタワー

　第 2 節第 2 項で，東京ワンピースタワーのライブアトラクション（「2.5 次元舞台」）を取り上げたが，テーマパークとしての東京ワンピースタワーの 2.5 次元的空間はどのように構築されているだろうか。前述したように，世界観（物語設定）は，本編『ワンピース』のストーリーに登場しそうな「「新世界」に浮かぶ冒険と遊びが大好きな島」（東京ワンピースタワー・尾田，2018：8）で，東京タワーは「トンガリ島」という舞台設定になっている（図 11-4）。ここで働くスタッフは「トンガリ島の住民」という設定で，原作者尾田がデザインした服を着ている。合言葉は，「トンガリー」である。こうした「設定」を前提にした会話，いわゆる「シチュエーション会話」は，ディズニーランドなどでもおなじみであるが，好きなコンテンツの世界観にファンを没入させるには効果的である。それは，スタッフたちホスト側からの一方的な世界観の提供ではなく，ゲストであるファンも世界観を維持するための「役割」を担

うことを意味する。「2.5次元的空間」は，こうした相互作用
のなかで構築されるのである。

　1階は，『ワンピース』の単行本や関連書籍が無料で読め
る喫茶店「Café Mugiwara」とサンジが作っているという設
定の「サンジのおれ様レストラン」がある。有料となるフロ
アの入口は3階で，360ログシアターを抜けると，ルフィー
たちが宴をしているシーンの等身大フィギュアが陳列され
ている。4階は麦わらの一味たちにちなんだコンセプトの
ゲームコーナーがつらなっている。そして5階は，先述の
ライブアトラクションの上映と，ログギャラリー（マンガの
原画レプリカの展示とそれに関連するシーンのフィギュアとア
ニメ声優の台詞が流れる），ルフィーたちの過去のエピソード
が体験できるアトラクション，さらに一緒に写真が撮れる

図11-4　「ワンピースタ
ワー」のパンフレット

ローのフィギュアもある。「ライブシアター」の入り口付近には，海軍大将たちの椅
子も展示されており，フィギュアがなくても，そこに大将たちを幻視できる。売店
では，トンガリ島の住民（スタッフ）が，会計時に「円」でなく「ベリー」（『ワンピ
ース』の世界の通貨単位）で計算するという徹底ぶりである（1円＝1ベリー）。

　こうした徹底した世界観構築が，ゲームアトラクションや等身大フィギュア，マ
ンガやアニメと同じセットなどの視覚的情報，舞台のキャストたちとシチュエーシ
ョン会話をするスタッフとのコミュニケーションやフィギュアと写真を撮るという
視覚的，触覚的体験を通じて，「2.5次元的空間」を立ち上げるのである。

3-2　ラグーナテンボス

　愛知県蒲郡市にある複合リゾート施設ラグナシアの一角には，『ワンピース』の
世界観を体現する舞台セットがあり，そして麦わらの一味の船サウザンドサニー号
に実際に乗ってクルーズをする「サウザンドサニー号クルーズ」がある（2018年9
月に終了）。もともとサウザンドサニー号（以下，サニー号と表記）は，長崎県佐世保
市のハウステンボスにおいて2011年4月に運行を開始した。ハウステンボスには，
関連ショップやアトラクション，コンセプトカフェが併設され，まさにワンピース
ワールドが体験できたが，2015年5月に終了した。それを引き継いだのが，愛知県
のラグーナテンボスであった。メイン施設のラグナシアとは反対の三河湾を眺望す
るポートにあるフェスティバルマーケット前に停留するサニー号は，1日4-7回の

航海をする。

　ラグナシア横の階段を上り，長い渡り廊下を歩いていくと，麦わらの一味のイラストが手すり部に飾られてある。渡り廊下の先は，フェスティバルマーケットというショッピングモールの入り口となっている。入り口を入ると，エースと白ひげの墓があるのだが，ショッピングモール内フロアであるため，隣接の衣料品店の店先から衣服が外側に陳列され，墓の存在に気づく人はまれである。筆者の訪れた 2018 年 3 月では，足を止めて眺めたり，写真を撮ったりする人はまばらであった。

　さらに進み，1 階に降りて外に出ると，停留するサニー号が目に入る。そこでは，アニメ声優による麦わらの一味のキャラクターたちのアナウンスが流れており，ショップのプレハブが並んでいる。サニー号のチケットはそのショップ内で購入できるが，東京ワンピースタワーのようなシチュエーション会話や設定はまったくない。クルーズでは，まずサニー号のシンボルであるライオンのような頭から蒸気（大砲を打ったという設定）が出て，それを合図にゲストは乗船する。船内は，サニー号を忠実に再現し，各部屋には等身大フィギュアが配置され，アニメ声優によるキャラクターのアナウンス（注意喚起）やセリフ（「海賊王に，俺はなる！」など）が流れる。

　サニー号が出航する「設定」は，「ドフラミンゴが襲ってきているのをローが食い止めており，その隙をぬって出航する」というものだ。ドフラミンゴとローの戦闘のフィギュアは，出航すると甲板から見ることができ，アニメ声優によるセリフが流れ，ファンは「麦わらの一味になった気分」を味わうことができる。しかし，それが終わるとクルーズの通常の観光案内をスタッフがマイクでおこない，2.5 次元的空間は終了する。スタッフの「設定」も特にないため，シチュエーション会話を楽しむことはここではできない。

　同じアニメ声優の声，世界観を共有していながらも，これらのテーマパークにおける「2.5 次元的空間」の構築には大きな差異がある。アニメ声優の声によるキャラクターの身体性の獲得は，スタッフの「設定」によって世界観が強化されることで，2.5 次元空間が立ち上がる。そこで要求されるのは，ファンの積極的な参与，つまり「2.5 次元化」でもある。このどれか一部でも欠如すると，「2.5 次元的空間」は霧消してしまうのである。

4　オーディエンス／ファンの積極的参与

　本章では，キャラクターの身体性を手がかりに，『ワンピース』のコンテンツの

変容を，舞台（歌舞伎，声に合わせた舞台）とテーマパークというメディア媒体において考察した。オーディエンス／ファンは，視覚，聴覚，触覚を通じて，『ワンピース』の世界観に没入していくが，オーディエンス／ファンによる積極的参与がなければ，「2.5次元の空間」は完全には構築されないのである。

　ただし，ここで新たな問いが生じる。「ファン」の多層化である。本章では便宜的にオーディエンス／ファンを一枚岩的に措定し，論を進めた。しかし，アニメを見ていないファン（マンガのみのファン）もおり，アニメを見ているファンと見ていないファンのあいだで，視覚的再現性によるキャストの身体とアニメ声優の声による身体性への理解には当然差異が生じる。歌舞伎ファンと『ワンピース』ファンとの差異も同様である。この問いに応えるためには，個別インタビューなどの質的調査によるさらなる精査が必要であるが，それは今後の課題としたい。

●引用・参考文献

石田佐恵子・村田麻里子・山中千恵［編著］(2013).『ポピュラー文化ミュージアム――文化の収集・共有・消費』ミネルヴァ書房

泉順太郎 (2017).「『アニメ・マシーン』におけるキャラクター身体論と，その非オタク的活用法」『アニメーション研究』*18*(2), 25-38.

伊藤　剛 (2005).『テヅカ・イズ・デッド――ひらかれたマンガ表現論へ』NTT出版

伊藤　剛・岩下朋世・さやわか (2016).「SPECIAL TALK 伊藤剛×岩下朋世×さやわか――キャラクターが拓く，表象文化の未来」『美術手帖』*68*(1039), 88-95.

岩下朋世 (2013).『少女マンガの表現機構――ひらかれたマンガ表現史と「手塚治虫」』NTT出版

大塚英志 (2017).「戦時下のメディアミックス――『翼賛一家』と隣組」大塚英志［編］『動員のメディアミックス――〈創作する大衆〉の戦時下・戦後』思文閣出版, pp.29-53.

小田切博 (2010).『キャラクターとは何か』筑摩書房

さやわか (2015).『キャラの思考法――現代文化論のアップグレード』青土社

須川亜紀子 (2015).「ファンタジーに遊ぶ――パフォーマンスとしての2.5次元文化領域とイマジネーション」『ユリイカ』*47*(5), 41-47.

スタインバーグ, M.／中川　讓［訳］(2015).『なぜ日本は「メディアミックスする国」なのか』KADOKAWA (Steinberg, M. (2012). *Anime's media mix: Franchising toys and characters in Japan.* Minneapolis, MN: University of Minnesota Press.)

東京ワンピースタワー・尾田栄一郎 (2018).『One Piece 333巻』(ライブアトラクション特典冊子, 非売品)

まつもとあつし (2012).『コンテンツビジネス・デジタルシフト――映像の新しい消費

形態』NTT 出版

Nozawa, S.（2016）. Ensoulment and effacement in Japanese voice acting. In P. W. Galbraith & J. G. Karlin（eds.）, *Media convergence in Japan*. Ann Arbor, MI: Kinema Club, pp.169–199.

Toffler, A.（1980）. *The third wave: The classic study of tomorrow*. New York: Morrow.

Chapter

12

近代メディアと「メディウム（霊媒）」が出会うとき

「イタコの口寄せ」にみるリアリティの行方

大道晴香

1　メディアとしての霊媒とマスメディア

　「メディア（media）」とは，「中間」や「媒介」を意味する語であり，「霊媒」の意味をもつ「メディウム（ミディアム：medium）」の複数形にあたる——これが，表象や情報伝達を学ぶ者は必ず目にするであろう，「メディア」についての辞書的な説明である。

　情報化社会と呼ばれるような今日の環境下にあって，もはや疑問の余地はないほどに，われわれはメディアというものを日々の生活を通じて経験的に知っている。書籍，ラジオ，テレビといった古参の媒体から，携帯電話やパソコンを介した種々のインターネットサービスに至るまで，われわれの身の回りはメディアであふれている。そんな身近なパートナーであるメディアだからこそ，辞書などの解説に登場する「霊媒」という語には，どうしても唐突かつ異質な印象をもってしまう。

　「霊媒」とは，「死者」や「神」のような超自然的な存在を自らの身体に招き入れ，彼らの意識になり代わり，その言葉を人びとに伝える宗教的な職能者のことを指す。霊媒は，自己の身体をもって神霊の意思を人びとへと媒介する。つまり，通常の人間が感知できない超自然的次元と，われわれが生きる日常世界をつなぐ点で，霊媒は紛れもなく「メディア」だといえる。

　いまでこそ，フィクショナルな世界の住人とみなされがちな霊媒であるものの，日本では戦前まで，死者の言葉を生者に伝える「口寄せ」の技法をもった巫女たちが全国各地で活動していた。東京や大阪のような大都市でも，明治期にはまだ多くの巫女が活動しており，亀戸や天王寺には巫女町と呼ばれる，集団で巫業を営む区画が残っていたという。そう，霊媒は一昔前まで身近な，地域社会のなかで一定の

機能を果たす公的なメディアだったのだ。

　とはいえ，そんな口寄せ巫女も，戦後の社会変動や人びとの価値観の変容を背景にだんだんと姿を消していき，かれらはいつしか多くの人にとって「物珍しい」「奇習」となっていた。これにマスメディアが食いついたのは，当然のなりゆきだったといえよう。そうしたなかで，抜群の知名度を誇るようになったのが，青森県にいまもみられる「イタコ」と呼ばれる霊媒たちである。

　イタコとマスメディアとの出会いとは，身体というもっとも手近な道具を用い，近代以前より有効に公的機能を果たしてきた「旧メディア」と，近代以降の社会システムとして機能してきた「新メディア」との邂逅にあたる。この質の異なる2種のメディアの出会いを例に，多様なメディアとコンテンツに媒介された近代以降の社会における〈現実〉ないしリアリティのあり方について考えたい。

2　口寄せが「偽物」と判断されるとき

　イタコは，東北地方北部で活動してきた口寄せ巫女の一種である。現在は青森県内に数名を残すのみとなってしまったものの，イタコは長らくムラのなかに一人はいて，困ったときに相談に行けるような，地域の頼れる宗教的エキスパートであった。このように地域を基盤として機能してきたイタコだったが，マスメディアを通じて全国的に知られるようになって以来，かれらのもとには従来の地域の枠を超えて，死者の口寄せを求める人びとがやってくるようになった。その代表例としてあげられるのが，むつ市にある霊場恐山の祭典である。

　イタコは普段，主に自宅や近郷の依頼者宅において単独で仕事を請け負っている。しかし，寺社の祭礼時などには，その境内地に参集して複数人で口寄せをおこなうことがあり，恐山では7月と10月の祭典時にこの風習がみられてきた。こうした行事は県内各地の寺社で実施されてきたもので，恐山に特有の行事ではない。ところが，マスメディアがイタコと恐山を一括りにして喧伝してきた結果，当地はイタコに会える場所として広く認知される状況となっている。

　そんな恐山での口寄せには，全国から多くの人が押し寄せる（図12-1）。期間中には5時半の開門前から長蛇の列が形成され，門が開くと，みな足早にイタコのいる小屋へと向かう。ただし，参集するイタコは減少の一途をたどっており，2011年以降はわずか2，3名の参加をみるにすぎない[1]。一回（故人一人分）の口寄せに要する時間は約10分。呼び出す故人は一人とは限らず，2，3人の口寄せを頼む人も多

図12-1　恐山でイタコの口寄せに並ぶ人びと

い。そうなると，仮に10人並んでいた場合，その後ろに並ぶ人は3時間超の待ち時間を覚悟しなくてはならない。

　長い待ち時間を要する恐山での口寄せ。それでも多くの人が順番を待つのは，故人に対する切実な思いがあるからだ。なぜ命を絶ってしまったのかわからない，どうやって生きていくべきか悩んでいる，あの人は死後も自分を恨んでいるのではないだろうか……口寄せにやってくる人の理由はさまざまである。だが，いずれの人も故人と逢いたい一心で当地を訪れていることは，かれらの居住地が東北以外の全国各地に及んでいる点からも明らかだ。

　だからこそ，口寄せによってもたらされた死者の語りが，「依頼者にとってリアリティのある語り」でなかった場合，換言すれば，口寄せという技法が「偽物」と判断された場合には，その不満は強い怒りや嘆き，悲しみとなって発露されることも少なくない。たとえば，民俗学者の高松敬吉は，恐山のバス待合所に置かれた雑記帳に以下のような記述を見つけ，苦言を呈している。

　　「三時間以上も待って，ようやく自分の番となった。母の口寄せを依頼したら，
　　氏名，年齢，死亡年月日，死亡時の場所（病院か自宅か），あれこれと聞かれた。

1）　イタコの活動域には，「カミサマ」と総称される，イタコとは別種の巫女が存在している。実態としてのイタコとカミサマは，その境界があいまいになってきており，恐山に参加するイタコにも，従来の類型には合致しない特徴が見受けられる。

いざ口寄せとなり，語られた内容は，前の人の依頼者と同様なものだった。これは，一体なんだのだ。サギ（詐欺）にも似たものである。」というような内容の記述を，妻が発見した。[…略…] あくまでも観光客の通り一遍の口寄せ巫儀は，墓穴をまねくのみだけで，この客が記述しているように，原点に立ちかえったものにしなければ，ただ消滅が，問題を，解決してくれると他人ごとのように処理できかねるものであろう。(高松, 2007 : 256–257)

　高松が指摘するように，口寄せで表出する死者のリアリティは，これを表象するイタコ側の技量によるところも大きいだろう。しかし，口寄せが依頼者の存在があって初めて成立する行為であることを考えれば，ここには，イタコというメディア（霊媒）によって構成されたコンテンツ＝死者の語りを評価する側の事情も作用しているように思われる。その一因として考えられるのが，依頼者の保有している「口寄せ」という技法に対してのリアリティである。

3　事実と乖離したリアリティ

3-1　未経験者が考える「本物」の口寄せ像

　恐山での口寄せの依頼者には，口寄せを初めて経験する人が多く含まれる。そうした口寄せを直接的に知らない人びとのなかに，「口寄せとはこういうものだ」というリアリティがすでに存在していることは興味深い。論者が 2014 年に調査をした際，自分の姉と友人の霊を降ろしてもらったある依頼者は，その感想を「思ったようじゃなかった」と表現していた。こうした感想は，先ほど登場した路線バス待合所の雑記帳にもみてとることができる [2]。

　霊場の外にある路線バスの待合所を兼ねた無料休憩所には，来訪者が自由に書き込むことのできる，『思い出の記』と題された雑記帳が設置されている。論者は2014 年の大祭時に，使用中のものを除く計 10 冊（2001–2009 年の日付）の中身を管理者のご厚意で見せていただいた。ここには口寄せに対する評価を述べた書き込みが計 53 件含まれており，その 7 割ほどはおおむね肯定的な評価で否定的な記述は 10件にとどまったのだが，うち 3 件には「期待していたものと違かった」「人から聞いて想像していたものと違った」「周囲の人から聞いていたようなものではなかった」

2）研究における旅行者ノートの活用については，岡本（2008）を参照されたい。

と事前のイメージとの落差への言及がみられた。

　恐山にやってくる人びとがあらかじめ何らかのイメージを抱いているとするなら，かれらが考える「口寄せ」とは，いったいいかなる技術であるのか。それを知る手がかりとなるのが，口寄せに対する否定的評価の内容だ。祭典期間中の境内では，口寄せを終えた人びとが感想を聞かせてくれることが多い。そうした体験者の話や雑記帳の書き込みを参照すると，否定の観点はおおむね３種類に分けられる。

　一つめは，高松の記述にもあった「口寄せの語りが他の人のものと同じだった」，または「どの故人を呼び出してみても同じだった」という語られる内容の形式性に対する指摘。二つめは，「口調が故人と似ていない」「青森県にゆかりのない故人なのに訛っている」（故マリリン・モンローが津軽弁で話したのは有名だ）といった言い回しに関するもの。そして，三つめが「内容が事実に反している」という内容の虚実をめぐる問題である。

　以上のような否定の類型は，テレビ番組でイタコの口寄せを取り上げた際に，視聴者からあがる批判とも重なっている。近いところでは，2017年7月にTBS系列の某オカルト番組内で放送された，女優の霊を口寄せするという企画に視聴者からクレームが殺到したとネットニュースが報じて，話題になった[3]。この番組に対しては，放送や当該ニュースを受けてネット上に多くの意見が寄せられた。たとえば，匿名の電子掲示板「ガールズちゃんねる」には[4]，約2日間で329件ものコメントがついている。口寄せへの言及の大半は，科学的根拠と個人情報保護の観点からの批判，または明確な根拠なしの批判で占められているが，そうした批判のなかに，「死者の語り」の観点から口寄せを「偽物」とみなすコメントが計15件含まれていたことは注目に値する。そのうち，4件は「以前の放送時と同じ内容」「無難なことばかり話している」といった内容の形式性に関わるもの，11件は訛りや言い回しに関するものであった。

　要するに，イタコの口寄せは「故人が生前のままの音声と表現方式で語る」という，まるで遠方にいる人の音声情報を媒介する「電話」や「ラジオ」のようなメディア機能としてとらえられていることになろう。

---

3)「大原麗子さんの霊をイタコに憑依させたTBSの企画に批判殺到！」〈http://asajo.jp/excerpt/33793（最終閲覧日：2019年5月17日）〉

4)「大原麗子さんの霊をイタコに憑依させたTBSの企画に批判殺到！」〈girlschannel.net/topics/1275434/（最終閲覧日：2019年4月3日）〉

3-2　民俗文化としての口寄せのあり方

　イタコの身体に入り込んだ死者が自身の意識で語るとされる口寄せにおいて，「故人が生前のままの音声と表現方式で語る」のは，当たり前だと思われるかもしれない。だが，そのリアリティが霊媒というメディアに対して形成されたイメージにすぎないことは，地域のなかで実際に機能してきた民俗文化としての口寄せの様相をみれば明らかだ。

　口寄せは，祭文を詠唱する四つの定形パートと，「口説」と呼ばれる即興のパートから成り立っており，この口説こそが死者の語りに該当している。口説にはいくつかの特徴が指摘されている。まず，イタコの意識と入れ替わっての「一人称」での語りかけ，双方向的なコミュニケーションを前提としない「独白」のスタイル，そして，即興の語りのなかにみる「型」の存在である。

　実のところ，口説の内容には，一定のパターンが存在しているのだ。研究者によって多少の異同があるものの，口説ではおよそ「呼んでもらったお礼を述べ，今に至る身の上を回顧し，生者の運命を予言（ウラナイ）して，別れを告げる」といった話が展開されることがわかっている。

　内容だけではない。口説は基本的に独白で一気に語られるため，イタコごとに独自のリズム，節回し，言い回しといった，詠唱に関しての型も存在している。この詠唱の型に基盤となる地域の言葉（方言）が反映されているからこそ，降りてきた霊の語りは「訛って」いるのである（だから故マリリン・モンローは津軽弁で話す）。

　ここからわかるように，口寄せにおける死者の語りとは，死者の意思を「型」によって生者の前に表したものであって，生前の延長線上に故人の言語表現を「再現」するものではない。これらの特徴は，口寄せに親しんだ者であれば当然の事柄だといえよう。地域外からの来訪者が個別の癒しや助言を求める傾向があるのに対し，民俗文化としてのイタコを担う地域の人びとがとくに関心をもつのは，家や家族の吉凶を示す「予言（ウラナイ）」だという指摘（佐治，2008：296-298）は，民俗文化の領域において，人びとが「予言」を含む死者の語りのパターン＝口説の形式性を前提としたうえで，そこに死者の出現をみてとっていることを物語っている。

　これは，聞き手の側にも死者の意思を読み取るための技能が求められる状況を指しているわけだが，そこで示唆的なのが宗教学者である楠正弘の指摘である。

　　供養者は，死んだ祖母や祖父，あるいは兄弟姉妹が語ったというが，テープレコーダーに録音すると，イタコの語声や声の高低，かたさ，やわらかさが，祖

父や祖母，年令^{（ママ）}の差によってかわるわけではない。津軽イタコは津軽弁で語り，南部イタコは南部弁で語る。供養者が関東の人であれ，関西の人であれ，イタコの言葉がそれによってかわるわけではない。それにもかかわらず，供養者は，なぜこれを死んだ母親と思い，また，死んだ子供と思うのか。［…略…］

私は，イタコのホトケ・オロシの際には，供養者のもっている死者観念が，イタコという鏡の前で，死者そのものに変身すると考えたい。［…略…］確かに，ホトケ・オロシの語り手は死者であるが，この死者は，供養者のいだく死者観の再生であるのだから，実は，イタコは，供養者に揺り動かされていることになる。（楠, 1973：57–59）

　楠の指摘は，聞き手側の能動的な参与があって，初めて有効に機能しうる口寄せの特徴を言い当てている。言語表現と解釈主体との関係を論じたロシアフォルマリズムでは，受け手に表現形式自体を意識化させることで，能動的な解読を促す「詩的言語」に着目し，これを表現形式が「透明」なものとして無意識的に機能する「日常的言語」に対置した。イタコというメディアは，形式性が前提となった「詩的言語」によって意味内容を提示するメディアなのであって，この点で，「日常的言語」によって意味の提示が可能な近代以降の聴覚メディアとは異なると考えられる。

　こうした民俗文化としての実態に鑑みた場合，恐山の来訪者やテレビの視聴者にみられる口寄せの形式性に対する批判とは，彼らがイタコや口寄せに対して，民俗文化の領域とは異なる宗教的リアリティをもっていることの証しであるといえよう。だとすれば，この実態と乖離したリアリティ——実態としての「現実」とは別の〈現実〉——は，いったいどこからもたらされるのか。

4　複数化する〈現実〉

　上記のようなリアリティの存在は，その保有者が「自身の直接的な参与経験によって口寄せを知っている」わけではないこと，すなわち，彼らの口寄せに対する認識が，何かに媒介される形で間接的にもたらされたものであることを示している。ここでもっとも大きな役割を果たしたと考えられるのが，イタコの口寄せに消費価値を見出し，半世紀以上にわたって表象し続けてきたマスメディアの所作だ。かつて筆者が大学・短期大学でイタコに関するアンケート調査を実施した際，イタコを「知っている」と答えた学生は全体（687人）の7割に上ったものの，うち自身を含め

身近な人のなかに口寄せなどの儀礼の経験者がいると答えたのはわずか7名で，約8割の人はマスメディアを通じてイタコを「知っている」状況だった（大道, 2017: 165–192）。

　イタコがマスコミの注目を集め始めたのは1950年代後半のことで，早くも1960年代には一躍ブームの様相を呈し，大衆文化のなかに地位を確立したことがわかっている。この当時のマスメディアは，イタコを「地方」に暮らす人びとを担い手とした，あくまで「他者」の領域で機能しうる習俗として描いていた。ところが，1970年代に「オカルトブーム」が到来し，大衆の関心が宗教的次元に向くようになると，イタコの口寄せは「われわれ」にとって意味をもつ技術となり，亡くなった芸能人の言葉を聞くといったコンテンツがつくられるようになった。

　このとき「われわれ」に口寄せを提供するにあたっては，三つの処理が施されている。第一に，口説以外の定型パートの省略，第二に，口寄せを依頼してよい時期や間柄など，儀礼にかかる「決まりごと」の省略，第三に，口説の標準語化と内容の概略化である。これらの処置は，口寄せを脱地域的なコンテンツに昇華するために必須の加工であったといえよう。要は，消費者を煩わせる「余計な」伝統的形式・地方的限定性を削ぎ落とし，より単純化・一般化した形で口寄せが表象され始めたわけである。

　そして，単純化と一般化が推し進められた結果，イタコ＝「超自然的存在を憑依させる者」という職能に特化したステレオタイプ（特定の集団内で共有されている認識の枠組み）が形成されるようになり，1990年代以降，「イタコ」の語は霊媒的な存在全般へと広く適用され，創作分野でもキャラクターを特徴づける記号の一つとして広く活用されている。大衆向けコンテンツのなかの〈口寄せ〉は，いまや「降霊術」以外の何ものでもない。この単純化・一般化という特徴は，口寄せの「型」を「偽物」とみなすようなリアリティのあり方とまさに符合するものといえよう。

　マスメディアが産出してきた口寄せのイメージとステレオタイプは，民俗文化としての口寄せの実態とは異なっている。地域社会で機能してきた口寄せに親しみをもち，これにリアリティを感じる人にとって，マスメディアの描く〈口寄せ〉は「偽物」にほかならないだろう。だが，実態と媒介されたイメージという二者間のズレが，そのまま普遍的な「真」と「偽」に相当するわけではないことは，恐山の来訪者やテレビの視聴者たちの反応を見ればわかる。メディア・コンテンツを介してイタコを知る彼らにとって，よりリアリティをもつのは，むしろ単純化・一般化された〈口寄せ〉イメージのほうなのだ[5]。

メディアのつくり出す，実態としての現実とは乖離したイメージは，受容者の
リアリティを形成することで，彼らにとっての〈現実〉となる可能性を有している。
口寄せをめぐる「真偽」の問題は，世界に対する認知がメディアに媒介され拡大し
ているような社会において，リアリティないし〈現実〉というものが，もともと埋
め込まれていた文脈を脱する形でも成立し，複数化している実情を教えてくれる。

5　身体感覚というリアリティ

　単純化・一般化の語に集約されるような，メディア・コンテンツのあり方に生じ
た変化が，受容者の口寄せに対するリアリティに一定の影響を及ぼしたのは確かだ
ろう。ただし，「口調が故人と似ていない」「訛っている」といった口寄せの言い回
しに関する批判が，マスメディアではあまり強調されてこなかったはずの「音声の
再現性」にも踏み込んだ価値判断であることを考えれば，単純化・一般化されたイ
メージの余白を補う形で，ほかにも何らかの要因がリアリティの形成に作用してい
るものと思われる。コンテンツの空白は，時に創造（想像）の源泉ともなりうるの
だ。

　第3節で，「故人が生前のままの音声と表現方式で語る」という口寄せのリアリ
ティが，まるで「電話」や「ラジオ」のようだと述べたが，「音声の再現性」でわれ
われがもっとも親しんでいる存在といえば，やはりこの二つになるだろう。近代以
降に登場した聴覚メディアは，それ以前のメディアとは異なり，発信者の構成した
音声情報をいったん電気信号に変換したうえで，同じ音声の形で受信者の耳の内に
再構成することに成功した。イタコが死者の言葉を伝える聴覚メディアであると知
った人びとは，前近代より機能してきたこの「旧メディア」を理解するにあたって，
おそらく「音声の再現」というみずからが慣れ親しんだ「新メディア」の感覚を参
照したのだと思われる。

　ところが，イタコは残念ながら，死者の発した声をわれわれの耳へと送り届け
る類の聴覚メディアではない。生者の世界に働きかけるための身体をもたない死者
は，イタコの身体（口）を通じて，初めて自らの意思を音声情報としてわれわれに
知覚させることができる。イタコはすでに発せられた声を再現する「電話」ではな

5）メディアに媒介された，場をめぐる多元的な「真／偽」という価値の成立は，観光学に
　おける「真正性」の問題に直結する現象だといえる。

く，むしろ，無形の意思を具現化するための「声」そのものにほかならない。

　マクルーハンはメディアを「人間の拡張」ととらえ，その物理的介入がもたらす変化を，機械化によって身体を空間に拡張する「外爆発」と，電気の力によって中枢神経自体を地球規模で拡張する「内爆発」の概念でとらえていた（マクルーハン，1987）。「新メディア」の特性に基づく「旧メディア」の理解と，それにともなう死者の語り＝コンテンツに生じるリアリティの変化は，まさに媒介装置としてのメディアがこれと関わる人間の身体感覚に作用し，コンテンツ自体のリアリティにも影響を与えうることを物語っている。メディアは，ソフト（情報内容）とハード（装置）の二つの側面から，われわれにとっての〈現実〉を形作ってきたといえよう。

　本章で確認してきたようなメディアが生み出すリアリティは，あくまで個人にとってのリアリティであり，そこに生じる〈現実〉は，誰かにとっての私的な〈現実〉でしかない。しかし，こうした個人的なリアリティというものは，保有する人間の環境や対象への働きかけによって，公的な実態として，新たな現実を生み出す可能性を秘めている。

　たとえば，地域外からの依頼者の多い恐山での口寄せには，古典的な口寄せにはみられない，「口説の途中でイタコ自身の意識に戻り，依頼者に対して助言する」といった特徴が確認される（大道，2016）。霊媒による死者の語りが，「一人称の独白」を特徴とすることを考えれば，これは非常に大きな変化だ。縛りのない言語表現でおこなわれる助言には，故人の忠実な再現は叶わないものの，死者の語りを能動的に解釈していく必要を認識していない人びととのあいだでも，死者の意思を伝えるという口寄せの機能を成立させる働きが認められる。地域外からの依頼者への口寄せには，ほかにも伝統的な作法からの逸脱が確認されるが，いずれも同様の働きをもつと考えられる。

　地域に根ざす民俗文化の場合，本来の文脈からの逸脱を志向するメディアがもたらした変化に対して，「偽物」「衰退」「堕落」などの評価が下されることも少なくない。だが，いまある民俗文化もまた，変動する地域の社会状況との関わりのなかで構築され機能してきた経緯を思い起こせば，上記のような変化は，口寄せが生きた文化であることを証明すると同時に，メディアの媒介なしには成立しえない今日の社会における「現実」のあり方を示唆するといえる。

●引用・参考文献

アーリ, J.・ラーソン, J.／加太宏邦［訳］(2014).『観光のまなざし［増補改訂版］』法政大学出版局

遠藤英樹・橋本和也・神田孝治［編著］(2019).『現代観光学——ツーリズムから「いま」がみえる』新曜社

大道晴香 (2016).「恐山の脱地域化と口寄せの変容」『蓮花寺佛教研究所紀要』*9*, 237–271.

大道晴香 (2017).『「イタコ」の誕生——マスメディアと宗教文化』弘文堂

岡本　健 (2008).「アニメ聖地における巡礼者の動向把握方法の検討——聖地巡礼ノート分析の有効性と課題について」『観光創造研究』*2*, 1–13.

ギデンズ, A.／松尾精文・小幡正敏［訳］(1993).『近代とはいかなる時代か？——モダニティの帰結』而立書房

楠　正弘 (1973).「ゴミソ信仰とイタコ信仰——津軽の宗教（Ⅰ）」『日本文化研究所研究報告 別巻』*10*, 29–70.

桜井徳太郎 (1974).『日本のシャマニズム——上巻 民間巫女の伝承と生態』吉川弘文館

佐治　靖 (2008).「イタコノクチヨセ——口寄せ巫儀をめぐる異界観」小松和彦還暦記念論集刊行会［編］『日本文化の人類学——異文化の民俗学』法藏館, pp.283–304.

高松敬吉 (2007).「民間巫女の系譜——特に青森県下北郡のイタコの動態について」『うそり』*43*（別冊）, 1–304.

マクルーハン, M.／栗原　裕・河本仲聖［訳］(1987).『メディア論——人間の拡張の諸相』みすず書房

リップマン, W.／掛川トミ子［訳］(1987).『世論（上・下）』岩波書店

Chapter

13

海外における日本のテレビドラマの受容

台湾での NHK 朝ドラ『おしん』『あまちゃん』の消費

黄　馨儀

1　台湾での日本の朝ドラ受容を調べる

　近年，日本のメディア・コンテンツを積極的に海外へ売り込もうとする「クールジャパン」という文化政策がしばしば話題となっているが，日本のメディア文化はいかに海外で流通し，消費されているのか。本章は台湾での日本の朝ドラ受容に注目し，掲示板やインタビューの結果から分析をおこないたい。

2　朝ドラとその発展

　朝ドラ——NHK の連続テレビ小説の通称——は「国民的番組」と称され，50 年以上にわたって放送されているテレビドラマシリーズである。1966 年の『おはなはん』が主婦に高い支持を得たことを機に，テーマを文学作品から「女の一代記」に転換し，「波乱万丈の人生を強く生き抜く女性」が朝ドラのパラダイムとなった（黄, 2010）。朝ドラは 1970 年代から 80 年代にかけて，日本のテレビの発展・普及にともない，数多くの人気作を生み出し，『おしん』（1983 年）は 40％以上の高視聴率を記録した。近年は『あまちゃん』（2013 年），『あさが来た』（2015 年）などの作品が次々と話題になった。なお，日本国内だけではなく，朝ドラ作品の多くは海外に輸出，放送されている。そのなかでも『おしん』は，1980 年代から 90 年代にかけて世界 64 か国で放送され，アジア諸国を中心に大きな話題を引き起こした。台湾での朝ドラ放送は 90 年代の「おしんブーム」がその始まりとされ，近年は 2010年の『ゲゲゲの女房』の人気をきっかけに，日本の番組を専門に扱うチャンネル

「緯来日本台」が続々と朝ドラ作品を放送するようになった。では，なぜ朝ドラが台湾で放送されるようになったのだろうか。台湾の社会的な背景を踏まえつつ，朝ドラの台湾放送を遡ってみていきたい。

3　1990年代の台湾における日本文化：『おしん』の放送から

　台湾は歴史的・政治的な影響から，日本のメディア・コンテンツを禁止した時期が長かった。1895年から1945年までの50年間，日本の植民地として日本語教育や日本文化の受容を課されてきた台湾では，日本の映画や演歌などが昔から消費されてきた。しかし，1972年の日本と台湾の国交断絶によって国民党政府が日本文化を厳しく検閲し，長きにわたって日本のメディア・コンテンツは水面下での流通となった。やがて自由民主化の動きから，1987年戒厳令の解除および1993年「有線テレビ法」[1]の施行によって，日本のメディア・コンテンツが解禁された。1994年に台湾の三大地上波テレビの一つ，「中視」（中国電視公司）が，衛星テレビでの日本のテレビドラマの放送の成功を鑑みて，『おしん』の放送を決定した。しかし，放送前には賛否両論あったことが，台湾三大新聞紙の一つ『聯合報』の記事からうかがえる。「おしん──高価で版権購入」（1994年3月10日付『聯合報』21版）というタイトルの記事では，「中視が他局より高価な値段で『おしん』の版権を入手した」とされ，購入の理由として「日本と台湾の類似性が高く，台湾の視聴者にもわかりやすいと考える」といったものや「東洋色彩（日本的要素）が少ないため」といったものがあげられた。『おしん』の放送は，のちに「阿信現象」（おしんブーム）と呼ばれるほどの社会現象を引き起こした。さらに，1993年以降，日本のメディア・コンテンツは台湾で広く受容され，日本の音楽やテレビ番組・アニメが大好きな若者，いわゆる「哈日族」の出現が日本文化の人気を物語る。当時の社会現象として，1998年に衛視中文台（スターチャンネル）で放送された『イタズラなKiss』が視聴者のリクエストに応じ，半年間で5回も再放送された。また，松嶋菜々子が出演した『百年の物語』（2000年）が日本と台湾で同時放送されたこと，『HERO』（2001年）も日本での放送終了間際に台湾放送が開始したことからも，日本のテレビドラマのブームがうかがえる。郭（2008）の調査によると，1996年から2007年まで，日本のテレ

---

1)「有線テレビ法」＝有線電視法の訳。「有線テレビ法」の実行により非合法だったケーブルテレビが合法化し，日本の番組や音楽のテレビ放送も正式に合法化した。

ビドラマの放送枠が合計2,573枠にものぼり，とくに1999年から2001年にかけて毎年350枠を超える勢いだった。朝ドラ作品も「日劇＝日本ドラマ」として輸入され，表13-1のように，『おしん』ブームののち，『君の名は』（1991年）や『ふたりっ子』（1996年）などの作品も放送された。表13-1を参照するとわかるが，台湾での朝ドラ放送は，まず1994年から2000年までに集中しており，本章はこれを第1期とする。しばらくの空白期を経て，2010年の『ゲゲゲの女房』（2010年）の放送以降，ほとんどすべての作品が台湾で放送されるようになった時期を第2期とする。

　本章ではこの第2期，つまり2010年以降に，朝ドラが台湾でどのように受容され

表13-1　台湾における朝ドラ放送年表（筆者作成）

年　度	番組名	訳　名	放送局	台湾放送年
1983	『おしん』	阿　信	中　視	1994年（再）
1985	『澪つくし』	阿　香	緯來日本台	2005年
1988	『純ちゃんの応援歌』	小純的加油歌	國興衛視	――
1994	『君の名は』	請問芳名	中視，JETTV	1995年，2008年
1996	『ふたりっ子』	雙胞胎	國興衛視	1998年4月
	『あぐり』	雅久里	華視	1998年5月
1997	『天うらら』	天高氣爽	國興衛視	2000年4月
1999	『すずらん』	鈴　蘭	國興衛視	2000年7月
2000	『私の青空』	小媽媽天空	台　視	2005年
2001	『ちゅらさん』	水姑娘	國興衛視	2002年
2006	『純情きらり』	櫻　子	緯來日本台	2010年3月
2007	『どんど晴れ』	旅館之嫁	緯來日本台	2010年9月
2010	『ゲゲゲの女房』	鬼太郎之妻	緯來日本台	2011年5月（再）
	『てっぱん』	幸福鐵板燒	緯來日本台	2011年
2011	『おひさま』	陽　子	緯來日本台	2012年5月
	『カーネーション』	系子的洋裝店	緯來日本台	2012年11月（再）
2012	『梅ちゃん先生』	小梅醫生	緯來日本台	2013年5月
2013	『あまちゃん』	小海女	緯來日本台	2013年11月（再）
	『ごちそうさん』	多謝款待	緯來日本台	2014年5月
2014	『花子とアン』	花子與安妮	緯來日本台	2014年11月
	『マッサン』	阿政與愛麗	緯來日本台	2015年5月
2015	『まれ』	小希的洋果子	緯來日本台	2015年11月
	『あさが来た』	阿淺來了	緯來日本台	2016年5月
2016	『とと姉ちゃん』	當家大姐	緯來日本台	2016年11月
	『べっぴんさん』	童裝小姐	緯來日本台	2017年4月
2017	『ひよっこ』	少女的時代	緯來日本台	2017年10月

たのか，視聴者はなぜ視聴し，どのように見ているのかを明らかにするために，テレビ局のホームページにある「掲示板」の分析と，一部の視聴者へのインタビューをおこなった結果を紹介する。

4　2010 年以降の朝ドラの放送および台湾の視聴者

4-1　ネット上の掲示板分析

　視聴者に関する研究はオーディエンス研究の側面から，アンケート調査，インタビュー調査などを含めさまざまな研究手法が存在している。視聴者の反応を観察する一つの手段として，西田（2009）は「インターネット上の反応を見ることで，日常生活の中でオーディエンスが調査者に聞かれたことではなく，自発的にテレビについて語っていることを文字にして比較的容易に観察することができる」と説明した。さらに長谷川（2004）の論文で提起された方法を参考に，掲示板の発言に関するカテゴリーを，「挨拶」のメッセージ，ドラマへどれほど熱中しているのかを語る「自己紹介」，ドラマの内容，出演女優（俳優），使用された音楽などについて述べた「ドラマの感想」，ドラマに関するさまざまな「情報訴求」，それに答える「情報提示」「日本関連情報」，朝ドラというシリーズの関連作品に関して述べた「朝ドラ関連情報」，以上のいずれにもあてはまらない「その他」という八つの項目に分類し，分析した[2]。研究対象となる「討論区」は，緯来日本台が番組のために設立した掲示板で，放送作品ごとに掲示板が存在し，番組に関する感想や議論したい話題を匿名で投稿する場である[3]。作品ごとに投稿件数をカウントした結果[4]，もっとも話題性に富み，議論されたのが『カーネーション』（977 件）と『あまちゃん』（724 件）である。ここでは『あまちゃん』（2013 年）の視聴者投稿を取り上げて，台湾の視聴者が朝ドラをどのように理解し，語っているのかみていきたい[5]。

---

2) 分類は筆者がまずすべての投稿を読み，カテゴリーを作成したのち，基準を説明した中国語のわかる日本語学科の学部生 1 名に協力してもらい，分類が合致しなかった投稿を再度確認することで判断の客観性を確保した。
3) なお，緯来日本台で設置された掲示板はホームページの改編により 2017 年の 4 月をもって閉鎖された。当テレビ局の視聴者交流の場は現在 Facebook でのファンページ〈https://www.facebook.com/vljapan/（最終閲覧日：2020 年 6 月 8 日）〉となっている。
4) 本章の分析対象は，2016 年 12 月 31 日までの投稿である。

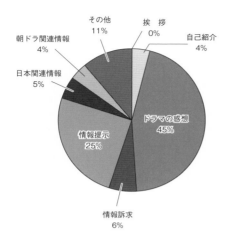

**図 13-1　『あまちゃん』の
投稿カテゴリーの割合**

1）『あまちゃん』の投稿カテゴリー：
　「ドラマの感想」「情報提示」
　『あまちゃん』の投稿カテゴリーの
うち「自己紹介」は 28 件で，4％にと
どまったが，ヒロインのアキのかわ
いさに心酔する発言や，放送終了後の
「あまロス」（ロス＝失落感）をアピール
する投稿から，視聴者のドラマへの熱
中ぶりが読み取れる。「ドラマの感想」
が 328 件で全体の 45％を占め，放送前
から『あまちゃん』という番組名の翻
訳についての激論があり，放送開始後
はヒロインのアキと親友のユイの運命
の違い，春子の母親像に賛同できない

との意見や，ヒロインの職業変化について理解できないなどの発言もあった。「情
報訴求」には DVD，劇中歌（『潮騒のメモリー』）の入手方法などがあった。これら
の質問に熱心に回答する「情報提示」は 177 件の 25％であった。「日本関連情報」
は 38 件の 5％で，番組に登場した役者の情報や 80 年代のアイドルの話題が取り上
げられていた。

　2）投稿内容の特徴：視聴者の熱中ぶり，共通したコンテンツ
　各カテゴリーでの特徴的な発言を，コメントが 10 件以上寄せられたトピックを
選び，分析した。

（1）「ドラマの感想」
　「ドラマの感想」では，番組名の翻訳に関する投稿で掲示板が「炎上」した。①
利用者「遊人」は「海女小天」のトピックに，「なぜ『小海女』なの？　ありえな
い」と投稿した（2013 年 10 月 23 日）。そのなかでも②利用者「阿忠」は「『あまちゃ

5）投稿件数がもっとも多い『カーネーション』の掲示板分析を本章で取り扱わなかったの
　は，インタビュー調査の人数が少なかったためで，本章は『あまちゃん』の結果のみ紹
　介する。

ん』は人生の甘えん坊だったヒロインの成長を描くという意味が込められている」
と，脚本家の宮藤官九郎の発言を引用し，議論した（2013 年 10 月 23 日）。番組名に
加え，劇中でよく使われる方言の「じぇじぇじぇ」の翻訳も大きな議論を呼んだ。
③利用者「dodo」は「方言の「じぇじぇじぇ」を中国語の「接接接」で訳すとおか
しいよ」と投稿した（2013 年 10 月 23 日）。番組名や劇中の用語の翻訳をめぐる計 50
件ほどの投稿からは次の二つの事柄が読み取れる。まず，緯来日本台で正規放送さ
れる前に，すでに全編視聴した視聴者が存在し，なおかつ彼らは緯来日本台の放送
もフォローし，『あまちゃん』を「再視聴」する傾向があることが，掲示板での発言
から推測できる。さらに，すでに『あまちゃん』を視聴した利用者の積極的な投稿
から，当番組への高い支持や熱中度が感じられる。

(2)「情報訴求」と「情報提示」

「情報訴求」に関する投稿では，④利用者「korima」は「春子ママが歌った曲」
というトピックで質問し，『潮騒のメモリー』に関する情報提供が熱心におこなわれ，
歌詞の翻訳を求める利用者もいた（2013 年 11 月 27 日）。ほかにも，⑤利用者「小熊」
は「綺麗な女性アナ［アナウンサー］は誰」（2013 年 12 月 4 日），⑥利用者「白金」は
「政宗の彼女を演じるのは誰」（2013 年 12 月 13 日）と，ドラマに登場したタレントや
俳優について質問し，それに対して回答する利用者から多くの「情報提示」のコメ
ントが熱心に寄せられた。「日本関連情報」には，鈴鹿ひろ美を演じる薬師丸ひろ
子に関する投稿や，⑦利用者「Francine」によると，若い頃の春子を演じる有村架
純の「ヘアスタイルは 80 年代の中森明菜にそっくり」（2013 年 11 月 23 日）という投
稿，⑧利用者「uuu」のトピック「聖子カット」への「台湾のアイドルも昔日本の
アイドルを真似してたんだよ」（2013 年 11 月 25 日）という投稿など，台湾と日本の
80 年代のアイドル情報を懐かしく討論する発言があった。「その他」に該当する投
稿では，放送時間や予告編でのネタバレなどへの不満が続出しており，テレビ局へ
の苦情が目立っていた。『あまちゃん』のコメントからは，台湾の視聴者の数回にわ
たる視聴パターン，また物語のおもしろさゆえに脚本家を高く評価する傾向にある
ことや，ヒロインだけに話題が集中するのではなく，ほかの登場人物や，物語の展
開に注目する投稿が多いことがわかった。次項ではインタビュー調査をおこなった
結果を紹介する。

4-2 『あまちゃん』視聴者のインタビュー調査

1）インタビュー調査実行の背景

インタビュー調査（in-depth interview）は定性調査の一つであり，量的研究の調査票調査・アンケート調査と比べ，台湾の視聴者がなぜ，そしてどのように朝ドラを視聴し，理解しているのかを深く知るために有効な方法であると考えられる。具体的な方法としては，2016 年 1 月に台湾の掲示板サイト「PTT」[6]に「『あまちゃん』の視聴者募集」と掲示し，回答者を募集した。本章での調査は半構造化インタビューの形をとり，研究者が話題を導入し，決まった項目に回答してもらうだけでなく，回答者に自由に意見を述べてもらうことで視聴者の感想を聞き出す，という手法でおこなった。調査人数と調査期間については，2016 年 3 月から 8 月にかけて，『あまちゃん』の視聴者 15 名に対しておこなった。

台湾の視聴者の朝ドラの視聴および理解の仕方に関する先行研究は，林（1996）がおこなった『おしん』の台湾視聴者へのインタビューのみである。一方，ここ 10

表 13-2　回答者の詳細

	性　別	取材地	職　業	年　齢	学　歴	日本のドラマ視聴歴
No.1	女	台　北	会　計	31	大学卒	10 年以上
No.2	女	台　北	建築関連	25	大学卒	10 年以上
No.3	女	台　北	看護学科	20	専門学校生	3–5 年
No.4	女	台　北	学　生	22	大学生	3–5 年
No.5	男	台　北	出版業	36	大学卒	10 年以上
No.6	男	台　北	IT 産業	36	専門学校卒	10 年以上
No.7	女	台　北	学　生	21	大学生	5–10 年
No.8	女	台　北	行　政	29	大学院修了	10 年以上
No.9	女	台　北	IT 産業	27	大学院修了	5–10 年
No.10	女	高　雄	学　生	18	専門学校生	1–3 年
No.11	男	高　雄	会社員	24	大学卒	5–10 年
No.12	女	高　雄	学術機構	25	大学院修了	10 年以上
No.13	男	高　雄	公務員	38	大学院修了	5–10 年
No.14	女	台　北	大学院生	24	大学院在学	10 年以上
No.15	女	台　中	会社員	24	大学卒	1 年

6）「PTT」は台湾で最大級のインターネット掲示板で，生活情報から娯楽まであらゆる分野の掲示板が設置されている。今回のインタビュイーは PTT の「日劇版」（日本のテレビドラマの議論する場）で募集した。

年で，日本と韓国のテレビドラマの受容への注目度は高く，なかでも李（2006）は台湾における海外ドラマの受容に関する研究方法を詳しく述べた。受け手調査は調査対象者の反応だけではなく，①視聴者それぞれの社会の立ち位置，②視聴した当時の環境，③あらゆる社会・文化・個人経験といった条件の違い，④文化的差異に注目すると効果的であるという李（2006）の研究を参考にした。取材した回答者の年齢層は 20 代から 30 代に集中しており，男性より女性のほうがやや多く，ほぼ大学卒業以上の学歴である。質問は，①「台湾の視聴者はいかに『あまちゃん』を視聴し始めたか」，②「台湾の視聴者はいかに『あまちゃん』を理解しているのか」，③「朝ドラシリーズに関する理解」，④「日本のテレビドラマに関する視聴及び理解」の四つの側面からおこなった。

2）インタビュー調査の結果
（1）ネットの口コミ効果／正規放送よりインターネット視聴

　まず，いかに『あまちゃん』を視聴し始めたかについて質問したところ，回答者が当番組を見始めたきっかけとして，ネット上の口コミが大きく作用しているとみられる。たとえば，回答には以下のようなものがみられた。

・「当初 PTT の日劇版[7)]での議論がすごくて，面白そうだから見始めた」（No.1,
　No.4, No.7, No.11）
・「普段から朝ドラを見る習慣がある」（No.2, No.12）
・「ネットの情報で知って，主役の能年玲奈が出ているから見始めた」（No.5）

　また，知人の紹介で見始めた者もいた。

・「兄が日系企業で働いているため，［…略…］『あまちゃん』も兄の勧めで見始
　めた」（No.3）
・「日本に留学している友人の紹介で知った」（No.6）

　さらに視聴方法について質問した。その結果 NHK の衛星放送や緯来日本台の正

7）多くのインタビュイーから「有名な評論者がこのドラマに太鼓判を押したから見始めた」という回答があった。

規放送より，ネット上での視聴のほうが好まれるという傾向がみられた。

> ・「NHK だと字幕がなくて，インターネットで見たほうが早いから，週に1回ぐらいのペースで見た」（No.1）
> ・「1回目はネットで見て，2回目は緯来日本台で見た」（No.2）
> ・「NHK の放送で見た。字幕がなくても見たい。見たときは高校生だったから，朝出かける前に見て，わからなかった部分はまたネットや緯来日本台の再放送で見た」（No.3）
> ・「携帯を使ってネット経由で2回見た。好きなシーンは録画して繰り返して見た」（No.4）
> ・「携帯を使ってネット経由で見た。お昼の休憩中会社で見ていた」（No.15）
> ・「ネットで見た。視聴当時はちょうど仕事の関係で台東の田舎にいたから，ドラマの設定にとても共感できた」（No.5）
> ・「ネットで見た。緯来日本台での放送は夜8時か9時だろう。やはり時間的に不便だから」（No.6）

　以上，回答者の多くはネット上の有名評論者のコメントをきっかけにドラマを見始め，そのほかは友人や家族の口コミをもとに見始めたこと，あるいはもともと日本のテレビドラマ（朝ドラ）を見ていたために見始めたことがわかった。また，台湾の視聴者の多くは，緯来日本台での放送時間は不便で広告が多い，インターネットがもっとも早く視聴できる，正規の放送を待てないといった理由で，インターネットでの視聴を選んでいる。これらはインターネットの普及による視聴者の行動の変化と，台湾でDVD録画システムが浸透していないことが要因であると考えられる。

（2）主役より脇役の人気が高い

　続いて，台湾の視聴者はいかに『あまちゃん』を理解しているのかに注目し質問した。回答者の多くはヒロインのアキより，脇役を好むことがわかった。たとえば，「ユイは芯が強く，きちんと目標があって最後まで貫く」（No.1）や「ユイが好き。プライドが高くて，自分の考えをしっかり持っている。そしてなぜかこのドラマで一番悲劇的なキャラクターだから。気になる存在」（No.4）などの回答がみられた。ほかにたとえば，マネージャー水口や，夏ばっぱ，春子など，あらゆる脇役が取り上げられた。

・「アキも可愛いけど，マネージャー水口が好きだ。僕はメディア産業で働い
　た経験があるからか，マネージャーの立場になりやすい」（No.5）
・「夏ばっぱが一番好きだ。とても強くて，生き方がかっこいい女性だから」
　「アキという役はあまり好きじゃない」（No.2）
・「アキはちょっとわがまますぎる。もし実際にアキのような友人がいたら困
　るかも。春子ママも好きだけど，夏ばっぱが一番好きだわ。「去る者追わず」
　という人生の名言は自分の心に響いた」（No.3）
・「夏ばっぱが好きだ。厳しくて，人に対してストレートな性格が好き」（No.6）
・「夏ばっぱが好きだ。素直じゃないけど，愛がある。自分もこのようなおばあ
　ちゃんが欲しい」「アキのこと，あまり好きじゃない。ちょっとバカ」（No.7）

　もちろん，アキが好きという者もいた。

・「アキが好きだ。だって可愛いだろう」（No.11）
・「アキが好きだ。顔がタイプ」（No.12）

　ヒロインのアキに好感をもつインタビュイーは男性に集中している。それに対し，
女性はアキのことをかわいいと評価しつつも，わがままでこのような友人がいたら
困ると想像する者が多かった。一方で，アキの祖母の夏や親友のユイ，マネージャ
ーの水口にもファンがいることから，多種多様な登場人物がドラマの人気を支えて
いることがわかる。脇役それぞれが個性的で，あらゆる視聴者に対応できるドラマ
となっていると考えられる。

（3）親子三代のマーメイド
　多くのインタビュイーがヒロインのアキと母の春子，祖母の夏の関係に注目して
いた。

・「夏ばっぱと春子，この親子の絆についての描き方がとてもよくて，二人は
　喧嘩ばかりだが，実はとても互いの存在が気になって［…略…］」（No.2）
・「このドラマを見ているとき，親子の葛藤についてなぜか気になる」（No.3）
・「このドラマの軸は，やはりこの親子三代，親子愛だろう。このドラマで一

> 番語りたいのは，この三人の関係回復だと思う」(No.7)

　以上のように，親子三代の絆に注目するのは女性で，自分の母親や祖母を連想し，夢を追いかけていた昔の自分はアキのように母親に反対された経験があったと述べた。

（4）女性像と男性像
　回答者に，春子という母親像と天野家の男性について感想を聞いた。

> ・「春子のイメージはこれまで見てきた，想像していた日本の女性像とは違う」（No.1，No.2）
> ・「ほかのドラマでは良妻賢母というか，穏やかな母親像が多いが，このドラマの春子は違うね」（No.3）
> ・「春子は一家の大黒柱のイメージがあり，これまで見た日本のテレビドラマの女性とは違う」（No.4）
> ・「春子という役は，自分が見てきた日本のテレビドラマの母親像とは違う」（No.6）
> ・「アキのパパは優しくて，これまでドラマで見てきた日本の父親とは違うイメージ」（No.2，No.7，No.14）

　このように，これまで見てきたほかの日本のテレビドラマでは，女性の親はやさしい母親像が多く，男性の親は深夜まで働き，家庭のことに関心を払わない，というのが一般的なイメージだったが，このドラマでは逆転していると述べられた。

（5）『あまちゃん』の魅力とメッセージ
　脚本と脚本家について質問したところ，以下のような回答があった。

> ・「宮藤官九郎のドラマなら必ず見る」（No.1）
> ・「ネット上の議論を見てから2回目を見ると「なるほど」と思う点が多々ある。脚本家の宮藤官九郎はすごいなと思った」（No.2）
> ・「このドラマの魅力はまさにドラマの内容自体がよいという部分。人間関係の描き方がうまい」（No.6）

・「この脚本家のドラマは必ず見る」（No.7）

また，当番組のメッセージについては以下のような回答があった。

・「大きな災害に遭っても挫けないで，頑張ろうとする気持ちが湧いた」（No.1）
・「ドラマのなかでは，みんなが郷土を愛する気持ちが強調されている」
　（No.2）
・「海のイメージがとても気分よく，元気をもらった」（No.3）
・「景色が綺麗。田舎の景色や人柄があたたかい」（No.4）
・「社会問題について取り上げているから，とても勉強になった」（No.5）
・「脚本だね。設定のあらゆるところに巧妙さがあり，後々わかるようになる
　ところがとても気に入った」（No.7）

このように，脚本をドラマの魅力としてあげた回答者は少なくない。

(6) 朝ドラや日本のテレビドラマについての理解
　また，朝ドラに高い関心や理解をもつ視聴者は「朝ドラは夢を追いかける女性の
イメージをつくっているが，女性向けのドラマで，ある程度日本女性の社会状況を
反映している」（No.1）と述べた。朝ドラの特徴については，「ヒロインのみんなはと
ても明るくて，うるさいほど元気」「軽快なリズムで視聴できる」（No.2），または「朝
ドラのヒロインはみんな明るすぎて，かえってうんざり」（No.4）と述べられた。こ
のように朝ドラに高い関心をもっている者もいる一方で，『あまちゃん』をきっかけ
に朝ドラを見始めたという回答者が多いことから，台湾において朝ドラは「日本の
テレビドラマを見る」一環として見られる傾向があり，毎日15分，「朝にドラマを見
る」感覚で見るのではなく，一気に一週間分を見る人が比較的多いことがわかった。
　最後に，今回の回答者に日本のテレビドラマの視聴経験や感想などを聞いたとこ
ろ，次のような回答を得ることができた。

・「中学生からずっと日本のドラマを見てきた。日本のドラマは社会状況を反
　映しているので，とても楽しんで見ている」（No.1）
・「日本のテレビドラマは毎日見る。日常生活の一つになっている。日本のド
　ラマのシーンや撮影はとても繊細で［…略…］日本のテレビドラマを見るこ

　とは勉強になるわ」（No.2）
・「普段はコメディが好きなので，『あまちゃん』を見て，感動的な部分も多い
　が，見ていてすごく楽しかった」（No.3）
・「このドラマを見て，「あま」という職業を知るようになった」（No.4）
・「日本のドラマはさまざまな社会問題に関心をもたせる作品が多い。深みが
　あってとても好き」（No.5）

　以上のように，日本のテレビドラマを長年視聴しており，ドラマをとおして日本
の文化や事情をさらに知りたいという回答者が多数いた。

5　朝ドラからみる日本文化の海外消費

　以上，台湾の社会的な背景や歴史も含めて，朝ドラを中心に台湾の日本文化の受
容をみてきた。1990 年代に民主化したばかりの台湾では，『おしん』の放送が一つ
の起爆剤となり，続々と日本のテレビドラマが放送され，マンガや J-POP などに熱
中する「哈日族（ハーリーズー）」の誕生は台湾での日本文化受容の最盛期だと考えられる。日本の
テレビドラマの台湾放送が 2001 年にピークを迎え，次第に減少する傾向にあった
なか，2010 年以降の朝ドラの作品の輸入は特殊にもみえた。公式放送を担当した緯
来日本台に筆者が問い合わせた結果によれば，「視聴者のニーズに近い」という理
由から，2010 年以降のほとんどの朝ドラ作品を放送したという。本章はこれを朝ド
ラの台湾放送の第二期と名づけ，とくにブームとなった『あまちゃん』に対し掲示
板分析およびインタビュー調査をおこなった。掲示板の書き込みから，『あまちゃ
ん』の視聴者は数回にわたって視聴するという熱中ぶりが確認でき，さらに当番組
の人気を支えたものとして，物語のおもしろさに加えて脚本家への高い評価があっ
た。2013 年に日本で「じぇじぇじぇ」が流行語となった際，台湾においても早々に
あまちゃんブームが巻き起こった。その背景には，インターネット世代のテレビ視
聴がある。ネットの口コミをきっかけに視聴し始め，テレビ視聴よりインターネッ
ト上での視聴のほうが便利で手軽だという回答がインタビュー調査でも散見された。
『あまちゃん』の魅力は脚本のよさと番組制作の緻密さにあると述べられ，物語の軸
を「親子愛」「震災復興のメッセージ」として理解した台湾の視聴者の朝ドラ消費は，
岩渕（2003）が提起した「文化的近似性（Cultural proximity）」が作用していると考
えられる。

　またインタビュー調査をとおして，朝ドラのファンが一定程度存在することが確認できた。さらに，朝ドラのほかにも，多くの視聴者は 5 年から 10 年以上日本のドラマを見ており，日本のテレビドラマを見ることは娯楽というよりも「知識の習得」と答え，日本のテレビドラマを介して日本社会・日本文化を理解し，「日本の女性像・男性像」を構築しているという傾向が確認できた。日本のテレビドラマは台湾の視聴者にとって，日本文化や社会の鏡である。また，「哈日ブーム」が去ったとされる現在でも，熱心に日本のテレビドラマを毎日視聴し，日常生活の一つと言う人がいることを考えれば，日本のテレビドラマをはじめとする日本文化はすでに台湾で日常化していると考えられる。なお，2010 年以降に台湾で朝ドラが集中して放送されるようになった背景として，クールジャパンに基づいた日本側の文化政策の影響があるかどうか，テレビ局への取材などによるさらなる調査が必要である。

●引用・参考文献

岩渕功一［編］(2003).『グローバル・プリズム――「アジアン・ドリーム」としての日本のテレビドラマ』平凡社

大場吾郎 (2017).『テレビ番組海外展開 60 年史――文化交流とコンテンツビジネスの狭間で』人文書院

黄　馨儀 (2010).「テレビ文化と女性――初期のNHK 朝の連続テレビ小説の形式転換と女性視聴者との関係」『Gender and sexuality』*5*, 61-94.

黄　馨儀 (2014).『メディアの女性文化――テレビドラマにおける女性表象とその社会的意義――NHK 朝の連続テレビ小説を例に』同志社大学社会学研究科メディア学専攻博士学位論文

黄　馨儀 (2015).「朝ドラの海外受容――台湾の放送状況及び掲示板の分析を例に」日本マス・コミュニケーション学会 2015 年度春季大会予稿集

斉藤慎一 (1998).「メディア変容の時代におけるオーディエンス研究」『マス・コミュニケーション研究』*53*(0), 34-52.

西田善行 (2009).「「視聴者の反応」を分析する――インターネットから見るオーディエンス論」藤田真文・岡井崇之［編］『プロセスが見えるメディア分析入門――コンテンツから日常を問い直す』世界思想社

長谷川典子 (2004).「インターネット掲示板のエスノグラフィー――日韓異文化コミュニケーション研究に向けて」『多文化関係学』*1*, 15-29.

牧田徹雄 (1976).「NHK 連続テレビ小説の考察」『NHK 放送文化研究年報』*21*, 79-94.

李　佩英 (2006).〈韓劇《大長今》之接收分析研究――男女閱聽人對「長今」角色的解讀〉國立交通大學傳播研究所修士論文

林　芳枚 (1996).《女性主義與社會建構的觀點 女性與媒體再現》巨流圖書公司

郭　晏銓（1997）.〈進步的女性主義文本或精緻的軍國主義意識型態宣傳品？——從《阿信》的戰爭文本看閱聽人的解讀方式〉政治大学新聞研究所修士論文

郭　魯萍（2008）.〈在台播映的日本偶像劇類型與閱聽人解讀分析〉世新大學傳播研究所修士論文

Höijer, B.（1990）. Studying Viewers' Reception of Television Programmes: Theoretical and Methodological Considerations. *European Journal of Communication*, 5(1), 29–56.

Part 3
メディア・コンテンツを創る

14

ウィキペディアでコンテンツを創造する

著作権・メディアリテラシー・社会学的想像力

松井広志

1　ウィキペディアを読む

　現代社会では，インターネットを介してコンテンツと接することが当たり前になっている。たとえば，「コンテンツの創造，保護及び活用の促進に関する法律」の定義では「文字，図形，色彩，音声，動作若しくは映像若しくはこれらを組み合わせたもの」[1] とあるが，こうしたさまざまな種類のコンテンツを，私たちはネットにつながったスマートフォンや PC などで日常的に受容している。このうちとくに「文字」に関する領域では，何か知りたいと思ったときに Google などでキーワード検索することも多いだろう。その際しばしば上位にヒットするのが，ネット百科事典の最大手である「ウィキペディア」の記事である。

　ネット検索でさまざまな事項の概要を手軽に知ることができるウィキペディアは，現代社会における知識のあり方を大きく変えている。たとえば，この本の読者層の一つと想定される学生にとって身近な教育現場（大学や各種の学校）では，学生がレポートを書く際の「コピペ」（コピーしてペーストする）元として，ウィキペディアが使われることがしばしば問題になっている。それゆえ，近年，レポートを課す授業では，「レポートにウィキペディアは用いてはならない」といった注意がおこなわれることもある。もちろん，そうした注意に一定の意味はあるだろう。

　しかし，「ウィキペディアの使用禁止」自体が，そもそも現在のメディア利用の

---

1) http://www.cas.go.jp/jp/hourei/houritu/kontentu.html（最終閲覧日：2019 年 2 月 16 日）

実情に合っていないともいえる。たとえば，授業に登場する概念・人物・作品名・地名などで知らない事柄があったとき，検索して上位に出てくるウィキペディア記事を読むというのは自然な行為である。むしろ，何かを知らないままでいるよりは，基礎的な知識を得るのはいいことに違いない。それは，第一歩ではあるが立派な「勉強」だといえよう。真の問題は，ウィキペディアで簡単に知識を得られること自体ではなく，レポートなどでそのままコピペするなどの不適切な用い方をすることである。

　では，学生たちがウィキペディアの特性を理解するためのより適切な方法はないのだろうか。そこで筆者が思い至ったのが，「ウィキペディアの記事を（読むだけではなく）書いてみる」という授業である [2]。そこでは，ウィキペディアを（受動的に読むだけではなく）能動的に書くプロセスを通じて，既存の情報の整理，参考文献の探索やそれらの読み解き方，初歩的な調査の仕方，そして相互批評の精神を育むことを目指した。筆者はこれまでも，ウィキペディアを書くことの手順については短い文章を書いたことがあるが（松井, 2018），本章ではさらに詳しく，ウィキペディアの記事を書くプロセスだけでなく，その目的や意義についても論じていきたい。

　まず，記事を書く際の具体的なプロセスを確認する（第2節）。次に，執筆にあたって重要となる資料，あるいはその集め方について詳述する（第3節）。さらに，記事を書くうえで必要であるとともに，逆に記事を書くなかで学べる知識のうち，とくに著作権について論じる（第4節）。最後に，上記のことをふまえ，ウィキペディアで「コンテンツを創造する」，あるいは「社会を想像する」ことの意味をまとめていく（第5節）。

2　記事を書く

　一般的に，あるメディアについて理解するためには，たんなる「受け手」ではなく，「送り手」の立場になってみる経験が重要である。本章で扱う「ウィキペディアの記事を書く」という実践も，そうした発想から始めたものだ。

　そもそもウィキペディアは，2001年1月に英語版で始まったフリーのオンライン百科事典である。同年5月からローマ字表記による日本語版も開始し，2002年9

2）2014年度と2015年度の大阪国際大学人間科学部「デジタルメディア論」，2016年度と2017年度の愛知淑徳大学創造表現学部「メディアコミュニケーション演習」などで実施した。

• Statistics at 00:00, 19 February 2019 (UTC)

1 000 000+ articles

No. ◆	Language ◆	Language (local) ◆	Wiki ◆	Articles ◆
1	English	English🔗	en	**5,808,960**🔗
2	Cebuano	Sinugboanong Binisaya🔗	ceb	**5,369,458**🔗
3	Swedish	Svenska🔗	sv	**3,754,598**🔗
4	German	Deutsch🔗	de	**2,273,818**🔗
5	French	Français🔗	fr	**2,082,945**🔗
6	Dutch	Nederlands🔗	nl	**1,958,398**🔗
7	Russian	Русский🔗	ru	**1,529,891**🔗
8	Italian	Italiano🔗	it	**1,506,318**🔗
9	Spanish	Español🔗	es	**1,505,905**🔗
10	Polish	Polski🔗	pl	**1,320,806**🔗
11	Waray-Waray	Winaray🔗	war	**1,263,516**🔗
12	Vietnamese	Tiếng Việt🔗	vi	**1,202,830**🔗
13	Japanese	日本語🔗	ja	**1,139,878**🔗
14	Chinese	中文🔗	zh	**1,045,820**🔗
15	Portuguese	Português🔗	pt	**1,017,108**🔗

図 14-1　ウィキペディア各言語版の記事数 [3]

月からは，かな文字・漢字も使用可能になった（リー，2009：10）。それから 15 年以上経った 2018 年 3 月には，日本語版は 110 万項目を達成した [4]。なお，世界では 298 か国版ものウィキペディアが存在し，もっとも多い英語版は約 560 万項目までになっている（図 14-1）。

　既存の百科事典と比べたウィキペディアの特徴は，一般的なウェブブラウザで簡単に編集できる Wiki というシステムを用いているため，不特定多数の人が随時，記事を追加・修正できることである。したがって，ウィキペディアの記事は，特定の著者ではなく集合知によってつくられ，固定的ではなく流動的なコンテンツだといえる。ただ，読者のみなさんのなかには，そもそもウィキペディアを簡単に編集できることを知らなかったという人もいるかもしれない。

　ところで，ウィキペディアの記事を書く授業は，欧米の大学ではしばしばおこな

3）https://meta.wikimedia.org/wiki/List_of_Wikipedias（最終閲覧日：2018 年 3 月 28 日）
4）https://ja.wikipedia.org/wiki/ メインページ（最終閲覧日：2018 年 3 月 22 日）

われているようだ。たとえば，ジョージタウン大学の R. デービスは，論文を書くために必要となるレビューや要約の訓練に適切だと考え，授業に取り入れているという[5]。一方，国内でも，図書館情報学専攻の授業でウィキペディアの記事作成がおこなわれている（時実, 2013：186-187）。

　ただ，記事を書きたいと思っても，どういう手順で書いていけばよいのかがわからないという人もいるのではないだろうか。そこで，ここからは，具体的な記事作成のプロセスと，準備のノウハウを紹介したい。あくまでこれは私がおこなった授業に即した一つの例であり，唯一の方法ではない。しかし，一つのパターンとしてではあるが，多くの読者に有用な知見になると考える。

　さて，記事を執筆する準備として，まずは「ウィキペディアへようこそ」[6]や「記事を執筆する」[7]などの，ウィキペディア日本語版内の方針を書いた記事を熟読したい。実はウィキペディアには細かいルールがたくさんあり，管理者を務めているレベルのユーザーから「方針全部を理解している人は，ウィキペディア上におそらくひとりもいないだろう」[8]といわれるほどである。とはいえ，「とりあえず書いてみる」際に知っておくべき根本的な方針は限られている。だからこそ，すべてのルールを細かく把握している人以外の多くの一般のユーザーが，日々多くの記事を執筆したり，加筆・修正できているのだ。

　では，ウィキペディアの基本的なルールはどのようなものだろうか。それは，①「中立的な観点」[9]，②「検証可能性」，③「独自研究は載せない」という「内容に関する三大方針」である。これらは実のところ，一般的な百科事典とも共通している。また，中立的な観点や検証可能性については，レポートや卒業論文を書く際に

5) 「大学の授業で Wikipedia の記事を充実させる取組み（米国）」〈http://current.ndl.go.jp/ e1118（最終閲覧日：2017 年 7 月 20 日）〉

6) https://ja.wikipedia.org/wiki/Wikipedia: ウィキペディアへようこそ（最終閲覧日：2018 年 3 月 27 日）

7) https://ja.wikipedia.org/wiki/Wikipedia: 記事を執筆する（最終閲覧日：2018 年 3 月 27 日）

8) ウィキペディア日本語版の管理者の一人 Ks aka 98 による（山本・古田, 2008：18）。なお，ウィキペディアにおける「管理者」とは，ページの保護や削除など「通常のユーザーには制限された一部の操作を行う権限をもつ利用者グループ」のことを指す〈https:// ja.wikipedia.org/wiki/Wikipedia: 管理者（最終閲覧日：2018 年 3 月 28 日）〉。あくまで一般の利用者のなかから投票で選ばれた人びとであり，「権限の少しだけ大きな一般ユーザー」というほうが実態に近いという（山本・古田, 2008：15）。

9) https://ja.wikipedia.org/wiki/Wikipedia: 中立的な観点（最終閲覧日：2017 年 7 月 20 日）

要求される姿勢とも重なる[10]。そのため，こうした方針に則って文章を書くことは，決して特殊な作業ではなく，さまざまな勉強に応用可能な学びにもなる。

　次に，「良い（充実している）記事」と「良くない（充実していない）記事」を見つけてみよう。もちろん，絶対的な基準はないので，相対的に（ほかと比べて）自分が「良い」あるいは，「良くない」と思う記事でよい。ウィキペディアは不特定多数の人が書いているという都合上，充実している記事とそうでない記事の差が（従来のオーソドックスな事典に比べて）かなり大きい。そのあと，上記で選んだ記事について，「良い」／「良くない」と考えた理由を友人などと話し合おう。この作業をおこなうのは，どこが「良い」のかを多面的に検討することで，記事を自分で書く際の手本として活用していくためだ。そうした検討の成果を活かして，まだウィキペディア日本語版に存在しない記事，あるいは，すでに存在するが内容の不十分な記事のなかから，執筆する記事を決めていく。

　その後，いざ項目を決めて書いていく際には，ウィキペディアが禁じる「宣伝」や「独自研究」とならないように注意が必要だ。前者はその名のとおり，特定の企業や商品の宣伝になる記事はダメということである。後者については，先述した「独自研究は載せない」という項目に，「ウィキペディアの記事は，公表ずみの信頼できる二次資料（一部では三次資料）に基づいて書かれていなければなりません」と注意が喚起されている[11]。では，ここにある「二次資料」などの資料とはどのようなもので，どのように集めていけばよいのだろうか。

3　資料を集める

　前節で確認した流れで作成する記事を決めたら，書くための材料となる資料を探すことが必要になってくる。一般に，資料は「一次資料」「二次資料」「三次資料」に分けられる。一次資料とは，ある事柄に関わった本人が書いたもの，あるいはその人から取得したデータである。二次資料は，こうした一次資料を材料にした記述や研究であり，二次文献ともいう。さらに，一次資料や二次資料の概要をまとめた

10）逆に卒業論文などではオリジナリティが求められる。この違いは，ウィキペディアがオリジナルな研究や創作を発表する場ではなく，既存の知識（≒二次資料）をまとめた事典（≒三次資料）であると強く自己規定していることによる。

11）https://ja.wikipedia.org/wiki/Wikipedia: 独自研究は載せない（最終閲覧日：2017年7月20日）

ものが，三次資料と呼ばれる。

　この分類では，ウィキペディアのような百科事典（あるいは事典一般）は，すでに発表されている文献（二次資料）をまとめたものなので，すべて三次資料となる。それゆえに，前節で述べたとおり「独自研究は載せない」という方針になっていたのである。つまり，ウィキペディアは，すでにある文献（二次資料）の引用の集積であるため，それを書く際には信頼できる資料を集める必要がある。で

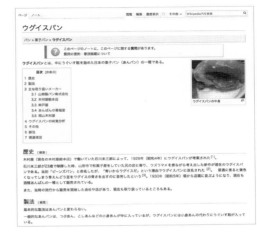

図14-2　ウィキペディア「ウグイスパン」の項目

は，どういうふうに資料を探していけばよいのだろうか。2017年度の授業では，ある班が「ウグイスパン」の記事を執筆した（図14-2）。以下では，この事例に即して資料の探索と収集について述べていきたい。

　手軽に確認できるためか，資料探索をネットのキーワード検索から始める人がいる。しかし，たんなるネット検索では，入手できる情報に限りがあり，信憑性が低いものも多い。

　そこで，まずは，すでに存在する事典類の記述を確認するのがよいだろう。多くの図書館で，『世界大百科事典』（平凡社）や『ブリタニカ国際大百科事典』（ブリタニカ・ジャパン）などの大部の百科事典が蔵書されている。これらを調べて基礎情報を得るのが先決だろう。また，図書館によっては，「ジャパンナレッジ」という知識探索サイトと契約しており，これが有用である。ジャパンナレッジは，小学館グループの一つである株式会社ネットアドバンスが運営するサービスで，国内外の辞書・事典コンテンツをデジタルデータとして提供している。これを使うと，先述の『世界大百科事典』や『Encyclopedia of Japan』（講談社）のような百科事典，『デジタル大辞泉』（小学館）などの国語辞書，『国史大辞典』（吉川弘文館）などの歴史辞典も一括検索できる。また，電子辞書のなかにも，こうした事典が入っているものがあるので，手持ちで利用できる機種をもっている人はそれを活用しよう。ただ，こうした百科事典の「丸写し」では意味がないし，さらにいうと，こうした事典類で

図 14-3　「聞蔵 II ビジュアル」の検索結果画面

さえ載っていない項目も多い。たとえば「ウグイスパン」を（ひらがなや漢字などの表記ゆれも含めて）上記のジャパンナレッジで検索しても，項目は存在しない。しかし，だからといって情報が得られないわけでない。その場合は，より一般的な言葉，あるいは関連する事項を調べたい。実際，鳥の「鶯」は多く，ウグイスパンの中身である「うぐいすあん」では『大辞泉』の項目が１件ヒットした。とはいえ，「青えんどうを煮てつぶし，砂糖を加えて作った緑色の餡」[12] という説明のみであり，ほかの資料が必要であった。

　次に，新聞データベースの活用がある。図書館によっては（とくに大学図書館の多くが），『朝日新聞』『読売新聞』『毎日新聞』など，全国紙の過去の記事が見られるデータベースと契約している。これを検索することで，調べたい事柄が過去何十年間にわたってどのように報道されてきたかを知ることができる。こうした電子化資料のなかには，誰もウィキペディアに書いていない情報がある。たとえば，ウグイスパンでは，『朝日新聞』のデータベース「聞蔵 II」を検索すると，「「カメ」は今も１位」（1988 年 9 月 9 日付）という記事が見つかった（図 14-3）。これは，坂田允孝編集委員による「昭和にんげん史」コーナーの「動物パン」という連載記事の５回目であり，そこに，新宿の木村屋で働いていた石川末三郎によって，1929 年にウグイスパンが考案されたという記述があった。発明した商店や人名といった固有名をもった情報で，しかも全国紙のような信憑性の高いソースからのものがあると，調べものが一気に進んでいく。

　さらに，上記で得られた情報をもとに，関連する書籍や，埋もれている資料の発見へと進んでいく。書籍は書店で購入したり，図書館で借りるのが基本だが，古い本でも（貴重書でなければ）Amazon（マーケットプレイスを含む）やヤフオク！，日本

---

12) https://japanknowledge.com/lib/display/?lid=2001024859200（最終閲覧日：2018 年 3 月 27 日）

の古本屋などのウェブサイトから安価で入手できる場合も多い。書籍の資料を探すうえで重要となるのが固有名である。ウグイスパンの場合，木村屋や石川末三郎といったキーワードを図書館のデータベースや上記のサイトで検索した。すると，木村屋総本店社史編纂室が 1989 年に発行した『木村屋百二十年史』という資料が見つかった。同書は授業をおこなった大学図書館にはなかったので，文献貸借サービスを使って近隣の図書館から取り寄せた。同様の貸借サービスは，自治体の図書館でも提供されている。また，国立国会図書館に行けば，日本国内で出版されたほとんどの出版物が揃っている[13]。いずれにせよ，こうした社史や年鑑類は信頼できる二次資料なので，ウィキペディアを書く際に有用である。

　このように資料を集めるのと並行して，とくに同じジャンルの「良い（充実している）記事」を参考にしつつ，記事の節や小見出しなどの構成を確定していく。構成が決まれば，収集した資料を組み合わせながら，実際に記事の中身を書き始めるとよい。「ウグイスパン」の場合，上記で調べた「歴史」をまず書き，次に「製法」，現在入手できる「主な取り扱いメーカー」，テレビ番組で取り上げられた際におこなわれた「味覚分析」，最後に『平成天才バカボン』のエンディングテーマに登場することを「その他」で触れる構成とした。後者の二つの節は，実は最初からあったわけでなく，ゼミ内の議論のなかで出たものである。資料が集まった段階で，ほかの人に構想を話してみて，意見を聞くことで新たなアイデアや情報が得られる。したがって，可能であれば実際に書く前に，近しい人との相互批評をぜひおこなってほしい。

4　引用のルールを学ぶ

　前節のような手順で資料を収集し，それらの情報を組み合わせることで，ウィキペディアの記事本文を書くことが可能だろう。ただ，記事をより充実したコンテンツとしたい場合，文字情報だけでは不十分なこともある。項目によっては，図版などのビジュアル情報があったほうが充実した記事になる。文字情報もそうだが，こ

13）日本国内で発行されたすべての出版物は，国立国会図書館法に基づき，国立国会図書館への納入が義務づけられているが，（発行者が知らないなどの理由で）納入されていない資料もある〈http://www.ndl.go.jp/jp/help/collections.html（最終閲覧日：2018 年 3 月 27 日）〉。また，とくに戦時中に発行された雑誌などは，焼失するなどして現物がほとんど残っていないため，所蔵されていないこともある。

うした図版を利用するときに問題になるのが，著作権や肖像権などの法的権利である。本節では，著作権の目的と概要をおさえたうえで，ウィキペディアの記事を書くことに関連づけながらそれらを学んでいく。

　そもそも近代社会では，法によって権利が規定される。立憲意志を明確化した（人民から国家への命令としての）憲法だけでなく，そうした憲法の枠内で議会によって定められる（国家から人民への命令としての）法律でもそれは同様である。

　日本の著作権（コピーライト）は，知的財産権の一つであり[14]，著作権法という法律によって定められている。その目的は「文化の発展に寄与すること」である。著作権法では著作者の権利が保護されるが，それはあくまで社会全体の「文化の発展に寄与する」ためである[15]。つまり，個人の利益自体は目的ではなく，著作物を創造する動機を確保することで，最終的に「文化の発展」に貢献することが重要なのだ。また，ここでの著作物とは「思想又は感情を創作的に表現したものであって，文芸，学術，美術又は音楽の範囲に属するもの」であり，本書のテーマであるコンテンツと大きく重なる。というより，「文字，図形，色彩，音声，動作若しくは映像若しくはこれらを組み合わせたもの」[16]と定義されるコンテンツは，多くの場合，著作物でもあるというほうが正確かもしれない。

　また，著作権はいくつかの権利の総称だが[17]，なかでも「複製権」や「公衆送信権」がウィキペディアを書くうえではとくに関係がある。複製権は，著作物を「形のある物に再製する」という（著作権のもっとも基本的な）権利であり，PCのハードディスクへの複製も含まれる。公衆送信権は，著作物を不特定多数の人びとに向けて送信することに関する権利で，サーバー（自動公衆送信装置）に著作物が蓄積されるウェブサイトへの掲載もこれにあたる。つまり，法律的には，ある文献をデジタルテキストの形でハードディスクやサーバーに記録する時点で，実はもとの著作物を「複製」していることになるのだ。

　「それでは，集めた資料をもとに書くと，著作権違反になってしまうのでは？」と

---

14) 知的財産権は，著作権や産業財産権，その他に分類される。

15) 著作物を（とくにSNS時代の）社会で共有するためのアイデアについては，鈴木（2018）を参照。

16) 前掲注1）を参照。

17) 正確には，著作権は著作者人格権と著作権（財産権）に分類され，後者のなかに複製権や公衆送信権などが含まれる。非専門家向けの著作権の入門的なガイドブックとしては，文化庁長官官房著作権課（2017）が参照しやすい。

思う人もいるかもしれない。実は，資料を適正な手続きで用いることは，著作権保護の「例外規定」として可能になっている。そもそも例外規定には学校現場や図書館利用などいくつかあるが，ウィキペディアを書く際に適用されるのが「引用」についての規定だ。つまり，しっかりルールを守れば，それはもとの著作物の「コピペ」や「盗作」ではなく，「引用」による新たな創作行為だと認められているのである。

　そうした引用の条件は，次のとおりとされている（文化庁長官官房著作権課，2017：79）。

　　①すでに公表されている著作物であること
　　②「公正な慣行」に合致すること（例えば，引用を行う「必然性」があることや，言語の著作物についてはカギ括弧などにより「引用部分」が明確になっていること。）
　　③報道，批評，研究などの引用の目的上「正当な範囲内」であること（例えば，引用部分とそれ以外の部分の「主従関係」が明確であることや，引用される分量が必要最小限度の範囲内であること）
　　④「出所の明示」が必要（複製以外はその慣行があるとき）

　これらを満たすには，①④脚注に資料の出典を明記する，②直接引用の場合はカギ括弧で囲い，間接引用の（自分でまとめる）場合には「＊＊によれば，△△という」というように，明らかに引用だとわかる表記で書く，③必要な情報に絞って端的に記述する，といった措置をおこなえばよい。実際，ウィキペディアの充実した

脚注 ［編集］

1. ^ 木村屋総本店社史編纂室、1989年、『木村屋百二十年史』木村屋総本店、109ページ
2. ^ 石川末三郎「構成・文：大谷浩巳」「パン屋さんと話をしよう5　アンコにエンドウマメを使ったら：和菓子屋を手伝いながらウグイスパンを発明」掲載誌不明、123ページ
3. ^ 坂田允孝「動物パン：5　「カメ」は今も1位（昭和にんげん史）」『朝日新聞』1988年9月9日付夕刊3面。
4. ^ "山崎製パン株式会社". 2017年7月18日閲覧。
5. ^ "山崎製パン！商品情報！商品情報［菓子パン］！うぐいすぱん". 2017年7月18日閲覧。
6. ^ "企業情報｜あんぱんなら銀座 木村屋総本店". 2017年7月18日閲覧。
7. ^ "酒種　うぐいす｜あんぱんなら銀座 木村屋総本店". 2017年7月18日閲覧。
8. ^ 酒種あんぱん　うぐいすぱん　5入". 2017年07月20日閲覧。
9. ^ "いらっしゃいませ！神戸屋です。". 2017年5月30日閲覧
10. ^ 喜福堂について｜あんぱんの喜福堂（KIFUKUDO）". 2017年6月19日閲覧
11. ^ 岡山木村屋・商品紹介「酒種風味製品」
12. ^ "【菓子パンのトレンド】うぐいすパンってご存知ですか？". 2017年7月18日閲覧。
13. ^ 『天才バカボン』アニメ". 2017年7月18日閲覧。
14. ^ "その日は朝から夜だった／嘉門達夫-カラオケ・歌詞検索｜JOYSOUND.com". 2017年7月18日閲覧。

図 14-4　記事における脚注[18]

---

18) https://ja.wikipedia.org/ ウグイスパン（最終閲覧日：2018 年 3 月 28 日）

記事には本文や脚注でこうした「引用のルール」に配慮した記述がおこなわれている（図14-4）（逆に，良くない記事は，脚注がそもそも存在していないことが多い）。

図版のほうもこうしたルールは共通している。写真についていうと，その著作権は撮影者にある（構図などに創作性が認められるので，スマホで撮った写真も立派な創作物である）。だからこそ，たとえば自分で買ったお菓子などの「実用品」を撮った場合，その写真は著作者たる自分が自由に使用できる。当然，ウィキペディアの図版としても用いてもよい。

ただ，そこで注意したいのがプライバシーに関わる「肖像権」だ。人間を撮った写真の場合，その写真の著作権は撮影者にあるが，被写体である人には（それとは別に）肖像権があり，無断で利用できない。また，商品価値がある肖像については，とくに「（肖像）パブリシティ権」という権利もある。そのため，芸能人などを街で勝手に撮影した画像をウィキペディアで使用することは当然できない。

しかし，だからといって，（萎縮してしまって）本来は侵害していない権利まで怖れる必要はないだろう。弁護士の福井健策は，本来はそうでないにもかかわらず，著作権のように間違って理解されている，存在しない権利を「擬似著作権」（あるいは「疑似肖像権」なども含めた「疑似知的財産権」）と呼ぶ。擬似著作権には，「ペットの肖像権」や自動車など「物のパブリシティ権」，あるいは先に述べたお菓子や料理などの「実用品の著作権」があるが，これらの権利に法的根拠はない（福井，2010：第7章）。

上記のように，本節では，主に著作権やその他の権利の骨子をおさえつつ，記事を書く際に注意すべき事柄について確認してきた。ウィキペディアは，こうした関連する法律を知ったり，引用のルールを学んだりするきっかけになるのだ。だが，ウィキペディアの記事をつくることをとおして学べるのは，それだけではないだろう。本章の最後となる次節では，少し抽象度を上げて，コンテンツを創造することの意味と，社会を想像する力との関係を考えてみたい。

5 コンテンツを創造する／社会を想像する

では，ウィキペディアを書くことをとおして学べる大きなもの，自分自身の「姿勢」のようなものは何だろうか。まず，こうしたネット上の記事が，抽象的で無色透明なものではなく，自分たちと同じ「人」が何かの資料に基づいて書いたものだということが実感できるに違いない。また，卒業論文などの論文執筆に必要な，文

献探索などのリサーチスキル（調査能力）を習得できよう。

　さらに，インターネット時代のメディアリテラシー（メディアを適切に読み解く能力）を磨くことにもなるだろう。ウィキペディアは非専門家を含む不特定多数の人によって書かれているため，記事の信憑性に疑問が残る。しかし，ウィキペディアを使う際には，「絶対に使わない」か「すべて信じる」の両極端ではなく，それぞれの記事を批判的に読むという（ある意味では当たり前の）作業が必要である[19]。そこに見出せるウィキペディアとの接し方は，インターネットが遍在したこの社会でさまざまなメディアをより良く使っていく，メディアリテラシー全般に通じているのだ。

　最後に，ウィキペディアを通じた社会との接し方について触れておきたい。たとえば，本章であげた「ウグイスパン」の記事は，ウィキペディア日本語版の「良質な記事」[20]の候補に選ばれた。たしかにウィキペディアは「荒らし」などいくつかの問題を抱えている。ただ，実際に書いてみると，しっかりと資料を探したうえで明確に書いた記事をきちんと評価する仕組みが（ある程度は）機能している。こうした相互批評がおこなわれるウィキペディアは，歴史叙述をおこなう場としても可能性と問題点が検討されている（宮本, 2017）。

　さらにいうと，ウィキペディアのダイナミックなあり方は，インターネット，とくに SNS のコミュニケーションでしばしば指摘される「見たいものしか見ない」ような「フィルターバブル」という性質（パリサー, 2012）を内側から破る可能性を秘めている。ウィキペディアにおいて書き手は，歴史的に蓄積されてきた資料を集め，それらを編集してわかりやすい記事を自分なりに書く。さらに，その記事が他者による評価のなかで批判・評価される。こうしたプロセスは，個人と社会・歴史をつなぐ「社会学的想像力」が涵養される場になりうる。かつて社会学者の C. W. ミル

19）これと関連して，山口裕之は，ウィキペディアでもほかの資料でも間違った情報を含む場合があるので，どの情報源（＝出典）に基づくかを明記することが重要だと述べている（山口, 2013：7）。

20）ウィキペディアの「良質な記事」とは，執筆コンテストで入賞した記事，各ウィキプロジェクトによる良質な記事の基準に従って選出された記事，その他不特定多数の参加者が査読をおこなう場において良質と認められた記事，といった「良質な記事の基準」のいずれかを満たし，良質な記事の除外基準をいずれも満たさない，高い質を保つ記事のことである。2018 年 3 月現在，ウィキペディア日本語版の約 100 万本の記事のうち，1,000 本あまりの記事（0.1%）が「良質な記事」に認定されている〈https://ja.wikipedia.org/wiki/Wikipedia: 良質な記事（最終閲覧日：2018 年 3 月 28 日）〉。

ズは，個人の日常を社会の構造や歴史の流れと関連づけてとらえる知性を，社会学的想像力と呼んだ（ミルズ, 2017）。その意味では，ウィキペディアでの「コンテンツの創造」は，過去の資料や現在の人びととの対話に基づいて記事をつくっていくことであり，著作権などのルールを学び，メディアリテラシーを高めることにとどまらず，「社会の想像」にまでつながっているのである。

●引用・参考文献

鈴木恵美（2018）.「お弁当になることができないゆるキャラ」有田　亘・松井広志［編］『いろいろあるコミュニケーションの社会学』北樹出版，pp.116–119.

時実象一（2013）.「ウィキペディア教育の経験」『情報知識学会誌』23(2), 185–192.

パリサー, E.／井口耕二［訳］（2012）.『閉じこもるインターネット——グーグル・パーソナライズ・民主主義』早川書房

福井健策（2010）.『著作権の世紀』集英社

文化庁長官官房著作権課（2017）.「著作権テキスト——初めて学ぶ人のために（平成29年度版）」〈http://www.bunka.go.jp/seisaku/chosakuken/seidokaisetsu/pdf/h29_text.pdf（最終閲覧日：2018年3月28日）〉

松井広志（2018）.「ウィキペディアを書いてみる」有田　亘・松井広志［編］『いろいろあるコミュニケーションの社会学』北樹出版，pp.84–87.

宮本隆史（2017）.「歴史的記憶のヴァーチャルな編集——ウィキペディアと歴史叙述の条件」谷島貫太・松本健太郎［編］『記録と記憶のメディア論』ナカニシヤ出版，pp.161–178.

ミルズ, C. W.／伊奈正人・中村好孝［訳］（2017）.『社会学的想像力』筑摩書房

山口裕之（2013）.『コピペと言われないレポートの書き方教室——3つのステップ——コピペから正しい引用へ』新曜社

山本まさき・古田雄介（2008）.『ウィキペディアで何が起こっているのか——変わり始めるソーシャルメディア信仰』オーム社

リー, A.／千葉敏生［訳］（2009）.『ウィキペディア・レボリューション——世界最大の百科事典はいかにして生まれたか』早川書房

Chapter

15

ゲキメーションで表現する

『燃える仏像人間』『バイオレンス・ボイジャー』を例に

宇治茶

1 ゲキメーションとは何か

　ゲキメーションとは，東京 12 チャンネル（現・テレビ東京）で 1976 年に放送された『妖怪伝 猫目小僧』（1976 年）という番組で初めて使われた映像表現の手法の一つである。楳図かずお[1] のマンガ『猫目小僧』を原作とするこの作品は，原作同様に怪奇色が強いが，その内容は原作とはまったく異なる魅力を放っており，全 24 話の各回に新たな妖怪が登場するなど，意欲的な作品であった。その内容と特殊な手法も相まって，その当時に青少年期を過ごしゲキメーションをリアルタイムで体験した人たちには強烈なインパクトを与えたと同時に，当時本流だった特撮やアニメ好きからは否定的にとらえる意見も少なくなかったという。また放映地域が少なかったこともあり，放送当時リアルタイムで見た人は限られていたようだ[2]。

　ゲキメーションという呼称は劇画＋アニメーションからきた造語である。しかしその映像を見てみると，われわれが普段イメージする劇画やアニメーションというものとはまた違った印象を受けるだろう。ここでは映像を見てもらうことができな

---

1) 漫画家。代表作に『漂流教室』（小学館，1972-1974 年），『神の左手悪魔の右手』（小学館，1986-1989 年），『まことちゃん』（小学館，1976-1981 年）などがある。
2) 安斎レオ（『燃える仏像人間』（監督：宇治茶，2013 年），『バイオレンス・ボイジャー』（監督：宇治茶，2019 年公開予定）のプロデューサー），海老原優（NHK ドラマ『ゲゲゲの女房』（2009-2010 年），『ひよっこ』（2017 年）などで劇中漫画の作画を手がける漫画家），および天同蒼（『燃える仏像人間』資料提供）らリアルタイム世代へのインタビューによる。

図 15-1　撮影テスト用に作ったサンプル

最新作『バイオレンス・ボイジャー』制作中，各キャラクター
の大きさの比較などを確認するため，一度すべての人形をつ
くってみた。

いが，読者の方に少しでも具体的に想像していただけるよう，ゲキメーションの詳細を説明しておきたい。

ゲキメーションとは，作画して組み立てた背景セットの前で，各キャラクターの切り絵を棒に貼り付けたものを手で動かし，それをカメラでワンカットずつ撮影してゆくもので，特殊効果が必要なシーンでは炎や煙などの実写映像を映し込んだり，別撮りした特殊効果の素材を合成したりすることによって表現する映像手法である。作画されたキャラクターを手で動かしながら撮影するため，動きや表情などはかなり限定されており，カット編集や合成処理を除いた映像それ自体で表現できる領域は，人形劇やペープサート（紙人形劇）に近い。このように通常われわれがイメージする「アニメ」（セルアニメやデジタルアニメ）作品とはまったく別のものであり，むしろ撮影手法は実際のドラマや映画と同じように，目の前で動いているものをカメラに収めるだけである。また，シーンにもよるが，基本的にはアニメのようなコマ撮りはおこなわない。

では，なぜ劇画＋アニメーションが語源なのか。『旺文社 国語辞典［第 11 版］』によれば，劇画には以下の二つの意味がある。「こっけいな漫画に対して，物語性をもち，写実的・動的な描写を特徴とする漫画」という意味と「紙芝居」というものだ。この二つの意味を踏まえると，ゲキメーションは，「写実的・動的な描写」というよりも「紙芝居」の要素が強い。絵柄から考えても，おそらく怪奇的な内容の紙芝居を切り取って表現したものと考える方がしっくりくる。後に記すように，『妖怪伝 猫目小僧』の生みの親である高橋澄夫も，紙芝居アニメの発展形を目指したと述べている[3]。

---

3) ゲキメーション以前にも紙に描いた静止画をカメラワークで表現する，紙芝居＋アニメのような表現は存在した。実相寺昭雄監督がドラマ版『子連れ狼』（1973–1976 年）のタイトルバックで使用した手法や，大島渚監督の実験的な長編映画『忍者武芸帳』（1967年）――この作品は原作漫画の原画を撮影し，モンタージュで構成したため，劇画シネマと呼ばれる――などがある。

次にアニメとはどういう意味
であろうか。アニメとはアニメー
ションの略称である。複数の静止
画によって動きをつくる技術であ
り，連続して変化する絵やものに
発生する仮現運動を利用した映像
手法である。こちらは普段われわ
れがテレビアニメや劇場版アニメ

図 15-2　レンズのボケを生かした表現

センサーの大きいデジタルカメラを使えば，このように前景，後
景を自由自在にぼかした撮影ができる。レンズの特性を生かした
ボケを使った画づくりも，ゲキメーションの大きな魅力の一つだ。

映画などでよく目にするセルアニ
メや，デジタルアニメなどの作品
がもっともなじみ深いが，ほかに
も CG アニメ，クレイアニメ，人形アニメ，切り絵アニメ，ピンボードアニメ，砂
アニメなど，手法をあげればきりがない。これらすべてのアニメは，上記のアニメー
ションの定義にあてはまるが，ゲキメーションはほとんどのシーンにおいて，こ
の定義にあてはまらない[4]。映像の見た目は，手描きによる作画が使用されている
ためアニメと勘違いされることもあるが，実際は実写映像の特撮作品に近い。CG
による合成や作画はおこなわないため，多くがデジタル作画へと移行した現代にお
いて，ゲキメーションは時代に反した，非常にアナログな手法と位置づけられる[5]。

2　ゲキメーションの歴史

『妖怪伝 猫目小僧』の LD-BOX に付属されている小冊子『猫目読本』に記載され
ている制作当時の企画書をみてみると，「この番組はアニメーションではなく，日
本初の新手法」（内田・宇川 , 1999）と記されており，新たな表現を生み出そうという
当時の制作スタッフの強い意気込みが感じられる。企画を立てたのはワコープロと
いう会社で，同社の高橋澄夫がプロデューサーを担当した。インタビューによると

4）『妖怪伝 猫目小僧』『燃える仏像人間』においても一部アニメーションの手法を取り入れ
　　ているカットはあるが，アニメーションが使われている場合もその割合は一話につき数
　　秒程度である。
5）ちなみに『燃える仏像人間』における表記は「劇メーション」となっていることが多い
　　が，これは配給会社の意向であり，筆者としてはワコープロ制作のオリジナルに敬意を
　　払い「ゲキメーション」と表記したい。

高橋は，制作当時はオイルショックの影響で日本全体が景気の悪い状況にあったために，予算を縮小する必要があったという。また，現在のようにキャラクター・ビジネスの概念がない時代であった。そんなとき，もともと CM やアニメの特撮カメラマンを経験していた高橋が，岸田今日子ナレーションの紙芝居番組を見て，ナレーションに頼らないもっと動きのあるリアルな紙芝居ができるのではないかと考えた。撮影方法は通常のドラマのように，描かれた絵を切り抜き背景などのセットを組み立てて，物理的に動かせるものを立体的に撮る。さらに偏光フィルターなどを使った光学処理を加えて変化をつければまったく新しいものができるのではないかというのが，高橋によるゲキメーションの構想だった。放送を担当した東京 12 チャンネルとしては，アニメをつくりたいが高い予算をかけたくないという意向にぴったりな企画であったという。その後高橋は，楳図かずお『蝶の墓』を原作に 2 分間のパイロット版をつくり，それから同氏原作の『猫目小僧』で番組を制作しようということになった。制作日数は通常のアニメにくらべ数段早く納品でき，毎週放送することも可能だという算段であったが，実際にはそううまくいかなかったようである。作画や脚本においては，新しい妖怪を毎週登場させなければならないので，その台本づくりや妖怪のデザインに追われたという。『宇宙猿人ゴリ』（1971 年）や『怪傑ライオン丸』（1972 年）などの監督を務めており，特撮に強い土屋啓之助が総監督となり，妖怪の造形はそれまでアニメの背景を描いていた箱守安照が知恵を絞って描いた。結果的には，視聴率もふるい，番組としては成功したという。

　ではなぜ今日まで，これに追随するゲキメーション作品がほとんどないのだろうか。高橋は「今の主流であるアクションやメカものは，ゲキメーションに適していません。ゲキメーションはアクションやメカもののような動きのスムーズなアニメには及ばないし，ゲキメーションとして制作できるものは妖怪ものや人情・お色気もののように題材は決まっている」と述べている。たしかに怪奇物に向いているとは思うが，このインタビューがおこなわれた 1999 年から時代は変わり，ゲキメーションが新鮮な表現手法として受け入れられる可能性も十分にあるだろう。近年では，テレビドラマ『ほんとうにあった怖い話』（フジテレビ，1999 年〜）のようにアイキャッチ[6] でゲキメーションを使用した例もあるように，短い CM やプレゼンテーションなどその用途には限りがなく，CG，アニメ，実写映像とならび，さまざまな分

---

6) アニメや特撮番組などで CM 前後に流れる番組タイトルクレジットの短いカット，または映像のこと。

野に応用できる可能性がある。しかもゲキメーションは，手持ちの道具や少ない機材で始められるため，かなりとっつきやすい手法だ。

　筆者が初めてゲキメーション作品を認知したのも『妖怪伝　猫目小僧』であったが，ここ数年でそれに類した作品がいくつか登場している。筆者が大学の卒業制作で初めてゲキメーション作品の制作を開始した 2008 年には，電気グルーヴの『モノノケダンス』[7] のプロモーションビデオとして発表されたゲキメーション作品がある。漫画家・アニメーターの天久聖一の作画によるもので，かなり完成度の高い作品だった。天久によると，この作品の制作は非常に困難なものだったという。その理由として，この手法で制作する人が現役でおらず，ほとんど手探りであったことをあげている。

　このほかにはドラマ『ほんとうにあった怖い話』のアイキャッチで短いゲキメーションがみられたくらいで，『闇芝居』（2013 年〜）や『影鰐――KAGEWANI』（2015 -2016 年）などの類似作品は存在するものの，これらは手書きによる作画はおこなわれているが，撮影はカメラによるものではなく，作画された絵をコンピュータ上で切り貼りして動かしたものが中心で，またアニメ表現も多く使われており，これはこれで独自のおもしろさがあるのだが，ゲキメーションとはいえないものである。

　筆者の経験ではよく「1 コマ 1 コマ撮影してるんでしょ？　大変だね」と声をかけられることがある。しかし，1 コマずつ撮影するコマ撮りというのは，カメラを一時に 1 コマ分作動させて撮影する技法で，通常われわれがイメージするセルアニメーションと同じ手法ということになる[8]。1 コマずつ撮影していく手法を使った作品といえば，アーマチュアと呼ばれる金属製の骨組みを組み込んだ人形を使い，ウィリス・H・オブライエン[9] や，レイ・ハリーハウゼン[10] によって確立されたストップモーション・アニメ作品がある。これは，ゴムでつくった人形にアーマチュアを組み込んだものを，一コマごとに少しずつ関節を動かしながら撮影していく手法

---

7) 2008 年に発売された電気グルーヴのシングル曲。テレビアニメ『墓場鬼太郎』（2008 年，フジテレビ系列）のオープニングテーマ曲として使用された。

8) こうしたアニメの撮影技法については，『映画映像史』（出口，2004）に詳しい。

9) 『ロスト・ワールド』（1925 年），『キング・コング』（1933 年）で，ストップモーション・アニメを確立した特殊効果マン。現代までさまざまなクリエイターに影響を与え続けるが，晩年は不遇のなかで生涯を終えた。

10) 『キング・コング』（1933 年）に影響され，映画の世界を志したストップモーション・アニメーター。特撮の神様と呼ばれる。代表作に『シンドバッド七回目の航海』（1958 年），『アルゴ探検隊の大冒険』（1963 年）などがある。

で，主に怪獣映画やファンタジー映画などで用いられたが[11]，『ジュラシック・パーク』（監督：スティーヴン・スピルバーグ，1993 年）以降，実写映画においては，CG（コンピュータグラフィックス）に押され衰退していった。しかし，ストップモーション・アニメの技術は『ナイトメアー・ビフォア・クリスマス』（監督：ティム・バートン，1993 年）や，『コラライン とボタンの魔女』（監督：ヘンリー・セリック，2009 年），最近では『KUBO ／クボ 2 本の弦の秘密』（監督：トラヴィス・ナイト，2016 年），『犬ヶ島』（監督：ウェス・アンダーソン，2018 年）などに受け継がれ，現在も展開を続けている。このストップモーション・アニメは独特の生命感を孕んだ魔法のように魅力的な手法ではあるが，膨大な手間と時間がかかり，また，高い技術をもつアニメーターが何人も集まらないとこの手法で長編映画をつくることは難しい。

　ゲキメーションをストップモーション・アニメやコマ撮りアニメのように 1 コマずつ撮影することも不可能ではないが，時間がかかりすぎることと，人間が手で操作することで生まれる動きの大胆さが失われてしまうため，ゲキメーション作品で用いるメリットはあまりないだろう。というのも，ゲキメーションは，ストップモーション・アニメや切り絵アニメのような表情の変化や動きの繊細さを楽しむよりも，動作のぎこちなさや表情の少なさを想像力で補うことにこそ楽しみがあると思われるからである。さらに，撮影した映像に炎や煙などの実写映像を挟み込んだり，効果音を使って映像に奥行きをもたせたりすることにより，不自由とリアルが融合し，奇妙な快感が生まれるのではないかと筆者は考えている。先述の『猫目読本』の装丁を担当した，映像作家でグラフィックデザイナーの宇川直宏いわく「ゲキメーションは，リミテッド・アニメーションの最果てであり，アニメーションの基礎とされる「連続した静止画の連なり」を放棄せざるを得なかった，日本アニメ界のトラウマである」（文化庁メディア芸術祭実行委員会，2014）。

3　なぜゲキメーションで撮るのか：手法の選択

　筆者が初めてビデオカメラを持ったのは，京都嵯峨芸術大学（現・嵯峨美術大学）の 3 回生のときである。最初に撮った映像作品は 15 分ほどの短編の実写作品であった。出演者は 4-5 人の友人を集め，物語に登場する宇宙人の頭部を紙粘土とスチ

11）ハリーハウゼンは，ストップモーションと俳優によるライブアクションとの合成技術，ダイナメーションを編み出した。詳しくはハリーハウゼン・ダルトン（2009）を参照。

ロールで制作した。準備が整うと，あとは頭のなかにある台本に従ってとにかく撮
影した。構想1日，撮影1日，編集1日の計3日間で完成させ，進級制作ではこの作
品と無数のイラストを発表した。観光デザイン学科に所属していたため，当然なが
ら学科からは評価されなかったが，友人や一部の先生からはおもしろいと言っても
らえた。当時から映画が好きではあったが，4回生になり卒業制作の時期が近づくと，
筆者は再び映画熱に目覚め，卒業制作は絶対に映像作品でいこうと決めていた。

　映画『ダーク・スター』（監督：ジョン・カーペンター，1974年）や『バッド・テ
イスト』（監督：ピーター・ジャクソン，1987年），『エル・マリアッチ』（監督：ロバー
ト・ロドリゲス，1992年）などの影響で，とにかく低予算，少人数での映画制作を目
指した。まず考えたのは，『ダーク・スター』のような小さな宇宙船の中を舞台にし
たSF作品で，登場人物は孤独な宇宙飛行士と小さな宇宙生物が1匹飼育されてい
るだけだった。出演者は宇宙飛行士役の筆者のみの予定だった。廃材置き場からた
くさんのゴミを引きずり出して屋上に並べたが，ここで時間も予算もまったく足り
ないことに気づき，次の構想にとりかかった。考えついたのは『悪魔の沼』（監督：
トビー・フーパー，1977年）のような田舎のモーテルと怪しい川を舞台にしたホラー
作品で，これは人形劇にしようと考えた。森と川のセットが必要だったため，数日
かけて実際に水が流れる巨大な川のセットをつくり，川に住む巨大ワニに食べられ
てしまう人物の頭部のゴム人形まで制作したものの，作業量の膨大さにこちらも断
念。次に考えたのがレイ・ハリーハウゼンのようなストップモーション作品を目指
したもので，タイトルは『ケラトサウルス vs 金剛力士像』であった。しかしこれも
ケラトサウルスの頭部をつくったところで断念。その後，さまざまな映像作品を探
るなかで『妖怪伝 猫目小僧』を見て衝撃を受けた筆者は，卒業制作をゲキメーショ
ンでおこなうことに決定したのである。筆者が幼少期から長く続けていることの一
つが落書きないしイラストだったため，ゲキメーションであればこの経験がフル活
用でき，より小さなスペースで一人でも制作可能で，絵さえ描ければどんな場面も
思い通りに表現できるに違いないし，小さいスペースであっても実写特撮に近い感
覚で撮影できると考えたのだ。

　11月頃にはコピック[12]を使って作画を開始し，制作は順調にスタートするもの
の，ある日，コピック50本ほどを収納したバッグを落としてしまい紛失。仕方が
ないので，作画をアクリル絵具でおこなうことにした。そして試行錯誤しながらも，

---

12) Too社が販売しているアルコールマーカー。

なんとか自身初のゲキメーション映像作品『RETNEPRAC 2』を完成させた。以後，今日までの約 10 年間，当初使用していたコピックではなく，アクリル絵具の作画によるスタイルでの制作を続けている。

4　ゲキメーション作品の制作方法

　ゲキメーションは背景セットを組み，その前で手描きの絵をもって動かし，その様子をリアルタイムでワンカットずつ撮影することにこだわっている。筆者の場合，基本的には自分一人でキャラクターを動かし，カメラの操作やピント送りなどもみずからおこなう。先にも述べたとおり，必要なシーンでは実際の煙や炎を出し，また，合成する場合も炎や煙を実際に撮影した素材を用いて透過合成処理をおこなう。現在，筆者が長編ゲキメーション作品をつくる際に担当するパートは，監督，脚本，キャラクターデザイン，作画，撮影，編集，演出，効果音，操演など多岐にわたるが，筆者が監督した過去 2 作の長編ゲキメーション作品『燃える仏像人間』（2013年）と『バイオレンス・ボイジャー』（2018 年）の制作プロセスをおおまかにまとめる（図 15-3）[13]。

4-1　企画からイメージボードまで
　映画の企画が決まると，まずはできるだけたくさんのイメージを描いてみる。それを見ながら頭のなかでキャラクターを動かしてあらすじを考え，設定資料をつくっていく。ときにはそのイメージをバラバラにして壁に貼り付けることもある。

4-2　脚本・絵コンテ
　脚本は，脚本の書き方について書かれた書籍を数冊読んでから取りかかる。とくに『クリエイティヴ脚本術』（ボネット，2003）や『新しい主人公の作り方』（ハドソン，2013）という本は，長編で迷いそうになるときによき道しるべとなってくれた。ほかの映画や小説からプロットやシーンを引用することもある。『燃える仏像人間』では『耳をすませば』（監督：宮崎駿，1995 年）を下敷きに脚本を書いたつもりだ。脚

---

13) 筆者の場合，あらすじから編集までのプロセスをほぼ一人でおこなっていることもあり，通常のアニメ制作のプロセスとは大きく異なっている。商業アニメの制作プロセスについては，『メディア・コンテンツ論』（岡本・遠藤，2016）に詳しい。

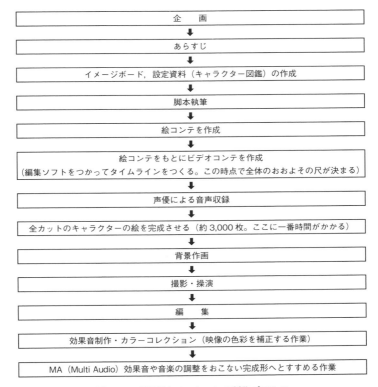

企　画

↓

あらすじ

↓

イメージボード，設定資料（キャラクター図鑑）の作成

↓

脚本執筆

↓

絵コンテを作成

↓

絵コンテをもとにビデオコンテを作成 （編集ソフトをつかってタイムラインをつくる。この時点で全体のおおよその尺が決まる）

↓

声優による音声収録

↓

全カットのキャラクターの絵を完成させる（約3,000枚。ここに一番時間がかかる）

↓

背景作画

↓

撮影・操演

↓

編　集

↓

効果音制作・カラーコレクション（映像の色彩を補正する作業）

↓

MA（Multi Audio）効果音や音楽の調整をおこない完成形へとすすめる作業

図15-3　長編ゲキメーションの制作プロセス

本ができたら絵コンテに取り掛かる。自分の表現したい画角に応じて枠を取り，脚本から湧き上がるイメージをペンで描いていく。絵コンテには，キャラクターがどのような動きをするか，特殊効果や効果音にはどのようなものが必要かなども，詳細に書き込む（図15-4）。

4-3　作画について

作画はハガキに鉛筆とアクリル絵具を使っておこなっている。大きな絵や背景ではケント紙を使うこともある。描いた絵はハサミで切り取るが，切り取った紙の縁は照明が当たると白く浮き出てしまって目立つので，各々の色で塗りつぶす。細かいパーツにハサミを入れるだけでも一苦労だが，パーツの補強やギミックの仕込み，配置や各絵の大きさのバランスなどを考えながらの作画はなかなか骨が折れる。最

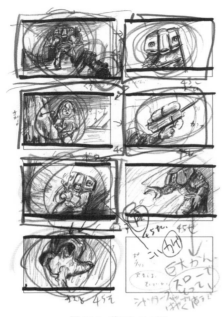

図15-4　絵コンテの例

新作『バイオレンス・ボイジャー』では，この作業だけで1年半ほどかかった。

　脚本を書くより先にイラストを描き，そこからキャラクターや物語を膨らませることも多い。それだけでなく，最新作『バイオレンス・ボイジャー』の作画をおこなう際は，マケットというものを使った（図15-5）。これは平面に描いたイラストを，粘土などを使って立体にする作業である。制作にはファンドという石粉粘土を使用した。このマケットをつくる過程で，筆者も当初は気づかなかったようなキャラクターの全体像が判明することと，キャラクターの作画をするときに，あらゆる角度から見た目を確認できるというメリットがある。この世に存在しないものを登場させる場合はとくに有用である。作成したマケットを使ってごっこ遊び的に遊ぶことで脚本を膨らませることもできる。

　小説や実写映画の脚本では，キャラクターの性格やどのような見た目をしているかなどを活字で掘り下げることがある。もちろんゲキメーションでもそういった作業はおこなうが，マケットをつくる作業もまた，キャラクターの性格や見た目を決定づける大事な作業の一つなのである（ガーニー，2011）。

4-4　撮影・機材

　『妖怪伝 猫目小僧』の時代は，当然ながらフィルムカメラによる撮影をおこなっていたが，筆者はレンズ交換式デジタルカメラ[14]の動画機能を用いて撮影をおこなっている。デジタルカメラは，フィルムではなくイメージセンサー（撮像素子）で像をとらえ，電気信号に変換する。詳しい説明はここでは避けるが，センサーのサ

---

14)　民生用のレンズ交換式デジタルカメラには，主にデジタル一眼レフカメラやミラーレスカメラがある。筆者は，APS-Cセンサーを搭載したSONY製のミラーレスカメラを使用している。

イズが大きければ大きいほど，撮影
する画像のボケも大きくなりやすい。
ボケが大きいということは，ピント
合わせがそれだけ困難ということに
なる。しかもゲキメーションでは，
紙という薄く小さな対象にピントを
合わせつつ，その動作をとらえなけ
ればならないため，フルサイズセン
サーなど大きいセンサーをもつカメ
ラだと，紙人形の動きをカメラで追
いつつピントを合わせるということ
が非常に難しくなる。よって，ボケ
を生かし，なおかつ画質を重視する

図15-5　作画の参考に使用したマケット
『バイオレンス・ボイジャー』で実際に使用した三体の
マケット。全体像をつかみづらいキャラクターだった
ので，作画する際に非常に役立った。

のであれば，APS-Cセンサーを搭載したカメラ，もしくはマイクロフォーサーズセ
ンサーのカメラのほうがゲキメーションの撮影に向いているだろう。初心者はより
センサーの小さいコンパクトデジタルカメラやスマートフォンなどを使用したほう
がよいかもしれない。しかしその場合，ミラーレスや一眼レフ機のような浅い被写
界深度 [15) を生かした背景ボケの表現は得られにくくなってしまう。
　撮影には主にマクロレンズを使用する。レンズ交換式カメラの場合，レンズごと
に被写体に近づける距離や，最大撮影倍率（レンズがセンサーに対してどれくらい大
きく写せるかの尺度）が決まっている。作画を大きくすればマクロレンズは必須では
ないが，被写体をセンサーの大きさに対して等倍で撮影することのできる，マクロ
レンズが使いやすい。
　ゲキメーションにおいて美しい映像を撮影するためには，レンズの絞りをできる
だけ絞り，照明を確保し，ISO感度はなるべく低めに設定したほうがよい。ただし，
レンズ絞りを絞り込むと，センサーに付着したゴミをとらえてしまうことがあるの
で，日頃からカメラ内のこまめな清掃が必要となる。個人によるカメラ内部のセン
サー清掃は推奨されていないので，できるだけ普段からセンサー内にゴミが入らな

15) ピントを合わせた部分の前後のピントが合っているように見える範囲のこと。被写界
　　深度は，F値（絞り値），レンズの焦点距離，被写体とカメラのあいだの距離によって
　　決まる。レンズのF値が小さいほど被写界深度が浅くなり，絞りを絞ってF値が大き
　　くなるほど被写界深度は深くなる。

図 15-6　学生による撮影の様子

いよう，慎重にカメラを扱う必要がある。

4-5　音声収録

　過去 2 作，収録はプレスコ（プレスコアリング）方式でおこなった。これは声優による音声を先に収録し，それに合わせて絵を作画する手法である。日本のアニメにおいては，完成した映像を見ながら収録するアフレコ（アフター・レコーディング）方式が一般的であるが，初期のアニメでは日本でもプレスコ方式をとっていたようである。

　筆者の場合はスケジュールの都合でこれまでのところ毎回プレスコ方式になっている。通常のアニメであれば，先に声優の声を録音した場合，その声に合った口の動きを作画する必要があるが，ゲキメーションの場合，作画された口が会話によって動くことはないのであまり気にしなくてよい。むしろ，声優の声を先に聞くことによりキャラクターのイメージがより膨らんだり，声優の演技をもとに作画や操演に取り組んだりすることも多く，プレスコ方式によるメリットは大きい。

4-6　編　　集

　絵コンテを編集ソフト上のタイムラインに乗せて，あらかじめ完成した作品の尺を意識した，映画の設計図となるビデオコンテを作っておく。これに撮影した素材をどんどんはめ込んでいき，絵コンテと入れ替えていく。

4-7　効　果　音

　効果音は有料・無料さまざまな素材を使用してきたが，新たに録音した素材も多用している。たとえば廊下で足音をたてたものを録ったり，川の流れる音を録ったり，マックシェイクをすする音を録って使ったりもした。大学時代は音声収録，音楽の制作なども一人でおこなっていた。

　デジタルカメラの低価格化やスマートフォンのカメラの高性能化などにより，いまやカメラをもっていない人のほうが少ないだろう。これにより，誰でも簡単に高

いクオリティの映像が撮影できるようになった。その分ライバルも多くなるが，少しでも映画を撮ってみたいという気持ちがあるならば，この時代に映画をつくり始めてみない手はない。リュミエール兄弟の時代はワンカットを撮るのがやっとで，編集という概念はまだ存在しなかった。エジソンが開発したキネトスコープは，大きな固定式の箱の中を一人ずつのぞくことで映像を楽しんだ。しかしそれがいまや，厚さ1cmにも満たないスマートフォン一つで，撮影，編集，鑑賞，そして世界中の人びとに配信することがすべて完結してしまうことを考えると，この100年の進歩はすさまじい。実際に大学の授業で学生にもゲキメーション作品を制作してもらったが，スマートフォンのみを使っての撮影も十分可能であった（図15-6）。それぞれ思い思いに作品をつくり，こちらが思いつきもしないような方法でどんどん作品を生み出していった。

5　ゲキメーションへの反響と今後

5-1　映画祭

　筆者の監督作『燃える仏像人間』は，国内だけでなく海外のさまざまな映画祭でも上映された。そのうちドイツと韓国の映画祭での上映がとくに印象に残っている。ドイツの「ニッポン・コネクション」では質疑応答で，「原画は買えるのか？」と尋ねてきた観客の方がいた。実際，文化庁メディア芸術祭で「エンターテインメント部門 優秀賞」を受賞し，国立新美術館で原画を展示した際にも好評をいただいたことを考えると，ゲキメーションは映像作品としてだけではなく，使用したキャラクターの原画も作品としての価値をもつ可能性がある。

　また，韓国のチョンジュ国際映画祭では深夜の3本立ての1本として上映され，残酷なシーンでとくに笑いが起こっていたのが印象的だった。これはねらっていた部分でもあり嬉しかったのだが，国によっても反応の大きさや，どのような場面でどのようなリアクションをとるのかということにはかなり違いがあることを目の当たりにした。

　そのほか，新作『バイオレンス・ボイジャー』をアルゼンチンのブエノスアイレス国際インディペンデント映画祭で上映していただいた際には，かつてないほどの盛り上がりをみせ，作者の意図した以上に劇場内に笑いやざわめきが起こった。上映後はさまざまな質問や激励の言葉をいただき，さらに審査員特別賞をいただくこともできた。自宅の机の上で作った作品が，地球の裏側でこんなにも評価していた

図 15-7　『燃える仏像人間』の原画展示の様子
（京都国際映画祭 2014 にて）

だける日がくるとは夢にも思っ
ていなかったため，感慨深いもの
がある。

　制作の数年間は孤独な作業の
連続であるが，このようにさまざ
まな国の映画祭へ参加させてい
ただくことは，とても嬉しいご褒
美であった。こういった経験が
映画をつくり続ける原動力の一
つとなることは間違いない。

5-2　ゲキメーションの今後

　筆者の知る限り，現役でゲキメーションをつくり続けている人はほかにいない。
ゲキメーションは古いものとして，このまま消えていく運命なのだろうか。近頃は
映画館で映画をみるよりも，Netflix（ネットフリックス），Hulu（フールー），Amazon
プライムなどの映像配信サービスを使って家で映画を見る人が多くなってきている。
又吉直樹の芥川賞受賞作『火花』は，芥川賞の受賞発表から 1 週間半後には映像化
されることが発表され，その発表媒体は映画でもテレビドラマでもなく Netflix で
あった（西田, 2015）。Netflix で配信されたアメリカのドラマのなかには，最初のシー
ズンの制作費だけで 1000 億円という予算をかけた大作映画級の作品もある。

　一人でほとんどすべての工程をこなし，時間をかけて長編映画を撮影する筆者の現
在の制作体制では，すさまじいスピードでさまざまな作品がつくられてはどんどん消
費されていくなかで置き去りにされてしまうのかもしれない。現状の体制を見直さな
い限りゲキメーションを定期的に発表し続けることは難しく，今後は何らかの工夫が
必要であると考える。

5-3　ゲキメーションを使っての発信，活用法／期待できること

　ゲキメーションという聞きなれない単語や，映画制作という言葉を聞くとなかな
かとっつきにくいかもしれないが，ペープサートという言葉であれば，幼少期に聞
いたことがある人が多いのではないか。筆者の感覚からすると，ペープサートの技
術にカメラさえあれば映画ができる。撮影を手伝っていた学生に，「え？　これだ
けですか？」とあ然とされたくらいだ。ゲキメーションは，やり方さえわかってし

まえば，誰でもすぐにつくり始められることに利点がある。絵を描くことさえできれば，ロケハンいらず，役者いらずでどんな世界も思いのまま表現できる。あとはスマートフォンやデジカメを持って撮影するだけだ。

　もちろん作品のクオリティを上げつつ完成させるにはかなり根気がいるが，作画のレベルや特撮部分へのこだわり，カメラや編集の知識を追い求めれば，無限に完成度を高められる可能性も秘めている。筆者が使っている道具はというと，ほとんどが普通のハガキとアクリル絵具と，割り箸などの棒とクリップくらいだ。それと撮影機材さえあれば長編映画もつくれるし，もっと短い映像ならなおさら表現しやすいだろう。このように，ゲキメーションは映像制作のとっかかりとしてうってつけの手法であると思われるし，さまざまな活用方法があると考えられる。たとえば，実写映画のイメージボードやビデオコンテとして使うこともできるだろうし，学生のプレゼンテーションや，ちょっとしたCMをつくる際にも使えるだろう。汎用性は極めて高いはずだ。今後，さまざまな場面でゲキメーションが使われる日がくるよう，その手法や魅力を広めていきたい。

●引用・参考文献

内田　稔・宇川直宏（1999）．「猫目読本」（『妖怪伝 猫目小僧』LD-BOX 付属小冊子），マクザム

おかだえみこ（2003）．『人形アニメーション（パペット）の魅力──ただひとつの運命』河出書房新社

岡本　健・遠藤英樹［編］（2016）．『メディア・コンテンツ論』ナカニシヤ出版

ガーニー，J.（2011）．『空想リアリズム──架空世界を描く方法』ボーンデジタル

スターン，B.／吉田俊太郎［訳］（2004）．『いかにして 100 万円でインディーズ映画を作るか──超低予算ムービーメイキング』フィルムアート社

出口丈人（2004）．『映画映像史──ムーヴィング・イメージの軌跡』小学館

西田宗千佳（2015）．『ネットフリックスの時代──配信とスマホがテレビを変える』講談社

ハドソン，K.／マッケンジー，S.［訳］（2013）．『新しい主人公の作り方──アーキタイプとシンボルで生み出す脚本術』フィルムアート社

ハリーハウゼン，R．ダルトン，T.／矢口　誠［訳］（2009）．『レイ・ハリーハウゼン大全』河出書房新社

文化庁メディア芸術祭実行委員会（2014）．『文化庁メディア芸術祭──授賞作品集』文化庁メディア芸術祭実行委員会

ボネット，J.／吉田俊太郎［訳］（2003）．『クリエイティヴ脚本術──神話学・心理学的アプローチによる物語創作のメソッド』フィルムアート社

『燃える仏像人間パンフレット』（2013）．

Chapter

16

ピクニックをデザインする

地域の価値を発見し共有するデザイン

宮田雅子

1　ピクニックのデザインというコンテンツの創造

　コンテンツの創造とは，何も映像やマンガ，ゲームなどの作品をつくることだけに限らない。本章では，「美唄式 あぜ道ピクニック」という，地域のためのピクニックをデザインする活動の事例を紹介する。地域の人びとを巻き込んでピクニックをするという活動そのものが，なぜデザインであり，コンテンツの創造だといえるのか，活動の意図についても解説する。従来の「コンテンツ」という言葉から想像される成果物のイメージとはだいぶ異なるかもしれないが，広い意味で価値を創造する試みとしてとらえてもらいたい。

2　「美唄式 あぜ道ピクニック」の背景

　筆者と学生たちのグループは，2013 年度に「美唄式 あぜ道ピクニック」を企画・実施した。これは，筆者が当時所属していた札幌大谷大学と，北海道美唄市の美唄サテライト・キャンパス運営協議会との協働事業の一つとして実践されたものだ。

　この活動はおおまかにいうと，「地域の人びとと地域外から訪れる人びととが主客一体となって，地域ならではのピクニックをつくり，楽しむ」というものである。ピクニックをするための空間や料理，音楽などをとおして，地域内外の参加者がともにその地域のよさを味わうことで，地域に内在していると日頃は見過ごしがちな価値を発見し，共有することがこの活動の目的だった。

　活動のフィールドとなった美唄市は，北海道の中央部に位置する人口約 2 万

5,000 人[1] ほどの市である。かつては道内有数の炭鉱の町だったが，それらが閉山した現在は，農業と観光が中心的な産業である。農産物ではハスカップ[2] の収穫量が日本一であるほか，米やアスパラガスの栽培も盛んで，米粉を使ったパンやお菓子，アスパラガスを飼料として与えて飼育した羊のブランディングにも力を入れている。また，美唄焼き鳥など特徴のある食べ物でも知られている。観光地としては，市内西部に渡り鳥マガンの飛来地「宮島沼」があり，市内東部には自然の景色を活かした広大な彫刻公園「アルテピアッツァ美唄」がある。一方で，市全体としては少子高齢化が進んでおり，地域経済の停滞など厳しい状況にも置かれている。こうした状況をふまえ，美唄市では，2012 年度に美唄サテライト・キャンパス事業を立ち上げ，産業振興や教養を深めるための講座の開講や，「地域と大学の連携による協働事業」をとおして地域に愛着をもって活躍する人材の育成に取り組んできた。

　その協働事業の一つとして「美唄式 あぜ道ピクニック」は企画された。活動の方針として考えたポイントは，次の 3 点だ。①美唄に住む人びとと札幌の大学から訪れた学生たちとが協働し，②日常的には見過ごされがちな地域の豊かで特徴的な資源を発見し，③その資源を使って自分たちが楽しむためのピクニックをつくりあげる。筆者と学生たちのいる札幌市内から美唄までは車で 1 時間弱ほどの距離だが，事前に確認したところでは美唄のことをよく知っているという者はいなかった。しかし，よく知らないからこそ，むしろ美唄の人びとには普段見過ごされているような珍しいものを発見する可能性もある。また，私たちは日頃，たとえば観光を目的として旅行に出かける際などには，対価を払ってサービスを受けるという構図を当然のように享受しているが，この活動では，与えられた価値を消費するのではなく，参加者がみずから価値をつくり出す仕組みをつくることに着目することにした。美唄市にはすでに観光地として知られている場所もあるが，普段は観光のための場所とは思われていないようなところにも見るべきものはある。地域の資源を消費するだけでなく，価値を発見する活動にしようと考えた。

---

1) 市の人口は，「美唄市の統計」から 2013 年当時のものを参照した。〈http://www.city.bibai.hokkaido.jp/jyumin/docs/2015090100095/（最終閲覧日：2018 年 3 月 20 日）〉
2) 日本では主に北海道で収穫されるスイカズラ科の落葉低木。青紫色の果実は，アイヌ民族が「不老長寿の実」として珍重してきたもので，ビタミン，カルシウム，鉄分などが豊富である。

3　ピクニックの準備から当日まで

3-1　コンセプト立案と実施場所の選定

　まずピクニックの開催場所を決めるため，美唄市内のフィールドリサーチをおこなった。リサーチは市の方の案内のもと，市内の名所を訪れて説明をうかがった。前述の宮島沼やアルテピアッツァ美唄のほかに農道離着陸場の広々とした滑走路なども案内してもらったが，下見を重ねていくうち，移動の際に通る何気ない畑や田んぼの景色が非常に美しく味わい深いことに興味が移っていった。ピクニックはもともと社交の場としてヨーロッパで生まれたもので，食べ物や飲み物を持ち寄って楽しく過ごしつつ，自然や季節を感じるための時間と空間である。観光のために整備された公園よりも，田んぼが見える「普通の」場所でピクニックをすることで，美唄の豊かな農作物と美しい田園の景観を味わい，楽しむことができるのではないかと考えた。そこで，開催場所は田んぼのあぜ道にすることにした（図 16-1）。

　場所が決まったことで，活動の名称は「美唄式 あぜ道ピクニック」となり，コンセプトとして「食・農・アートの融合」をあげた。ピクニックの料理は，参加者のコミュニケーションを促す媒介である。美唄では米や小麦，ハスカップや新鮮な野菜などが収穫されるため，ピクニックの一つめのキーワードは，まず「食」である。二つめの「農」は，遠くに山を眺めることのできる市内にひろがる広大な田んぼと，広々とした空がつくりだす美しい田園風景を指す。普段は農作業のための場所である田んぼの真ん中を開催場所とすることで，日頃は景色を楽しむことを目的としては顧みられない場所に美を見出し，この地域のよさをあらためて感じることに意義があると考えた。最後のキーワードである「アート」は，場のしつらえである。場所の力は重要だが，同じ場所でも座り方やほかの人との距離，料理の見た目，場を華やかにするための装飾などによって，その空間を共有する人びとの場の感じ方は異なる。つまり，その場を楽しむための仕掛けが必要だ。そこで，参加者が着席するテーブルとイスを学生たちと制作したり，会場の装飾や食事の時間を彩る音楽の演奏

図 16-1　会場の選定

を取り入れたりして，ピクニックを楽しむための要素にさまざまな仕掛けを盛り込んだ。美唄市内の参加者にとっては外部からの視点が入ることで，自分たちの地域のよさを新鮮な目線で再発見する機会となることが期待できる。一方で市外からの参加者にとっては，観光地として整備された場所を一時的に訪れるのではなく，みずから楽しむための場づくりに参加することによって，より印象深い体験ができることを意図した。

3-2　テーブル・椅子などの検討

　ピクニックというと，芝生のような場所にレジャー用のビニールシートなどを敷くのが一般的だ。しかし見た目が人工的な素材は自然の風景にそぐわないのではないかと考え，食事をするための什器もコンセプトにあわせて検討した。

　会場はあぜ道で，地面があまり平らではないところもあるため，座りやすさや料理の安定を考慮して，敷物ではなくテーブルとイスを用意するほうがよいと考えた。ただし，折りたたみのパイプ椅子などではなく，自然の素朴な美しさを損なわないものを手づくりすることにした。当初は地域の廃材などを素材として利用することを考えたが，思うように材料が集まる見込みが立たなかったため断念し，段ボールを使うことにした。板段ボールで何度か試作を重ね，当日に参加する予定の20名以上が着席できる数を制作するための手順もあわせて考案した。最終的には，美唄市までの運搬のしやすさと強度を考慮し，テーブル・イスともに，切り込みを入れた長方形の板を3枚組み合わせた脚部の上に六角形の天板を乗せる組み立て式の形態になった（図16-2）。また，美唄市には大規模な花卉農家があり，当日の会場の装飾のために花を提供してもらえることになった。

3-3　地域の農産物を使った料理レシピの検討

　ピクニックで楽しむ料理では，美唄で採れる米や野菜などの農産物を活かした。食文化の欧米化により米の消費量は減っているが，米を粉状にした米粉はパンやお菓子などの材料としても使うことができるため，美唄市でも地域をあ

図16-2　テーブルの制作

図 16-3　料理の試作

げて米粉の普及・消費に取り組んでいるという。そこで、米粉を使ったおもてなし料理を中心にピクニックのメニューを組み立てることで、より地域らしさを出すことができると考えた。実際に米を栽培する現場を見ることにも意義があると考え、5月には田植えを、9月には稲刈りの体験をさせてもらった。料理のレシピは、米粉の普及に取り組んでいる農家の方に聞いたり、インターネットで調べたりして、大学内で何度も試作と試食を重ねた（図16-3）。できれば料理を盛りつける皿も使い捨てではないものがよいと考え、米粉を水で練った生地を堅く焼いて、皿として使うことも検討した。ただ、「最後に食べられる皿」というアイディアは魅力的だったが、何度か試作したものの皿としての強度をもたせることが難しく、結局は断念した。そのほか、米粉だけでなく、ハスカップの収穫とハスカップジャムづくりなど、地域の食材の活用方法について市内の農家の方に体験させてもらう機会を得ることもできた。

　こうした検討を経て、ピクニック当日の料理のメニューとして5品を考案し、それぞれ「米粉クレープの彩りラップサラダ」「びばいの米粉のサクサククッキー」「新鮮ミニトマトとバジルのピザトースト」「ハスカップのグラデーションソーダ」「ひんやりデザート・ハスカップのスムージー」という名前をつけた。

3-4　当日のプログラムとパンフレットの制作

　本来ピクニックとは自然に人が集まり自然に解散するものであることから、事前にプログラムを組み立てて時間どおりに実行するやり方には馴染まないのだが、イベントとしては段取りを決めておく必要がある。当日は屋外でピクニックを実行するため、その場で活動の主旨などを詳しく説明するのは難しいと考え、参加者に配付するためのパンフレットを制作することにした（図16-4）。パンフレットは2種類制作し、一つは実践の主旨やコンセプトを紹介するためのもの、もう一つには料理のメニューと当日に演奏される曲「うつくしきうた」の楽譜を掲載した。「うつくしきうた」は、音楽学科で作曲を専門とする教員に美唄をテーマとして作曲してもら

ったもので，音楽学科の学生5名が当日の演奏を担当した。会場では吹奏楽での演奏だったが，実際には小説家である林芙美子の詩から引用した歌詞がつけられている。かつて林芙美子が美唄を訪れた際に「美唄の町は美しきうたとかくなり」から始まる詩を残しており，その詩碑が市役所前にあって大切にされていることから着想を得てつくられた曲である。

図16-4　パンフレットの一部

3-5　ピクニック当日

　ピクニックの前日は美唄市内に宿泊し，当日は朝から会場設営や料理の準備などをおこなった。当日の段取りは，まず12時に，ピクニック実行の場所から少し離れた場所に参加者が集合し，そしてあぜ道の風景を楽しみながらピク

図16-5　オープニング演奏中の様子

ニックの会場に移動する。プログラムそのものはそれほど複雑ではなく，オープニング演奏のあと，主旨説明や料理の説明をして会食，という流れである（図16-5）。

　参加したのは，美唄市でフィールドリサーチなどに協力してくれた方々が8名，札幌大谷大学から企画に関わった学生たちや教員と筆者の16名，合計24名である。市内外からの参加者が同じテーブルを囲むようにしたため，食事をしながら，使われている食材や料理の食べ方について互いに説明し合ったり，広々とした田んぼの景色を鑑賞して賞賛したりする場面が見られた。終了後の参加者からの感想として，美唄市内の参加者からは「田んぼの良い風景の中で食事ができた。こういった機会があったらまたやってみたい」「田舎に暮らすことの贅沢を追求した日々を送りたいと考えている。何もないからこそのすばらしさを再認識していただけたら嬉しい」「音楽が入ったことでおしゃれなピクニックになったと感じた」などがあった。札幌から参加した学生や教員からは「途中で雨が降ったのは残念だが，自然はなに

が起きるかわからないと感じた」「景色がとてもきれいだった。雨が降ったが，それも含めて自然がいっぱいだと感じた」「美唄のおいしい食材の魅力を伝えるような料理ができた。美唄の食材は見た目がきれいで味もおいしく，美唄の良さを感じた」「フィールドリサーチなどで美唄市内の多くの方がやさしくしてくれて，なによりも人がとてもいい場所だと感じた」などを聞くことができた。

　実は数日前から天候が思わしくなく，後半に強い雨が降ってきたためビニールハウスの中に一時移動するなどのハプニングもあったのだが，おおむね予定していたとおりにピクニックを終えることができた。

4　ピクニックのデザイン／デザインとは何か

　この実践について，冒頭では「ピクニックをデザインする」と紹介した。そこでここでは，もう少し詳しく，ピクニックをデザインするということがどのような意図をもつ活動だったのかについて，「観光」と「共創」という二つの視点から振り返ってみよう。

4-1　観光から「地域に入り込む経験」へ

　美唄市は，現在では農業と観光に特色がある地域だと前述した。今回の「美唄式あぜ道ピクニック」では，地域の外から人びとがやってきて，その地域の景色などを楽しんで帰っていったという点で，行為としては観光旅行のようにもみえる。しかし，この取り組みは「観光」の射程を乗り越えるための活動としてデザインしたものだった。それはどういうことだろう。

　今回のピクニックと観光旅行が大きく異なるのは，札幌から参加した学生たちが事前にレシピ開発やテーブル制作など準備に大きな労力をかけていることである。通常の観光旅行であれば，旅館などで出されたおいしいものを食べ，ガイドツアーなどに参加して名所を見てまわるのが一般的だ。しかしこの実践では，ピクニックをするための場づくりに多大な時間と労力をかけており，たんに観光するのに比べて，かなり手間がかかっている。しかし，この点にこそ，今回の活動の鍵がある。

　観光というのは比較的新しい概念で，英語のツーリズム（tour + -ism）という言葉ができたのは 19 世紀初頭のことである[3]。イギリスの社会学者 J. アーリによると，「19 世紀以前には，上流階級以外の者が労働や仕事と関係のない理由で何かを見にどこかへ旅をするということはまずなかった」（アーリ・ラースン，2014：10）のであ

り，「観光者である，ということは「近代」を身にまとう，という特質の一環」（ア
ーリ・ラーソン, 2014：8）であった。しかしマスツーリズム（大衆旅行）の発達ととも
に，観光者のまなざしが地域の風景や街並みを視覚的に対象化して把握していくこ
とで，観光は客体的な記号の消費へとつながっていった。一方的な消費のための観
光は，観光地と観光者，自然と文化，といった二項対立的な構造を再生産し，その
構造を強化していく。

　こうした状況を乗り越えて，今回のフィールドである美唄市という場所をたんな
る観光客として訪れて，きれいな田園風景を見るだけで終わらないようにするため
の仕掛けが，「ピクニックをつくる」という活動だった。建築家で「東京ピクニック
クラブ」を主宰する太田浩史は，まちづくりについての対談集のなかで，「誇り，愛
着，自負。自分がそこに関わっているという意識。［…略…］そこには住んでいない
けど，離れたところで何かその都市に対して参加意識を持っている，"準市民"みた
いな人々をどうつくっていけるかが大事なんでしょうね」（長谷川・山崎, 2012：24）
と語っている。この発言は観光の文脈でなされたものではないが，「美唄式 あぜ道
ピクニック」もまた，その場所に入り込んで地域の人びととピクニックをつくりあ
げるという活動を共にしたことで，その地域に対する愛着を深めるという意図があ
った。

4-2　共創するデザイン

　一方，美唄を訪れた側の視点ではなく，美唄の人びとにとってこの活動はどのよ
うな意味があったのだろうか。

　従来のデザインやブランディングの考え方では，地域振興のために地域の名産品
や名所のロゴマークやポスター，CM などをつくって宣伝する方法がとられてきた。
効果的なヴィジュアル・アイデンティティ（VI）は，消費者に大きなインパクトを
与えることができる。美唄市が少子高齢化や地域経済の停滞などの問題を抱えてい
ることは先に述べたとおりであり，美唄の農産物や加工品などのロゴマークをデザ
インして効果的な宣伝をしたり，観光名所のポスターや CM を制作して観光客を呼
び込むことも，地域のためのデザインだということができる。

　しかしとくに 2000 年代以降のデザインは，「ものをつくる」という視点から，「こ

3）Online etymology dictionary の 'tourism' の項を参照した。〈https://www.etymonline.
　com/word/tourism（最終閲覧日：2018 年 3 月 20 日）〉

とをつくる」という考え方にシフトしてきた。たとえば社会の問題を解決するためのデザインとしてソーシャルデザインという言葉が使われるようになった。特定非営利活動法人 issue+design の代表である筧裕介は，みずからが実践するソーシャルデザインを，「社会が抱える課題の森を探り，課題を整理して突破口を見出し，その解決に必要な道を拓く活動」(筧, 2013 : 16) だと述べている。アウトプットとして「もの」をつくることを目的とするのではなく，デザインとは，課題を解決するための活動だととらえられている。

　「こと」をデザインするという考え方は，ビジネスにおけるサービスデザインという言葉にも表れている。サービスデザインとは，顧客の一連の利用体験（エクスペリエンス）をとらえ，提供されるサービス全体の文脈を検討する考え方のことだ。とくに経済学者の武山政直は，サービスデザインにおいて「価値提供」ではなく「価値共創」のビジネスが有効であることを指摘しており，「多様な職能や知識，経験を持つ人々の連携による「コ・デザイン」(Co-Design) が中心となっていくと考えられる」(武山, 2017 : 113) と述べている。

　これらの流れをみると，そこで強調されているのはいずれも，デザイナーやクリエイターが魅力的なコンテンツをつくって一方的に価値を提供するのではなく，さまざまな立場にある当事者が協働して価値を生み出す仕組みづくりのほうである。こうしたデザインの方法論は，「共創（Co-creation）」と呼ばれている。今回の「美唄式 あぜ道ピクニック」を企画するにあたっては，美唄サテライト・キャンパスの目的のなかに「地域に愛着を持って活躍する人材の育成」が掲げられていた。そのためには，一時的に美唄を訪れる人びとだけでなく，美唄市内に住む人びとと地域の価値を共創することが不可欠であった。

5　主客一体のコンテンツ共創

　冒頭に述べたように，コンテンツとは，映像やマンガ，ゲームなどの作品だけを指すものではない。ここで紹介した「美唄式 あぜ道ピクニック」の事例は，地域のコンテンツが先にあるのではなく，コンテンツそのものをいかにつくり出すかという，仕組みづくりの一例だった。美唄に限らず，どのような場所にもそれぞれ地域資源と呼ばれるような潜在的な魅力があるはずだ。しかしそれらの地域資源を味わうためには，コンテンツとして成立させるための工夫も必要である。日本語の「もてなし」という言葉は漢字で「持て一成す」と書き，「取り持って行動する」という

意味から主客一体の思想を含むものであるが，まさに地域におけるコンテンツの創造も，主客一体となった活動のデザインとして検討されていくべきだと考えられている。

●**参考・引用文献**

アーリ, J.・ラースン, J.／加太宏邦［訳］(2014). 『観光のまなざし 増補改訂版』法政大学出版局

東　浩紀 (2017). 『ゲンロン 0――観光客の哲学』ゲンロン

筧　裕介 (2013). 『ソーシャルデザイン実践ガイド――地域の課題を解決する 7 つのステップ』英治出版

武山政直 (2017). 『サービスデザインの教科書――共創するビジネスのつくりかた』NTT 出版

西田正憲 (2011). 『自然の風景論――自然をめぐるまなざしと表象』アサヒビール

長谷川浩己・山崎　亮［編著］(2012). 『つくること，つくらないこと――町を面白くする 11 人の会話』学芸出版社

Chapter

17

被災地住民とともにゲームをつくる

防災カードゲーム「クロスロード：大洗編」

李　夐昕

1　東日本大震災と茨城県大洗町の風評被害

　東日本大震災による地震，津波，福島第一原子力発電所事故（以下，原発事故），さらに風評被害を加えた複合災害の苦しみを受けている被災地は少なくない。多くのマスメディアは，被災地を無力で，被災に苦しんでいるかのような視点で報道する。このような報道により，被災地は社会から多大なる注目を集め，支援される。しかし，一刻も早く復興したい被災地にとって，このような情報や報道は世間に「被災地は大変だ」「まだ被災地へ行ってはいけない」というイメージを焼きつけ，風評被害をあえて強化してしまう。

　筆者は 2012 年末から，原発事故とマスメディアの報道による二重の風評被害を受けてきた被災地，茨城県大洗町の復興過程を中心に，インタビュー調査と参与観察の手法でフィールド活動をおこなってきた。大洗町は，震災発生時，最大 4.2m の津波に襲われ，町の面積の 10% が浸水した。人的被害は，地震による死者が 1 名，津波による死者はいなかった。震災のあと，同町の物理的な復旧は順調に進んでいたが，原発事故による放射性物質への不安や，風評被害の問題が地域を苦しめていた。とくに，一部のマスメディアは，大洗町に関して，「風評被害により人が来なくなった町」といったイメージを植えつける報道をおこなっていた。海水浴場の来客数も震災前と比べて半分ぐらいに減少した。現地の住民は「魚を獲っても売れない，観光客を呼んでも来てくれない」と当時の厳しい状況を表現している。

　その後，同町の住民や観光業者は「元気な大洗町」をアピールするため多くの復興関連イベントを開催した。そのなかで，もっとも目立った取り組みが，テレビア

ニメ『ガールズ＆パンツァー』（以下，『ガルパン』）[1]の関連イベントで，アニメの
舞台である大洗町に多くのファンが「聖地巡礼」に来るようになった。住民はファ
ンに対応するために，イベントの開催やオリジナル商品の考案などを活発におこな
ってきた。また，年配の店主と若いファンの頻繁な交流により，高齢化が進み衰退
しつつあった商店街に活気が戻ってきている。マスメディアの報道でも，風評被害
の被災地からアニメの聖地となったことがしばしば紹介されている。

　筆者は震災から2年間の大洗町の復興に向けた取り組みのなかから以下の知見
を得た。すなわち，放射能汚染をめぐる問題のなかで住民が主体性を発揮すること
が難しくなっている状況においては，マスメディアの風評被害のラベルを脱出する
ために，政府，マスメディア，世間と放射能汚染の有無について論争するよりも，ま
ずは住民がみずからの力で主体性を発揮できる場面を模索することのほうが，かえ
って復興に寄与するのではないか，ということである（李ほか，2015）。

　興味深いのは，アニメに関連する取り組みについて，『ガルパン』は震災復興やま
ちおこしのためではないことを住民が強調し続けてきた点である。その理由は，本
来の震災復興やまちおこしは，住民自身が地域の資源を生かし企画するものである
が『ガルパン』は，たまたまアニメの制作会社が大洗町を舞台として選んでくれ，震
災復興の取り組みに疲れてきた住民が気分転換のためにファンと一緒に遊ぶだけと
考えているからだ。つまり，大洗町の住民は，『ガルパン』ばかりに頼るのではなく，
より内発的な取り組みを模索している。

　大洗町でフィールド活動を開始して2年後，筆者はこの地域の課題である内発
的な震災復興，まちおこしの発展のために何かできることはないだろうかと考え始
めた。たんに観察者としてではなく，研究者がフィールドに介入し，当事者と共に
現場で取り組んでいくという協同的実践のあり方に転換した。こうしたスタンスは，
アクションリサーチと呼ばれている（杉万，2006）。

　筆者がおこなったアクションリサーチの実践とは，次節以降で詳しく紹介する防
災カードゲーム「クロスロード：大洗編」（以下，「大洗編」）を被災地住民と共につ
くることである。「大洗編」は，大洗町の住民が震災以降に体験した津波避難，避難

1）『ガールズ＆パンツァー』は，2012年10月から同年の12月までと，2013年3月にも放
　送された。このアニメは，大洗女子学園という大洗町に所在する架空の女子高を舞台に，
　「戦車道」という伝統芸能を極めるために仲間と共に奮闘する女子高生の姿を描いてお
　り，アニメ中には，主人公たちが戦車に乗って大洗町を駆け抜けるシーンも盛り込まれ
　ている。

所生活，風評被害，まちおこしに対して抱えている矛盾・葛藤を防災ゲーム「クロスロード」の設問としてみずから文章化した防災教材である。以下では，アクションリサーチと防災ゲーム「クロスロード」の意義を踏まえたうえで，「大洗編」の作成プロセスと内容を紹介し，本取り組みの意義について述べていく。

2　アクションリサーチと「クロスロード」

2-1　アクションリサーチとは

　アクションリサーチは，多くの場合，「実践（的）研究」の訳語があてられ，社会心理学，教育心理学，組織論など幅広い分野で活用されている。そこでは，実践的な問題解決への強い志向性，現場と理論との往還の重要性などが強調されることが多い。これに対して，杉万（2006）や矢守（2010）はさらに一歩踏み込んで，アクションリサーチの根幹を，研究者と研究対象者とのあいだにみられる二項対立的な関係性（研究する者／される者）そのものを克服して，研究者と研究対象者（現場の当事者）とが共に問題解決や理論構築にあたるプロセスの実現にみている。

　アクションリサーチの定義について，杉万（2006）は「通常アクションリサーチという言葉が用いられるのは，研究者が，ある集合体や社会のベターメント（改善，改革）に直結した研究活動を，自覚的に行っている場合」と述べている。

　こうしたアクションリサーチによる研究は，とりわけ震災復興の領域で求められている。というのも近年，行政，専門家，ボランティア，マスメディアなど支援者が被災地の復興を主導し，被災者（当事者）の主体性を奪ってしまうという問題が生じてきているためだ。復興の当事者であるはずの被災者が取り残され，行政や専門家が復興の議論の中心となってしまっているのである（室﨑，2011）。

　被災地の主体性を取り戻すために，アクションリサーチによってさまざまなツールやメディア（たとえば，語り部，震災記録集，ドキュメンタリーなど）が活用されている。また，次節で詳しく紹介する防災教材カードゲーム「クロスロード」もその一つである。

2-2　「クロスロード」とは

　「クロスロード」とは，前述したように，ゲーム形式の防災教育教材である。大地震の被害軽減を目的に文部科学省が進める「大都市大震災軽減化特別プロジェクト」の一環として開発され，2004年7月に，最初の「神戸編・一般編」が完成し

た。この「神戸編・一般編」は，阪神・淡路大震災において災害対応にあたった神戸市職員への研究者によるインタビューの内容がもとになっており，神戸市職員が実際に経験したジレンマを設問化して，カードにしたものである（吉川ほか，2009；矢守ほか，2005）。「クロスロード（Crossroad）」は元来「岐路」「分かれ道」を意味し，そこから転じて，重要な決断を下さなければならない事態を示している。このゲームは，災害時のさまざまな局面で経験される「こちらを立てればあちらが立たず」の場面を素材として作成されている。ゲームの参加者は，カードに書かれた設問を考え，二者択一の設問に YES または NO のカードを示してから，その答えを選択した理由を同じグループのメンバーと共有する。

　具体的な設問例をみてみよう。「あなたは被災した公立病院の職員で，入院患者を他病院へ移送中である」という状況を設定し「ストレッチャー上の患者さんを報道カメラマンが撮ろうとする。あなたは腹に据えかねる。そのままカメラマンに撮影させるか？」という問いを設定する。答えは YES カードの「撮影させる」と NO カードの「撮影させない」というものである。いずれの設問も，唯一の「正解」を求めることが困難な状況下での選択を求めるものであり，「正解はない」ことがルールでもある。

　現在，「クロスロード」は日本全国の防災啓発関連の研修，授業などで活用されている。参加者は，災害対応をみずからの問題としてアクティブに考えることができ，かつ，自分とは異なる意見・価値観の存在への気づきを得ることもできる。

　「クロスロード」のさまざまな設問は，研究者が被災者（神戸市職員）へインタビューしたデータから抽出した内容である。つまり，アクションリサーチの視点からみれば，「クロスロード」の開発と実践は，研究者がたんにインタビュー内容を個人の研究成果として収めるのではなく，それをもとにゲームを開発することで，社会に災害教訓の伝承，意見の交換などの防災教育の効果を上げている。

　2013 年 3 月 29 日に，筆者と指導教員である京都大学防災研究所矢守克也教授および茨城大学大洗応援隊という学生ボランティアが共同で，大洗町で「神戸編・一般編」を利用した参加型防災ワークショップを開催した。その際に，住民は自身の震災体験と照らし合わせながら，「神戸編・一般編」の設問に答えた。そこで筆者は，住民自身の震災経験に基づいた「クロスロード」の「大洗編」を作成するという発想へといきついた。

　折しも，大洗町では津波避難施設の建設を計画しており，2013 年末に，町役場の職員が施設での防災教育プログラムの実施について意見提供してほしいと筆者に求

めてきた。そこで，筆者が発案者となり，地域の防災教材として「クロスロード：大洗編」を作成することを決めたのだ。

　この「大洗編」が従来の「クロスロード」のバージョンと異なるところは，「大洗編」の設問作成をおこなうのが，研究者ではなく，地域住民自身だという点である。また，「大洗編」は「神戸編・一般編」のように全国を対象とした防災教育教材なのではなく，大洗町地域住民を中心にゲームをプレイすることに特徴がある。

3　「クロスロード：大洗編」づくり

3-1　ゲームづくりのプロセス

　「大洗編」の設問の作成には，以下の二つのパターンがあった。①筆者が大洗町でフィールド活動により知り合った人びと，たとえば主婦，消防団員，漁師，観光業者，宿泊業者，ライフセーバー，役場職員などに設問の作成を依頼した。2012年11月末から2014年までのインタビューの内容に基づいて「クロスロード」のジレンマの場面に似ているエピソードを抽出し，本人に設問の作成を提案した。

　②は，①で作成された「大洗編」の設問を使った参加型防災ワークショップでの新たな設問作成である。ワークショップは，筆者をコーディネーターとして2部構成で開催された。前半は「大洗編」のプレイで，後半は参加者が設問を作成する時間とした。ワークショップの参加者は一般住民，地元の大学生ボランティア，アニメのファンなどである。

　①と②を合わせて，計26問が作成された。これらの26問は，地震と津波による発災直後の「緊急期」，避難所生活の開始からインフラが回復するまでの「避難・復旧期」，それ以降から現在までの「復興期」の三つに分類した。「緊急期」の設問には，「近所のおじさんが津波を見に行く場合，説得して一緒に逃げるか，先に避難するのか」（表17-1，03）などがある。「避難・復旧期」は「いままで町内会に入っていないお母さんは配られる食料をもらいにいくかどうか」（表17-1，05）など，そして「復興期」の設問は「風評被害に関する情報を発信するかどうか」（表17-1，07），「マスメディアの風評被害に関する取材を受けるかどうか」（表17-1，08）など風評被害に関する設問が含まれていた。

　設問の解説については，これまでの「クロスロード」においてみられたような専門家による解説文に代わり，付録として当事者みずからによる解説動画をつけた。これについては，当事者の当時の決断とその後の考えについて語る様子を筆者が撮

表 17-1　「クロスロード：大洗編」の設問例

番 号	設問内容	作成者
01	Q. あなたは消防団員。大地震が発生し、津波警報も出た。沿岸部で車の避難誘導をしている最中に、20 分後に津波が到達するという情報を受けた。先に避難するか？ それとも、避難誘導を続けるか？	消防団員
	⇒ A. YES：避難する／NO：誘導を続ける	
02	Q. あなたはライフセーバーのキャプテン。海水浴場に 2-3 万人の利用者がいますが、そこに「大津波警報」。避難誘導をするが、津波到達予想時間まで 10 分を切った。まだまだ海に子ども達も残っている。あなたはどうする？	ライフセーバー
	⇒ A. YES：自ら避難する／NO：最後まで残る	
03	Q. あなたは沿岸部に住む住民。大地震が発生した。避難しようとしていたら、近所のオジサンはどうしてもそんなに高い津波が来るなんて信じられず、海岸を見に行きたいと言う。あなたはどうする？	宿泊業者
	⇒ A. YES：先に逃げる／NO：残って避難するよう説得する	
04	Q. あなたは役場の防災担当者。夜中に地震が発生した。仕事をスムーズに進めるために、一番信頼できる部下を呼び出したいが、その部下は幼児の子どもと妊娠中の妻がいる。その部下を呼び出す？	役場職員
	⇒ A. YES：呼び出す／NO：呼び出さない	
05	Q. あなたは小学生 2 人のお母さん。地震が発生。自宅は被災しなかったが、家の水、食料がなくなってしまった。町内会は水、食料を配っているが、これまで町内会に入っておらず、参加の誘いもすべて断ってきた。もらいに行く？	主　婦
	⇒ A. YES：行く／NO：行かない	
06	Q. あなたは漁師。震災後、町が大きく被災した。原発事故により、獲れた魚の放射線量が暫定基準値をぎりぎり超えている。しかし、町の中は食料不足状態に陥っている。獲れた魚を近所の方に分けますか？	漁　師
	⇒ A. YES：分ける／NO：分けない	
07	Q. あなたは宿泊業者。地元は原発事故による風評被害の影響を受けている。あるマスコミの記事が地元の風評被害について書いた。その記事は間違った情報ばかりだと思い、ブログで訂正した。しかしブログの読者がコメント欄であなたとは反対の意見を書き込んだ。この読者に反論して議論を続ける？	宿泊業者
	⇒ A. YES：議論する／NO：議論しない	
08	Q. あなたは被災地のお土産屋（物産）さん。観光客を呼び込むために、「イベント」を企画し、マスメディアでも報道してほしいと思っている。しかし、興味をもってくれた取材記者は、このイベントを「風評被害」の視点から報道したいと言っている。取材を受ける？	商店街業者
	⇒ A. YES：受ける／NO：受けない	
09	Q. あなたは大洗を支援している大学のボランティアサークルのリーダー。東京の友達が大洗に遊びに来るので、大洗サンビーチで泳ぐことになりました。しかし、友達の親は「放射能の影響が怖いから、海には入るな」と言っています。あなたはどうする？	地元の大学ボランティア
	⇒ A. YES：海に入る／NO：入らない	
10	Q. あなたは研究者。今は風評被害を受けていたフィールドの復興過程の研究をしている。住民は早く風評被害の被災地から脱出したい気持ちがあることは理解している。しかし、あなたの研究テーマにより、このフィールドのイメージが風評被害のある町というものになる可能性がある。あなたはテーマを変える？	研究者
	⇒ A. YES：変える／NO：変えない	

図17-1　防災教材「クロスロード：大洗編」

影・編集した。

　また，「大洗編」は，それぞれの当事者が内容物のデザインにまで関わった。設問カードは，各設問の作成者がカードの表面に自筆で設問を書き，裏面には大洗町をイメージしたイラストを描いてもらった。また，YES/NO カードや教材の表紙のデザインも，大洗町の住民および関係者が担当した。作成された多彩なカードは，地域住民の個性および地域の魅力も表現されていると考えられる（図17-1）。

　2014年11月に「防災学習カードゲーム教材　クロスロード：大洗編」（非売品）が完成した（図17-1）。教材の内容は，26枚の設問カード，YES/NO カード，解説書1冊，15本の解説動画を集めた『復考大洗——あの日あの時の本人解説動画』DVD1枚である。

3-2　ゲームのプレイ

　では，「大洗編」の一つの設問を事例として，設問の作成経緯および作成者の解説動画の内容，ワークショップで本設問がプレイされる様子をみていこう。

設　問：あなたは漁師。
　　　　現地の漁業は原発事故により風評被害を受けている。Facebook で
　　　　情報発信して安全性をアピールしようと思うが，かえって風評被害を
　　　　大きくしてしまう恐れもありそう。あなたはどうする？
選択肢：YES：情報発信する／NO：情報発信しない

　設問作成者の米川喬氏は，2011年から2015年3月まで大洗町の若手漁師で構成される「大洗町漁業研究会」の会長を務めていた。米川氏は，2012年11月9日に個人の SNS サイト Facebook のページで獲れたスズキの写真を投稿し，「デカいスズキがとれたけど売れない（>.<）」という説明を書いた。しかし，この記事を投稿したことを後悔したという。上述の設問は，この経験を踏まえて，2014年1月19日に筆者と共同で作成したものである。本人の解説動画には，米川氏がそのジレン

マについて語る様子が収録されている（図17-2）。解説動画の内容は次のようであった。

> まあまあなんで後悔したんかというと，風評被害だから売れない，原発事故だから売れないというのを，だからアピールしちゃったんじゃないかなって，けど俺はそのアピールしたくて言ったわけじゃなく，ただ素直にせっかくなあ，こうやっていい魚獲れて，旬のいい魚なのに，売れないからもったいないよなって，結局放流するだけだし，死んじゃった魚をそのまま殺して海にね，捨てるだけになっちゃうし，本当にもったいないなと思って，載せたんですけど，けど見る人によっては，それが風評被害とか原発事故の問題という風にとらえられちゃう，そのとらえ方の違いで，自分の考えが伝わらなかったから，なんかいやだなと思ったんで，後悔はしたんですよね。

上述のように，大洗町の住民は，放射能汚染，風評被害などに関わる情報を発信するべきかどうかジレンマを抱えていた。このことを受けて，筆者は2014年から大洗町で開催した6回のワークショップのうち4回でこの設問を参加者に問いかけた。YESを選んだ回答者からは，「被災地の情報が少ないため，なる

図17-2　漁師米川氏の解説動画のスクリーンショット

べく積極的に伝える」「信じてくれない人がいれば，信じてくれる人がいる」，また，「社会が放射能に対する議論が落ち着いた頃，情報発信する」などの理由があがった。一方，NOの意見には，「風評被害のイメージを払拭することが難しいから」「自分でも基準値，放射能などの情報についてわからない」「ネット社会へ不信感を抱いている」などがあった。

2015年5月23日に開催されたワークショップでは，米川氏と同じ「大洗町漁業研究会」のメンバーが参加した。参加者8人のうち，米川氏以外の参加者7名がYES（情報発信する）を選択した。「誰にも知られていないより，積極的に地域に関する情報を発信するべき」のような意見が多く，米川氏に「気にしすぎだ」と声をかける参加者の漁師もいた。漁師らが議論したうえで，漁師ができることは，基準値による証明ではなく，「自分たちが魚を料理して食べている姿を見せる記事を発

信し，皆に魚を好きになってもらうこと」であるとの結論が導きだされた。米川氏はワークショップに参加した感想について，以下のように述べた。

> 気にしなくていいと言われ，自分は悪くなかったかなと，少しほっとした［…略…］選択Ａを選んだ人と，選択Ｂを選んだ人，どっちでもいい人，正解は，じゃあいいところとりすりゃいいじゃないか，選択Ｃをつくればいいじゃないの［…略…］ただ，それをまとめなきゃいけない，じゃあそういうときはじゃあどうしたらいいか，みんなの意見で，じゃあみんなはどう思うの，みんなの意見でみんなで決めよう。

　また，本ワークショップでは，テレビの報道番組が取材をしにきていた。マスメディアは地域の取り組みに関して第三者の視点で報道することが多いが，今回取材にきていた記者は漁師らと一緒に「クロスロード」を考えていた。漁師は記者に「あなたは記者。被災地の風評被害の報道をしますか」と聞いた。記者は，「被災地の立場として，報道します」，そして，「改めて自分の取材の姿勢を見つめ直しました」と述べていた。この質問は，これまで，取材者と取材される者の対立を浮き彫りにしていた。しかし「クロスロード」ゲームを通じて，記者が取材者である第三者から，当事者となり，取材される側の漁師と同じ立場で対話していた。その対話を通じて，対立が解消し，お互いに理解し合うきっかけとなった。

4　「大洗編」の意義と課題

　東日本大震災以降，大洗町は，マスメディアの報道やインターネット上のコミュニケーションにおいて，一貫して「風評被害に苦しむ被災地」として位置づけられてきた。このレッテルは大洗町が抱える苦しみや悩みの本質をまったくとらえていないわけではない。たしかに，大洗町が直面してきた問題の多くは，「風評被害」というレッテルで表現できるであろう。

　しかし，本研究の立場に立ったとき，そのレッテルづけが当事者である大洗町の被災者自身によってなされたものではないという重大な課題があることを指摘する必要がある。もちろん，それと関連して，当事者が直面する個別具体的な課題のすべてが，あるいは，その細部がすべて「風評被害」というレッテルで包括的に表現できるものであるかどうかにも疑問が残る。「大洗編」の取り組みは，さしあたって

この課題を克服するために，当事者である地域住民が直面する問題群について自身の言葉で表現し，主体的にとらえ直すための試みであったと位置づけることができる。

　また，「大洗編」のもう一つの意義は，個人が抱えている問題，ジレンマを共有することにある。「大洗編」は，住民が自らのジレンマ体験を記録，伝承していくのではなく，住民自身がゲームのなかでこれらの問題を議論，共有し，新たな解決方法を模索していく。ゲームとして扱われることで，人びとが意見を言いやすくなり，お互いに相反する意見を理解し合い，新たな考えや選択肢が浮上したりするようになるのである（宮本, 2018）。たとえば，漁師仲間が議論することで，彼らは，「風評被害」というレッテルで呼ばれているところの自分たちの問題について，「何ができるのか」を考え始めた。「自分たちが魚を料理して食べている姿を見せる記事を発信し，皆に魚を好きになってもらう」という提案が生まれ，それが実行に移されたことはその成果の一つである。

　「大洗編」の試みをとおして問題を共有することが可能になったのは，「大洗編」の設問となったジレンマが，もはや，個人に固有の悩みや苦しみなのではなく，多くの人が共有しうる問題，より公共的な問題だったからであり，そのことが大洗町の住民に，そしてさらにはマスメディア，研究者など外部の人びとにも提示された。

　本研究の課題としては，アクションリサーチにおける「ベターメント」に対する反省がある。「大洗編」の取り組みは，開始して以来現在（2018 年）まで，地域と学校で防災教育の教材として活用されている。人びとの「大洗編」の設問への語りも変化し続け，新たな設問も生まれてくる。それにともなって，米川氏のように，一つひとつの葛藤も生まれてくる。つまり，「ベターメント」は不変の状態を維持する一つのゴールなのではなく，さまざまな主体が実践を通じて，変化し続ける時空間との交錯によって，多様な課題と戦うプロセスである。今後，アクションリサーチをさらに継続するなかで，つまり，次なる介入（実践）をとおして，新たに生まれ出てくる葛藤とその都度，向き合っていくほかないと考えている。

●引用・参考文献
杉万俊夫（2006）.「質的方法の先鋭化とアクションリサーチ」『心理学評論』49(3), 551–
　　561.
杉万俊夫（2013）.『グループ・ダイナミックス入門——組織と地域を変える実践学』世

界思想社

宮本　匠 (2018).「災害復興のアクションリサーチ──内発的な復興のきっかけとなる5つのツール」草郷孝好［編］『市民自治の育て方──協働型アクションリサーチの理論と実践』関西大学出版部, pp.97–116.

室﨑益輝 (2011).「被災者主体の復興への道筋」学芸出版社編集部［編］『「東日本大震災・原発事故」復興まちづくりに向けて』学芸出版社, pp.8–24.

矢守克也 (2007).「「終わらない対話」に関する考察」『実験社会心理学研究』*46*(2), 198–210.

矢守克也 (2010).『アクションリサーチ──実践する人間科学』新曜社

矢守克也・吉川肇子・網代　剛［編］(2005).『防災ゲームで学ぶリスク・コミュニケーション──クロスロードへの招待』ナカニシヤ出版

吉川肇子・矢守克也・杉浦淳吉［編］(2009).『クロスロード・ネクスト──続：ゲームで学ぶリスク・コミュニケーション』ナカニシヤ出版

李　旉昕・宮本　匠・近藤誠司・矢守克也 (2015).「「羅生門問題」からみた被災地の復興過程──茨城県大洗町を例に」『質的心理研究』*14*, 38–54.

Chapter

18

アートと漫画表現の境界新領域における
表現と新概念の実験的創生

JohnHathway

1 アートと科学とマンガ表現の境界新領域の可能性

　イタリア・ルネサンス期の代表的芸術家であるレオナルド・ダ・ヴィンチはアーティストである一方，科学者の側面ももっていた。彼は表現についても科学的な知見による表現方法を模索していた。科学は，まず現状の分析にはじまり，その分析に基づいて理論を立て，実験で証明し応用することで新しい技術を創造する。この工程はアートと非常に近い。ところが現在ではアートと科学コミュニティやメディアのあいだにはさまざまな障壁があり，また広い知識やスキルが必要であるため，その境界をまたいだ表現は簡単ではない。

　一方，科学とアートとは別にエンターテインメントにおけるマンガ文化が存在する。マンガ文化は日本の古来の表現とも深く関わりながら発展しており，当然ながらマンガ表現はアートの側面ももつ。さらにマンガの題材においては『ガンダム』や『ドラえもん』などSFも多く取り上げられており，マンガ文化と科学は切り離せない関係にある。その理由の一つとして，記号化した絵は実写などの表現法より比較的手間が少なくSF表現を可能としていることがあげられるだろう。

　このように，アート，科学，マンガ

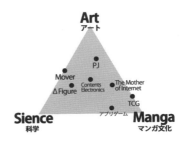

図18-1　連続的な境界新領域
「アート科学マンガスペクトラム」
（筆者作成）

表現はそれぞれ親和性が高く，その境界は連続的で，さまざまな表現の可能性をもった領域，いわば「アート科学マンガスペクトラム」が存在していると考えられる。本章では筆者によるアート，科学，マンガ表現のはざまの新領域において，科学実験的手法を用いた表現の創作をおこなう過程や考察をまとめた。

2　境界新領域における1枚絵表現のステートメント

　アート作品を制作するうえで，その作品の声明（ステートメント）は非常に重要で本質的なものである。筆者の現在の作品群を説明しておくと，図18-2のような空中を自由に移動ができる反重力技術が確立したあとの都市を描いている。もともと筆者は反重力船のような構造物の間取りに興味があったのだが，その実現には反重力の学術的な物理学研究と技術が必要と感じ，高校，大学，大学院，学術振興会特別研究員と物理学の研究へ進むこととなった。その後さまざまな知見を得た結果，絵画による表現という方法でこの反重力の技術発展後の世界を実現させる方向に進んだ。物理学の研究では理論をもとにした実験による方法論で本質的な新規性を求めて研究をおこなってきたが，表現においてもまったく同様の方法論をとっている。

　たとえば筆者の描く1枚絵について説明する。絵は表現であり情報でもある。筆者は1枚の絵の情報量に注目し，絵の情報量を一定の条件のもとで極大にすることを目指している。それを実現するために四つの手段をとっている。一つめは作品中の街に登場する看板の文字情報によって作品の情報密度を高くしている。二つめは画面の奥にいる人物ほど顔を大きくデフォルメすることで，通常見えないであろう小さな人物の情報量を多くしている。三つめは空間のパースペクティブを意図的に非対称に歪ませることで，必要な方向のみ画角を広くし空間の情報密度を高めている。ただし，以上三つの情報量を際限なく増やせば絵としての空間や人物の表現や魅力度が崩壊するため，四つめの要素として，筆者にとって絵として成立するための魅力度

図18-2　《超中学校》（2011，筆者作品）

や合理性を同程度に極大にする必要がある。これらの四つの条件を満たせる解を求めるのが作品の制作過程で，その解を見つける方法は計算物理学のシミュレーションなどでみられる数値を代入してトライ＆エラーで求めるような方法論である。さらに，展示では絵のなかの新しい技術や理論の論文を必要に応じ添付して情報を補っている。先の四つの手段のうち前者三つは科学的側面であり最後の一つはアートとしての側面といえる。なお，二つめのデフォルメに関しては記号化するうえでマンガ表現を用いて効率化している。また絵を制作するツールにPCのソフトウェア（Photoshop）を利用しているが，その理由はPCにおいては無限にトライ＆エラーが可能であり，描く過程で数千枚のレイヤーを時系列で枝分かれさせて増やすことで，その過程を並行的に場合分けして実験できるためである。

　以上が1枚絵における筆者のステートメントと方法論である。このアウトプットとしての絵が，科学とアートとマンガの境界新領域における1枚絵表現の実験結果の一つである。

3　本質的に新しい表現概念の創生へ向けて

　物理学においても，新規性はもっとも要求されることであり，人類の科学的な進化に新規性は欠かせないといえる。筆者のおこなう実験は現在ばらばらに存在しがちなアート，科学，マンガという境界を取り払った新領域を舞台としている。しかし，その新領域においての表現方法はまったく確立されていない。そこで筆者は新規性に重きを置いたうえで，特定の作品ではなく「本質的に新しい概念＝新しい表現フォーマット」の創生を試みることとした。

3-1　新しい概念の創生①：「コンテンツエレクトロニクス」

　コンテンツエレクトロニクスとは，コンテンツ性のある電気製品のことで筆者が独自に編み出した概念である。コンテンツ性のある電気製品とは，使用することで本来の電気製品の用途に加えて使用者が高度なコンテンツを体験できるよう電気技術を応用した「製品」である。

　ここで明確に区別したいのが「アニメ＊＊モデルのノートPC」など通常モデルの製品に印刷やスキン，カウルなどのアレンジをあとから施した製品で，これらの製品は以上の定義からずれるため，コンテンツエレクトロニクスにはあたらない。またほかにも「映画＊＊の光る剣の音の出るレプリカ」や「アニメキャラクターの

形をした炊飯器」などは，前者は玩具的であり後者はキャラクターと炊飯器という組み合わせにコンテンツとしての合理性を見出しにくく，コンテンツエレクトロニクスとは方向性が違うといえる。

1）コンテンツエレクトロニクス①：「真空管ヘッドフォン」

　このコンテンツエレクトロニクスという概念を実証するために最初に制作したのが「真空管ヘッドフォン（VTH-01）」である。このヘッドフォンには次のような特徴がある。

　この真空管ヘッドフォンはヘッドフォンと同時に制作された絵画作品《超中学校》（図18-2）の作中の主人公が装着しているものである。この作中世界では通常の音による精神作用を応用した「音楽」に加え，電波による精神作用を応用した「電楽」が存在する。このヘッドフォンにはその両方の機能があり，これに通常の真空管を挿す場合は音楽，魔法真空管を挿せば電楽に使用できる。われわれの現実世界では付属の通常真空管を挿して音楽用アンプ機能を利用できる。魔法真空管は自分で手に入れなくてはならないが，それはおそらく，われわれの現実世界にはまだ存在しないため，実質電楽には使用できない。だが，未来を描いた作中では魔法真空管が手に入るため将来は使える可能性は残る。

　以上の設定と作品哲学が何を表しているかというと，このヘッドフォンはレプリカではなく「本物」であり，現実世界と作品中の世界のどちらにも合理的に存在できるよう，作中設定とハードウェアの両面のつじつまが合うようにつくられていることである。このハードウェアは誰でも買うことができ，音楽用アンプ付きヘッドフォンという機能以外に，このハードウェアをとおして「作品世界のアイテムに直に接する疑似的ではない本当の体験を与えられる」価値が付加されている。

　ここで重要なのがこのヘッドフォンが一つのメディアであり，誰でも買える「製品」だということである。たとえば企業展示会のコンセプトモデルなど買えないものは絵と同じ架空のものであり，社会的な結びつきが弱く「製品」にはなら

図 18-3　「真空管ヘッドフォン（VTH-01）」
（筆者作品）

ない。

　このような通常大企業のみが製造可能な「電気製品」をメディアとするならば
アーティストが主体的に作品をつくるには多大な労力と勉学が必要である。その際，
筆者がコンテンツエレクトロニクスを実現するためにとったポイントは次のような
ものである。

　一つめは今回のヘッドフォンを設計する段階でハードウェアと同時に絵と状況
設定，ストーリーもつくることで，絵とハードウェアの双方のつじつまが完全に合
うようにしたことである。一般的な製品でもよくあることだが，この段階で技術的
問題によって当初の目的を失うケースがきわめて多い。この解決としてヘッドフォ
ンの図面や回路も作者が理解するために専門家とも協力し，詳細まで設計しつくす
必要がある。

　二つめは少ないロットであるが町工場などで量産し，一方アート作品という扱い
で流通させることで一般電気製品に求められる制限を少なくし，誰でも買うことが
できることを実現させたことである。

　2）コンテンツエレクトロニクス②：
　　　「等身大ドールロボット型パソコン
　　　　ケースロボット（DTX-1）」

　もう一つのコンテンツエレクトロニ
クスの例が筆者が制作した「等身大ドー
ルロボット型パソコンケースロボット
（DTX-1）」（以下，DTX-1）である。

　このDTX-1は等身大ドールの背中に機
械機構で開く金属の蓋があり，ここに自
作PC用のマザーボードなどの自作PC用
パーツ一式が収められたPCケースである。
首には背骨に沿ってUSBインターフェー
スの口がある。

　DTX-1は等身大ロボットのように歩行
はしない。それどころか動きもしゃべりも
せず，いっさい動かないのだ。電気製品と
しての唯一の働きは体内に収められた自作

図18-4　「等身大ドールロボット型
パソコンケースロボット（DTX-1）」
（筆者作品）

PC パーツによってモニターやキーボードを接続すると通常の PC として動作する点だ。そのため，見た目はあたかも等身大ロボットのようであるが，「等身大ドールロボット型パソコンケースロボット」とした。

ここで重要なのが付加価値で，この DTX-1 を PC として使用しているときに得られるコンテンツ体験である。それは使用者がただ PC を使用しているだけでその様子から，「等身大ロボットのメンテナンスをおこなっている博士になった状態」の体験を同時に味わうことができるということである。この等身大ドールロボットはメンテナンス中だから電源がオフになって動かない設定なのだ。さらに使用者のイマジネーションを駆使すれば，パソコンの不調や故障などの出来事がドールロボットとの想像上の対話やストーリーを生んでくれる。類似のものとして，過去にウェブ上で盛り上がったパソコン OS の擬人化とも近い考え方である。さらに，DTX-1 は一般的なロボットのような駆動箇所もないため機械劣化がなく，マザーボードを最新版にすることで規格が存在する限り末永く時間を共に過ごすことができる。これは現在出ている家庭用ロボットにおいては 10 年もすれば基板が古くなり廃棄されてしまうことへの問題解決の意味も込めている。ロボットという存在がコンピューターと人とのコミュニケーションのインターフェースと考えるなら，DTX-1 はイマジネーションで補完した必要十分な家庭ロボットであると考えられないだろうか。その意味も込めて筆者はこれを「ロボット」としたのである。

3-2 新しい概念の創生②：「⊿(デルタ)フィギュア」

「⊿(デルタ)フィギュア」とは彫刻とロボットの中間物であり，人工筋肉などによって動的に生物の静止を表現した新しい彫像概念とそのシステムである。

「そこに立って止まってて」と言われた人間と完全に静止したロウ人形との違い

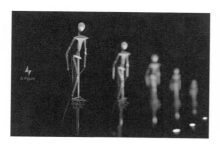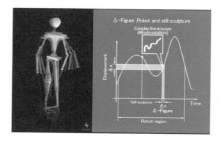

図 18-5 「⊿フィギュア」（筆者作品）

は微妙に動いているかまったく動いていないかの違いである。止まった人間は脳内で静止するための命令がおこなわれ続け，動的に筋肉が静止を維持しようとすることで常に全体の関節は微小変化している。また同時に疲労物質によって疲労するため，血流の促進のために無意識にポーズを変えてしまうこともある。そして呼吸器の振幅の影響も大きい。人間（生物）にとっての「止まる」はこれらを含めた動的な要素をともなった「止まる」であり完全な静止を意味しない（完全な静止は大道芸人でも難しい）。つまり，この動的な静止は生物特有の表現となりうる。

　この「⊿フィギュア」はこの人間（生物）の「止まる」を実現し表現ができる彫像のフォーマットである。それは彫像のような完全な静止ではなく，またロボットのように踊ることもなく人間のために働くこともない，純粋に生物的な「止まる」（生物的静止）を表現するためだけに微小変動している。この微小の変化は数学的には⊿で表現されることから「⊿フィギュア」と名づけた。

　この⊿フィギュアの初号機については最小限のフォルムである棒人形の形だけにとどめた。なぜなら⊿フィギュアが新しい表現フォーマットの提唱であるということ，そしていろいろな表現者による肉づけによってアートの動く彫刻であったり，エンターテインメントにおけるアニメフィギュアや映画のフィギュア，また仏像や動く植物に至るまでさまざまな形で展開できるという可能性を示したかったからである。その動きのデータも SD カードにテキストを打ち込むだけで誰でも簡単にプログラムできる。なお，発表はオーストリアの世界最大級のメディアアート芸術祭‘Ars Electronica 2014’ にておこなった。

　技術的に重要な点は，独立した複数個所が人工筋肉によって無音で，かつ低速でも非常に滑らかに精度の高い動きをすることである。明確に区別したいのが動く人形玩具などで，玩具の場合は動きが大きくギアや機構による単純な動きで可動箇所も少ない。これらはあくまで動的な生物の静止を意図して表現しておらず技術的にも⊿フィギュアのような微小のきわめて精細な動きはできない。筆者が制作した⊿フィギュアの技術は PID フィードバック回路や高度な PWM（パルスワイド変調）回路とその制御プログラムなど，独自の回路と理論，機械機構を 8 年間にわたって開発することで初めて可能となった。メディアアートでも技術の進歩によって初めて新しい表現が可能になるのであり，新しい境界の新領域において新しいフォーマットの表現開発は科学技術的な部分も深く掘り下げる必要がある。テクノロジー系アートにおいては，世の中の科学技術発展を待って，それが発表されてから後発的に順応させて表現にフィードバックする技術主導順応型の方法をとることが少なく

ない。それに対して⊿フィギュアに関してはアートとしての動機から表現をするために必要な科学技術を考え，それが存在しないのであれば技術開発に立ち戻りそれに合わせた科学技術も含めて作者自身が開発するという方法をとった。これは非常に時間がかかるものの，同時に科学技術の発展にも寄与でき，何より科学とアートを融合させるうえでは動機づけがアートでありたいと思う筆者には適している。筆者としては前者後者どちらも正しく重要であり，それをシームレスに選択し意図的にコントロールして表現できればよいのだが，作品制作の動機が技術的側面に偏ってしまう場合は，人類が技術にコントロールされている危険の縮図に感じてしまう。核エネルギー技術然り，そのような構図になりすぎないことは科学技術全体の問題としても人類は肝に銘じておくべきではないだろうか。

3-3　新しい概念の創生③：乗り物移動型簡易アトラクション表現「MOVER」

　MOVER（以下，ムーバー）はテーマパークにある移動型のアトラクションを誰でも簡単に制作することができる新しい表現フォーマットとして制作した。ムーバーは周囲に4台の動画再生用短焦点プロジェクタと自動運転機能が付加した1人乗り電動カートである。ムーバーは自動運転の動きに合わせてプロジェクタで周囲に動画を再生できる。また，ムーバーは乗降場とは別の部屋に移動することも目的にしている。

　移動しながら周囲に投影された動きに合わせて動く情景などを見るという表現をムーバーによって乗客は体験できる。実はこの体験はテーマパークにある乗り物型のアトラクションと本質的には同じ体験である。

　このような表現方法をつくろうと考えた理由は，次のようなものである。

　現在，家庭用映像技術やゲーム，VR，映画などさまざまな映像系コンテンツの体験が存在し発展し続けており，外出せずとも，家のハードウェアで質の高いコンテンツを体験できる。ところが一方，われわれはテーマ

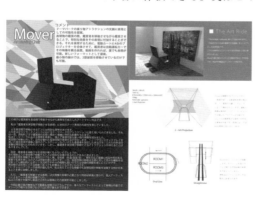

図18-6　「MOVER」（筆者作品）

パークに出向き，そのなかでも乗り物型のアトラクションの表現を体験するために何時間も行列に並んでいる。4D映画のような固定された場所で，映像に合わせたさまざまな物理効果をみせるアトラクションも存在するが，人気があるのは乗り物移動型のアトラクションである。筆者はこの傾向から「乗り物移動型」ということに特別な意味をもった体験があると考えた。位置が固定された状態で疑似的な加速度を感じ，映像で1万kmの距離をドラスティックに移動しているように錯覚させるアトラクションとわずか50mの距離を実際に移動するアトラクションでは筆者においては後者のほうが魅力を感じてしまう。実際に東京にある映像やゲームを主体にした小型テーマパークにおいても，小さくても移動型アトラクションが人気である。その理由を考えてみると，実際に移動する体験のほうが全六感（視覚，聴覚，触覚，嗅覚，味覚，加速度覚）で感じる強度が高いのが一つではないだろうか。たとえば移動して部屋が変わると視覚，聴覚，加速度覚に加えて温度，湿度，臭い，空気の流れなど疑似的には表現しにくい繊細な連動変化が起こる。その連動した全六感の合理性でわれわれは「本当の移動」を無意識に感じているのではないかと考えた。そして本当の移動はわれわれに「リアル」を感じさせる。

　しかし，個人ではこのような本物の移動体験をともなった表現をおこなうことは非常に困難である。それには大きな施設と乗り物，機械など数十億円の投資が必要で，それを実現するにはテーマパークに就職しそのプロデューサーの地位に就いて初めて実現可能となる。そこでより簡単な形でこれに近い表現ができないかと考えてつくったのがこのムーバーであった。表現者は動画ファイルをつくり，それに合わせた簡単な自動運転のスクリプトをテキストファイルに入力するだけで乗り物移動型のアトラクション表現を実現できる。必要であれば動画ではなく実体オブジェクトを配置することも可能だ。ムーバーを複数台用意してそれぞれ違う作者がソフトウェアを制作し並べればそれだけで最小限のテーマパークが完成する。

　筆者は「神戸ビエンナーレ」においてプロトタイプの作例として反重力の眼の世界に入れる体験型ソフトウェアを用意した。ムーバーは3mのキャンバス絵の目の前に置かれ，そのキャンバスを突き破って別室に突入する。当時会場には2部屋しかなく移動距離はわずか8m程度で作例も最小限だったことから少々物足りなさがあったが，乗り物に乗れるという期待で会場には連日大行列ができた。それは乗り物で移動できる体験自体が本質的に特別であることを表した結果だと考えられる。

　なお技術的な点を補足すると，電動カートは電動シニアカーを分解し，有線による電源供給化，専用の制御回路を開発することで自動運転化し，専用のソフトウェ

アの開発，外装のデザインと制作などをおこなった。

3-4　その他の境界新領域表現の実験例

1）新しい概念の創生：「Picture Jockey（PJ）」音楽ライブとの融合

　以下では，筆者がおこなっている境界新領域での表現のその他の実験例を簡単に説明する。

　最初に取り上げる「Picture Jockey（PJ）」は，みずからの絵をモジュール化したサンプルを最小単位にして新しい絵をライブでくみ上げていくものでクラブ文化を意識したデジタルコラージュ的パフォーマンス概念である。音楽 DJ パフォーマンスとのコラボでおこなうことを想定しており，舞台に液晶タブレットを持ち込んで音楽 DJ の感性と共鳴させながら 20–30 分程度のライブで制作をおこなう。DJ が音のサンプルファイルを最小単位にしてライブで新しい音楽をつくること（マッシュアップ）に着想を得たのがきっかけで，DJ（Disc Jockey），VJ（Video Jockey）に並ぶ新しい概念の PJ（Picture Jockey）と名づけた。きわめて短い時間でイメージを制作することから，短期的閃きが創作の中心となるため通常とは異なる方向の発想が生まれることが多い。可能であれば終了後に作品をプリントして配布する。秋葉原，ニコニコ本社，京都，インドネシアなどで数多くのライブパフォーマンスをおこない検証中であるが，アートとエンターテインメントの両方の側面をもつ表現方法であると感じている。

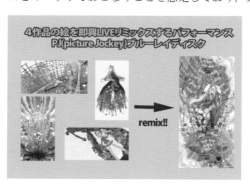

図 18-7　Picture Jockey（PJ）（筆者作品）

図 18-8　「The Mother of Internet」（筆者作品）

2) 大規模ウェブを用いた実験表現：「The Mother of Internet」

　Yahoo! JAPAN とコラボレーションしたプロジェクトで，インターネットの歴史を1枚の絵で表現することを題材として2017年に制作した。

　縦方向は30万ピクセルレベルの巨大な動く絵にしており，1,300か所のクリックポイントが存在する。絵は母なるインターネットはまだ発展途上であるという意味を込めて成長途中の少女に置き換え，その時間発展を少女と融合した巨大タワーの高さに置き換えた。タワーの中の構造や人物，モチーフをインターネットの歴史として配置したものである。

3) 大規模アプリゲームにおける表現

　アプリゲーム「真空管ドールズ」プロジェクト（ソニーミュージックエンターテインメント）はこれまで制作した絵の世界観をソーシャルゲームなどに融合させるエンターテインメント主体のプロジェクトである。エンターテインメント性を守りながらも，アートとしての表現の設定や本格的な科学設定を細部に散りばめた。街や人物をすべて3D化しストーリー付きのロボット改造アクションゲームとなっている。エンターテインメントとアートの両立は水と油のような関係で非常に難しい課題でもあり，現在も試みを続けている。

図18-9　「真空管ドールズ」（筆者作品）

4) トレーディングカードゲームを用いた表現

　大規模なコンピュータゲームの表現においては，監修することはできても細部まで個人ですべてを表現することは難しい。また，1枚の絵という存在はゲームのなかではメインになりにくい。そこ

図18-10　「真空管ドールコレクション」（筆者作品）

で1枚絵がメインのカードゲームを制作することで，1枚絵を主役としたコンテンツにすることができた。また，1枚絵をエンターテインメントの領域において経済的に流通させることのできる数少ない方法の一つともいえる。課題はゲームシステム部分の管理と維持が非常に大変であることだ。筆者は「真空管ドールコレクション」というカードゲームをゲームデザイナーと共同で開発し，これまで100種類以上のカードを発行している。

5）ブロックチェーン技術を用いたコンテンツ表現の可能性

ブロックチェーン技術を簡潔に述べると，信頼性が必要な情報をユーザーコミュニティ内で分散させて監視しあうことで高い情報の信頼性を担保できる新しい管理技術である[1]。信頼性の観点から仮想通貨で最初に普及したが，通貨に限らずその原理はアートやコンテンツにも応用することは可能だ。利点としては一か所の情報が改ざんされても分散されて存在し常に監視しあっているので問題にならない，など過去の管理より根本的に優れている。また情報の複雑な取引に関しての履歴（トランザクション）がセットになっているため，金融分野で応用されやすい。

ここで扱う「情報」をコンテンツに置き換えればさまざまな利点や方法が考えつく。たとえばデジタル画像や動画のファイルを扱えば改ざんや著作権，所有権の管理などが簡単になる。

筆者はブロックチェーンのトランザクションと呼ばれる相互処理がなされた記録領域に絵のバージョン違いやレイヤー情報などを入れ，作品のエディションに加えバージョンや描き換え描き足し，そして二次創作についても紐づけ可能な形でウェブ上に存在できる仕組みを考えた。現在その作品を準備中である。この仕組みが広まれば，デジタルコンテンツをリアルタイムに信頼性を担保したうえで更新や連載したり，二次創作との本当の意味での相互リンクも可能になる。

4　未来の表現の土壌とは

以上のように科学とアートとマンガの境界の新領域での表現の可能性は多く存在するものの，既存のプラットフォームが存在しないため概念やフォーマット，技

1）ブロックチェーンについて，よりくわしく知りたい場合には，岡嶋（2019）が参考になる。

術開発も含めた創生が必要になる。そのためにはそれぞれの分野を深く掘り下げることが求められ多くの時間が必要とされるが，その結果としてその生み出されたフォーマットが礎の一つとなり表現の土壌が広く養われることで，人類にとって本質的で，かつ新規性の高い有益な表現の発展が得られるのではないかと信じている。また問題として，この領域でのコミュニティが存在しないため，この新領域を認知してもらうための新しいコミュニティを確立する必要があるだろう。

●引用・参考文献 ────────────────────────────
岡嶋裕史（2019）.『ブロックチェーン──相互不信が実現する新しいセキュリティ』講
　　談社

おわりに：アフターコロナのメディア・コンテンツ

　本書の編集を続けている最中に，新型コロナウイルス感染症（COVID-19）の世界的流行が起こった。2019 年 12 月に中華人民共和国の武漢市で症例が確認され，武漢市が閉鎖されるなどの対策が取られたが，感染拡大は止まらず，さまざまな国や地域に拡散し，世界保健機関（WHO）は 2020 年 3 月 11 日にパンデミック（感染爆発）を宣言するに至った。

　この「おわりに」を書いているのは 2020 年 4 月 19 日だ。今朝の段階で，世界の感染者は 229 万人を超え，死者は 15 万 7000 人と報道されている。感染者が最も多い国はアメリカ合衆国の 71 万 5536 人，次いで，スペインが 19 万 1726 人，イタリアで 17 万 5925 人，フランスで 14 万 9146 人などとなっている。日本国内での感染確認数は 1 万人を超え，死者は 200 人強に至った。

　2020 年 4 月 7 日には，5 月 6 日までの期限をつけて「緊急事態宣言」が東京，神奈川，埼玉，千葉，大阪，兵庫，福岡に発出された。それでは終わらず，4 月 16 日には，その範囲が全国に拡大された。「不要不急」の外出を自粛するよう求められ，人との接触を 7 割から 8 割減らすようにと呼びかけられた。テレビのニュースや情報番組では，毎日新型コロナウイルスに関する情報が流れている。感染につながる「濃厚接触」を避けるべく人同士の距離をあける「ソーシャル・ディスタンス」という言葉もさかんに使われはじめた。

　現在，全国の多くの大学が，4 月初旬から始まる予定だった 2020 年度の前期の授業を始められずにいる。あるいは，キャンパスには集まらず遠隔授業を実施している。昨年度の卒業式，今年度の入学式が中止や縮小になった大学も多い。私が所属する総合社会学部のある近畿大学東大阪キャンパスは，4 月 3 日から 5 月 6 日まで，学生および大学院生のキャンパスへの立ち入りが原則的に禁止されている。これは決して特殊なケースではなく，全国各地の大学で同じような措置が取られている。教職員や学生に感染者が出た大学もある。

　新型コロナウイルスは収束しないどころか，今後ますます猛威を振るうかもしれない。そのような時に「メディア・コンテンツ」はどうなっているのか，そして，今後どうなっていくのだろうか。現在，感染を避けるために「密閉」「密集」「密接」の「三密」を避けるようにというのが合言葉になっている。感染が拡大していく過程においてライブハウスでクラスター（患者集団）が発生したこともあり，現実場面

で人びとが集うライブやコンサート，イベント，展覧会などはほとんどが中止や延期を余儀なくされている。

　序章でも触れた2020年の夏に開かれる予定だった東京オリンピックは，1年の延期が発表され，今のところ2021年7月23日に開催されることになっている。Twitter上では，大友克洋による1980年代の漫画『AKIRA』の物語内の設定として2020年に東京オリンピックが開催されることになっており，しかも中止の落書きの描写があり，話題になっていた。もちろんこれは偶然だろうが，コンテンツは，不思議に未来を予見してしまうようにみえることがある。現在の，新型コロナウイルスが蔓延した状況で起こってくるさまざまな出来事は，実はゾンビ映画などでさまざまなかたちで描かれてきたことにも重なる。

　また，メディア・コンテンツを制作する現場が，新型コロナウイルスの感染爆発によって大きな影響を受けている。前述の三密を避けるために，テレビのスタジオ収録でも出演者同士の距離を離したり，メインの司会者以外のゲストコメンテーターは全員が画面越しの出演というような番組もみられる。映画やドラマの撮影がストップした現場も多く，映画の公開が延期されたりもしている。

　しかし，そのようななかで，メディア・コンテンツは役に立ってもいる。新型コロナウイルス感染拡大を防止するにあたって，一般の人びとができる最も基本的なことは，「外出せず，できるだけ家にいる」ことだといわれている。そのようなときに，メディア・コンテンツは身体を留めたままでも，精神的な「移動」が可能なものであるため，重宝されるのだ。

　コンテンツのクリエイターたちも，さまざまな工夫を行っている。観客が現実空間上で集うことは不可能であるため，ライブハウスがネット上でイベントを催し，収益化する事例もみられた。あるいはミュージシャンの星野源さんは4月3日に『うちで踊ろう Dancing On The Inside』というオリジナル楽曲をInstagramで披露した。YouTubeでも4月5日にアップされており，4月19日現在，再生回数は3,511,139回に達している。

　星野源さんの投稿には「誰か，この動画に楽器の伴奏やコーラスやダンスを重ねてくれないかな？」と書き添えられており，これに対してさまざまなアーティストが呼応したコラボ動画を作成して発信した。非常時にもコンテンツは人びとを元気づけるものになる。

　これに呼応したのはクリエイターだけではなかった。安倍晋三首相が，『うちで踊ろう』の動画とともに，自身が飼い犬と戯れたり，飲み物を飲んだり，読書やテレ

ビ視聴をして家で過ごしている様子をコラボさせた動画を4月12日にツイッターに投稿した。本動画は，19日現在，「1,807.4万回再生済み」と表示されている。この取り組みに対しては，政府の各種対策が後手に回っているという指摘と合わせて批判も多いが，ツイート自体には40.6万の「いいね」がつき，10.2万の「リツイート」がなされており，単純には評価できない。

　現在の状況を実に雑駁にではあるが書き連ねてみた。この騒動がいつ収束するのか，今はまだ出口がみえない。人が自由に外出できない状態，人と人とが物理的に距離をとらねばならない状態が続けば，メディア・コンテンツや教育，観光，小売り，物流，商業等，各種の経済活動，社会活動，文化活動が大きく変化を迫られる。出社せずに働くリモートワークの効果的な実施方法も各地で模索が進んでいる。人びとの生活のあり方がこれまでとは異なる形になるかもしれない。

　もちろん，本書は今回の事態を想定して書かれたものではない。企画自体は2017年の初夏頃から編者間で打ち合わせをし，そこから執筆者の先生方にご執筆いただいてきたものである。しかし，コンテンツを分析，拡張，創造していく営みは，今，そして，「アフターコロナ」の社会に相対する上で役立つ知恵になるだろう。

　出版業界も例外ではなく，多くの書店が休業したり時間短縮営業したりしている。大手通販サイトのAmazonも生活必需品や衛生用品を優先するために，物流施設で商品の入荷制限を始めている。こうした中，出版に踏み切ってくださったナカニシヤ出版，そして，最後まで丁寧な仕事をしてくださった編集部の米谷龍幸さんに御礼を申し上げたい。最後になりましたが，ここまで読んでくださった読者の皆さん，本当にありがとうございました。メディア・コンテンツを考えることで，よりよい社会を共に創っていけることを願っています。

2020 年 4 月 19 日

岡本　健

推薦書籍リスト

序　章　メディア・コンテンツの分析・拡張・創造
天野　彬 (2019). 『SNS 変遷史——「いいね！」でつながる社会のゆくえ』イースト・プレス
松井広志・井口貴紀・大石真澄・秦美香子［編］(2019). 『多元化するゲーム文化と社会』ニューゲームズオーダー
渡辺武達・金山　勉・野原　仁［編］(2019). 『メディア用語基本事典［第 2 版］』世界思想社

第 1 章　現代日本のメディア・コンテンツに生きるヴィクトリア朝文学
丹治　愛 (1997). 『ドラキュラの世紀末——ヴィクトリア朝外国恐怖症（ゼノフォービア）の文化研究』東京大学出版会
廣野由美子 (2009). 『ミステリーの人間学——英国古典探偵小説を読む』岩波書店
松村昌家 (2003). 『十九世紀ロンドン生活の光と影——リージェンシーからディケンズの時代へ』世界思想社

第 2 章　笑いをとおしてテレビ番組が描くもの
日本笑い学会［編］(2009). 『笑いの世紀——日本笑い学会の 15 年』創元社
萩原　滋・国広陽子［編］(2004). 『テレビと外国イメージ——メディア・ステレオタイピング研究』勁草書房
村松泰子・ゴスマン, H.［編］(1998). 『メディアがつくるジェンダー——日独の男女・家族像を読みとく』新曜社

第 3 章　物語構造論からみる宮崎駿監督作品
足立加勇 (2019). 『日本のマンガ・アニメにおける「戦い」の表象』現代書館
小山昌宏・須川亜紀子［編］(2014). 『アニメ研究入門［増補改訂版］——アニメを究める 9 つのツボ』現代書館
高田明典・竹野真帆・津久井めぐみ (2019). 『物語の力——物語の内容分析と表現分析』大学教育出版

第 4 章　特撮の二つの「内側」と図解形式
田島悠来 (2017). 『「アイドル」のメディア史——『明星』とヤングの 70 年代』森話社
牧野智和 (2012). 『自己啓発の時代——「自己」の文化社会学的探究』勁草書房
森下　達 (2016). 『怪獣から読む戦後ポピュラー・カルチャー——特撮映画・SF ジャンル形成史』青弓社

226

第5章　「読む」ことの最前線へ

大橋崇行・山中智省［編］（2020）.『小説の生存戦略——ライトノベル・メディア・ジェンダー』青弓社

スタインバーグ, M.／大塚英志［監修］／中川　譲［訳］（2015）.『なぜ日本は〈メディアミックスする国〉なのか』KADOKAWA

山中智省（2018）.『ライトノベル史入門『ドラゴンマガジン』創刊物語——狼煙を上げた先駆者たち』勉誠出版

第6章　初音ミクはなぜ楽器でキャラなのか

井手口彰典（2012）.『同人音楽とその周辺——新世紀の振源をめぐる技術・制度・概念』青弓社

柴　那典（2014）.『初音ミクはなぜ世界を変えたのか？』太田出版

日本記号学会［編］（2015）.『音楽が終わる時——産業／テクノロジー／言説』新曜社

第7章　いかにして子どもたちはコンテンツ文化に入っていくのか

高馬京子・松本健太郎［編］（2018）.『越境する文化・コンテンツ・想像力——トランスナショナル化するポピュラー・カルチャー』ナカニシヤ出版

松本健太郎（2019）.『デジタル記号論——「視覚に従属する触覚」がひきよせるリアリティ』新曜社

松本健太郎・塙　幸枝（2019）.『メディアコミュニケーション学講義——記号／メディア／コミュニケーションから考える人間と文化』ナカニシヤ出版

第8章　「クール」な日本は誰のもの？

岩渕功一（2016）.『トランスナショナル・ジャパン——ポピュラー文化がアジアをひらく』岩波書店

河島伸子・生稲史彦［編］（2013）.『変貌する日本のコンテンツ産業——創造性と多様性の模索』ミネルヴァ書房

櫻井孝昌（2009）.『アニメ文化外交』筑摩書房

第9章　「歴史」をどこからみるか

小澤　実［編］（2017）.『近代日本の偽史言説——歴史語りのインテレクチュアル・ヒストリー』勉誠出版

小田中直樹（2004）.『歴史学ってなんだ？』PHP研究所

歴史学研究会［編］（2017）.『歴史を社会に活かす——楽しむ・学ぶ・伝える・観る』東京大学出版会

第 10 章　秋葉原の消費文化の変容と葛藤

須藤　廣（2012）．『ツーリズムとポストモダン社会──後期近代における観光の両義性』明石書店

須藤　廣・遠藤英樹（2018）．『観光社会学 2.0──拡がりゆくツーリズム研究』福村出版

近森高明・工藤保則［編］（2013）．『無印都市の社会学──どこにでもある日常空間をフィールドワークする』法律文化社

第 11 章　2.5 次元的空間の創出と課題

おーちようこ（2017）．『2.5 次元舞台へようこそ──ミュージカル『テニスの王子様』から『刀剣乱舞』へ』星海社

公野　勉（2018）．『ライブエンターテイメントへの回帰──映像から二・五次元 アニメ ライブミュージカル概論』風塵社

須川亜紀子・米村みゆき［編］（2019）．『アニメーション文化 55 のキーワード』ミネルヴァ書房

第 12 章　近代メディアと「メディウム（霊媒）」が出会うとき

飯田　卓・原　知章［編］（2005）．『電子メディアを飼いならす──異文化を橋渡すフィールド研究の視座』せりか書房

遠藤英樹・寺岡伸悟・堀野正人［編］（2014）．『観光メディア論』ナカニシヤ出版

高橋典史・塚田穂高・岡本亮輔［編］（2012）．『宗教と社会のフロンティア──宗教社会学からみる現代日本』勁草書房

第 13 章　海外における日本のテレビドラマの受容

大場吾郎（2017）．『テレビ番組海外展開 60 年史──文化交流とコンテンツビジネスの狭間で』人文書院

谷川建司・王向華・須藤遙子・秋菊姫［編］（2012）．『コンテンツ化する東アジア──大衆文化／メディア／アイデンティティ』青弓社

リフ, D.・レイシー, S.・フィコ, F.／日野愛郎［監訳］／千葉　涼・永井健太郎［訳］（2018）．『内容分析の進め方──メディア・メッセージを読み解く』勁草書房

第 14 章　ウィキペディアでコンテンツを創造する

外山滋比古（2009）．『新エディターシップ』みすず書房

原田智子［編］（2018）．『プロの検索テクニック──検索技術者検定 2 級 公式推奨参考書』樹村房

福井健策［編］（2020）．『インターネットビジネスの著作権とルール［第 2 版］』著作権情報センター

228

第15章　ゲキメーションで表現する

キャンベル, J. ／倉田真木・斎藤静代・関根光宏［訳］(2015).『千の顔をもつ英雄［新訳版］上・下』早川書房

曽根　剛 (2020).『低予算の超・映画制作術──『カメラを止めるな！』はこうして撮られた』玄光社

モナコ, J. ／岩本憲児・内山一樹・杉山昭夫・宮本高晴［訳］(1983).『映画の教科書──どのように映画を読むか』フィルムアート社

第16章　ピクニックをデザインする

大塚泰造・松本健太郎［監修］／山﨑裕行・柴田拓樹・田中友大・加藤興己・木本伸之・白土智之・大工綾乃［編］(2017).『メディアをつくって社会をデザインする仕事──プロジェクトの種を求めて』ナカニシヤ出版

ソーシャルデザイン会議実行委員会［編著］(2013).『希望をつくる仕事 ソーシャルデザイン──アイデアは地球を救う。』宣伝会議

水越　伸・東京大学情報学環メルプロジェクト［編］(2009).『メディアリテラシー・ワークショップ──情報社会を学ぶ・遊ぶ・表現する』東京大学出版会

第17章　被災地住民とともにゲームをつくる

佐藤郁哉 (2002).『フィールドワークの技法──問いを育てる、仮説をきたえる』新曜社

吉川肇子・Sivasailam Thiagarajan (2018).『ゲームと対話で学ぼう──Thiagi メソッド』ナカニシヤ出版

矢守克也・渥美公秀［編著］(2011).『防災・減災の人間科学──いのちを支える、現場に寄り添う』新曜社

第18章　アートと漫画表現の境界新領域における表現と新概念の実験的創生

グロイス, B. ／石田圭子・齋木克裕・三本松倫代・角尾宣信［訳］(2017).『アート・パワー』現代企画室

読書猿 (2017).『アイデア大全──創造力とブレイクスルーを生み出す42のツール』フォレスト出版

虎硬 (2019).『ネット絵史──インターネットはイラストの何を変えた？』ビー・エヌ・エヌ新社

◆人名索引

執筆者紹介 (*は編者)

岡本 健*（おかもと たけし）
近畿大学 准教授
担当：序章・おわりに

熊谷 めぐみ（くまがい めぐみ）
立教大学大学院 博士後期課程
担当：第 1 章

石田 万実（いしだ まみ）
同志社大学 嘱託講師
担当：第 2 章

小池 隆太（こいけ りゅうた）
山形県立米沢女子短期大学 教授
担当：第 3 章

真鍋 公希（まなべ こうき）
中京大学 講師
担当：第 4 章

山中 智省（やまなか ともみ）
目白大学 専任講師
担当：第 5 章

谷川 嘉浩（たにがわ よしひろ）
京都市立芸術大学 講師
担当：第 6 章

松本 健太郎（まつもと けんたろう）
二松学舎大学 教授
担当：第 7 章

田島 悠来*（たじま ゆうき）
帝京大学 講師
担当：第 8 章

玉井 建也（たまい たつや）
東北芸術工科大学 准教授
担当：第 9 章

須藤 廣（すどう ひろし）
北九州市立大学 名誉教授
担当：第 10 章

須川 亜紀子（すがわ あきこ）
横浜国立大学大学院 教授
担当：第 11 章

大道 晴香（おおみち はるか）
國學院大學 助教
担当：第 12 章

黄 馨儀（こう けいぎ）
台湾・中国文化大学 助理教授
担当：第 13 章

松井 広志（まつい ひろし）
愛知淑徳大学 准教授
担当：第 14 章

宇治茶（うじちゃ）
映画監督
担当：第 15 章

宮田 雅子（みやた まさこ）
愛知淑徳大学 教授
担当：第 16 章

李 旉昕（り ふしん）
京都大学防災研究所 研究員
担当：第 17 章

JohnHathway（ジョン ハサウェイ）
アーティスト・サイエンティスト
担当：第 18 章

メディア・コンテンツ・スタディーズ
分析・考察・創造のための方法論

| 2020 年 7 月 30 日 | 初版第 1 刷発行 |
| 2023 年 9 月 20 日 | 初版第 3 刷発行 |

編　者　岡本　健
　　　　田島悠来
発行者　中西　良
発行所　株式会社ナカニシヤ出版
☎ 606-8161　京都市左京区一乗寺木ノ本町 15 番地
　　　　　　　　Telephone　　075-723-0111
　　　　　　　　Facsimile　　 075-723-0095
　　　 Website　http://www.nakanishiya.co.jp/
　　　 Email　　iihon-ippai@nakanishiya.co.jp
　　　　　　　　郵便振替　01030-0-13128

印刷・製本＝ファインワークス／装幀＝岡田考博／装画＝JohnHathway
Copyright © 2020 by T. Okamoto, & Y. Tajima
Printed in Japan.
ISBN978-4-7795-1284-1

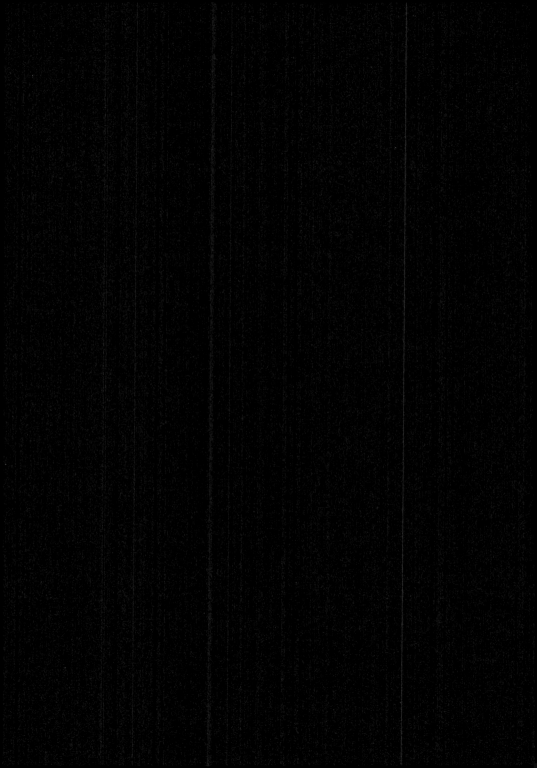